EL ÚLTIMO
REY

Olga Wornat

EL ÚLTIMO
REY

Biografía no autorizada
de Vicente Fernández

© 2021, Olga Wornat

Diseño de interiores: Carolina Orozco
Diseño de encarte de fotografías: Mariana Alfaro
Iconografía: Selene Nájera Plascencia

Derechos reservados

© 2021, Editorial Planeta Mexicana, S.A. de C.V.
Bajo el sello editorial PLANETA M.R.
Avenida Presidente Masarik núm. 111,
Piso 2, Polanco V Sección, Miguel Hidalgo
C.P. 11560, Ciudad de México
www.planetadelibros.com.mx

Primera edición en formato epub: diciembre de 2021
ISBN: 978-607-07-8296-1

Primera edición impresa en México: diciembre de 2021
ISBN: 978-607-07-8260-2

Impreso en los talleres de Litográfica Ingramex, S.A. de C.V.
Centeno núm. 162-1, colonia Granjas Esmeralda, Ciudad de México
Impreso y hecho en México - *Printed and made in Mexico*

A mi madre, que me enseñó todo lo que sé.

A mis hijos y mis nietos.

Índice

PRÓLOGO

Infancia entre rancheras y boleros

La veo en un rincón de la humilde casa donde vivíamos, volcada como un gorrión sobre la máquina de coser, pedaleando y pedaleando. La veo en este no-tiempo de la memoria, en este retazo que aferro con fuerzas para que no se desvanezca y así poder contar una historia mínima, la suya y la mía, que se encadena a la historia de este libro. Lo argumenta, lo origina y lo impulsa. Se trata de un trabajo que comencé hace mucho tiempo a modo de tributo que no pudo ver; pero, si viviera, estoy segura de que estaría ansiosa por leerlo. Un libro que se encuentra en las antípodas de los anteriores que escribí y que humildemente aspira a ser aquello que afirmaba Borges cuando decía que un libro era la prolongación de la memoria y de la imaginación. Nada más cierto, en este caso.

A mi madre le fascinaban las rancheras y los boleros, aunque visitó México una sola vez en su vida, a mitad de los noventa. En mi niñez, lo conocía solo por la música y las películas que pasaban en las matinés del cine del barrio al que me llevaba y donde desfilaban frente a mis ojos y en blanco y negro estrellas como María Félix, Silvia Pinal, Dolores del Río, Katy Jurado o Mario Moreno, Cantinflas.

Nunca entendí de dónde le vino esa pasión por una tierra que no era la suya. Por sus canciones «bonitas y sencillas» y la alegría de su gente, los trajes de charro, los sombreros bordados de ala ancha, los hombres duros, errantes y parranderos, y aquellas mujeres bellas y bravas que cantaban o actuaban en tiempos difíciles para ellas: cuando «debían» permanecer en casa cuidando de los hijos y atendiendo al marido.

Nunca le pregunté por qué, pero sé que esa idolatría quedó grabada en algún cielo, mapa o espacio intangible, vaya a saber por qué el destino me llevó un día a vivir al país que tanto amaba.

Curiosa coincidencia, mamá.

La miro entre la bruma y, como antes, afloran sus ojos oscuros, su boca grande y siempre a punto de una carcajada, esa alegría contagiosa que acababa con cualquier discusión. Sus gestos y sus frases inolvidables. Era joven y bellísima: una diosa. Cintura de avispa, piel de porcelana y una figura que irradiaba luz, aunque estuviera triste, porque «a la amargura había que aplastarla con música y baile, que la vida es corta», decía.

A un costado de la máquina de coser Singer había un tocadiscos (¿era un Winco?) que desgranaba sus temas predilectos, esos que revelaban desdichas y abandonos: amores perdidos, celos, despechos y decepciones. Melodías tristes que le recordaban tal vez a sus amores truncos y le hacían compañía en las noches, cuando aprovechaba la soledad para coser para otros y ayudar a la economía familiar, y a su mínima independencia.

Tarareaba despacito, abstraída quién sabe en qué historias de su vida —que no fue fácil—, mientras la falda o el vestido iba tomando forma a través de sus manos mágicas.

Yo quiero luz de lunaaa / para mi noche triste / para cantar divinaaa / la ilusión que me trajiste… Y la voz de Javier Solís se mezclaba con la suya y con el trac-trac de la máquina de coser.

Se sabía de memoria las letras y en esos instantes la sentía feliz y la creía inmortal. Yo también era feliz. Y así, sin darme cuenta, aquellas melodías se me pegaron al alma y me enamoré de ellas.

Mientras hurgueteo en el pasado, por un momento permanezco suspendida entre dos tiempos. Las imágenes pasan veloces frente a mis ojos y mis oídos los escuchan regresar de puntitas desde mi niñez: Javier Solís, Pedro Infante, Lola Beltrán, José Alfredo Jiménez, Lucha Villa, Olga Guillot, Agustín Lara, Miguel Aceves Mejía y Vicente Fernández. Y Chavela Vargas, Armando Manzanero y Juan Gabriel.

El tiempo, que no perdona, se fue volando como las golondrinas detrás de la primavera. Dejé la infancia y la adolescencia llegó, alborotó mis hormonas y otras sinfonías me llevaron a transitar otras vidas. Las canciones de amor y desolación de mis primeros años quedaron encerradas en una caja, y solo a veces, cuando la tristeza, el desamor o el abandono me atravesaban, las volvía a escuchar. Una y otra vez. Para llorar, reír o sentirme viva. El gran cronista Carlos Monsiváis se refirió a este género como «poemas de la desolación», y como bien escribió al respecto: «Si las rancheras no son creación del territorio prostibulario, sí provienen del quebranto del alma y de la renuncia de las ilusiones de ascenso y logros [...] Es el espíritu de la canción surgida de barrios, de bares, de cantinas y fiestas donde el quebranto y la dolencia son también de la familia, del grupo y de la clase social».

Así pues, esta investigación, esta biografía de Vicente Fernández, nació de la confluencia de varias travesías personales, cuyo centro de gravedad se encuentra en mi pasado, en esos días en que la voz del Charro de Huentitán iluminaba el rostro de mi madre, abrazaba su soledad y la transformaba, y cierta nostalgia por lo perdido y lo que no pudo ser brotaba de sus ojos grandes. Un mundo íntimo que me fascinaba y al que me asomaba a escondidas, mientras ella cantaba bajito, como recitando, uno de los primeros temas que Chente grabó allá por 1970 y que dice así: *Un montón de recuerdos ingratos / una carta que no se ha leído / Un retrato tirado en el suelo / y en mi mano una copa de vino / Eso es todo lo que hay en la vidaaa / Una vida que no vale nadaaa / Una historia de amores perdidos / porque tú no quisiste ser míaaa...*

Mi madre se llamaba Dionicia Fernández, apenas terminó tercer grado de primaria, y fue costurera y tejedora. Tenía grabada a fuego la cultura del melodrama, del tango y la milonga, del bolero y la ranchera. En el último tramo de su vida, continuó fiel a sus placeres musicales, pero al elenco le agregó a Paquita la del Barrio.

La travesía personal, que fue sustentada por la literatura, el cine y la música, más que por los juegos de muñecas, alimentó la idea de este libro durante largos años, entre recortes de viejas revistas de farándula, entrevistas y apuntes escritos en agendas amarillentas. Postergado muchas veces, mientras paría otras historias y me ocupaba de desentrañar otras vidas —sombrías, duras, de los bajofondos de la política—, quizá como un artilugio para reconectarme con mis emociones profundas, este trabajo comenzó a tomar forma después de uno de mis viajes a Guadalajara, antes de que llegara la peste.

Un sábado por la tarde del mes de enero de 2020 fui al barrio San Juan de Dios, recorrí sin rumbo sus calles empedradas y sus tianguis coloridos. De pronto, por azar o destino escucho: *Ojalá que te vaya bonito / Ojalá que se acaben tus penas/ que te digan que yo ya no existo / que conozcas personas más buenas.* La voz de Vicente Fernández que venía desde una modesta cantina me catapultó a los laberintos de la memoria, a esa caja china que escondía los instantes más bonitos de mi infancia junto a mi madre. Me senté en una mesa, pedí un tequila para entonarme y canté bajito, con un nudo en la garganta.

La vida apasionante, dramática, compleja y desmesurada de Vicente Fernández Gómez —cuya generación es la misma que la de mi madre— cifra más de medio siglo de historia de México.

El Charro de Huentitán refleja el tiempo de oro de la música popular, la de hombres y mujeres que caminaron por el barro y llegaron a la cumbre. Los creadores y los intérpretes. Los héroes y heroínas. Los mismos que fascinaron a mi madre y la salvaron de sus desdichas. Los que a través de sus melodías reflejaron las transformaciones de una sociedad. Venían de las periferias y, en su autenticidad, idealizaban y le cantaban al amor, a las malas pasiones, a las injusticias, a la cantina, a las traiciones, a los sufrimientos y a los venerados padres. A las pasiones y obsesiones de los mexicanos.

El recorrido fue vertiginoso y agotador.

Fui y vine una y otra vez por la vida de los admirados antecesores de Vicente Fernández y la relación con sus congéneres; la fuerte influencia de sus progenitores y su muerte temprana; los esfuerzos sobrehumanos por llegar y mantenerse en la cima; la intensa relación con su esposa Cuquita y las públicas infidelidades. Me interné en el secuestro brutal de su primogénito Vicente júnior, el punto de inflexión más trascendente de su vida, cuando creyó que esta ya no tenía sentido. El papel de Gerardo, su hijo de en medio, y la malsana relación con sus hermanos. El retiro de los escenarios y la caída que lo tiene al filo de la muerte, internado en un hospital de Guadalajara. El esplendoroso renacer de Alejandro, su Potrillo menor e indiscutible heredero.

Confieso que tuve momentos de dudas y de indefinición. Muchas veces pensé que sería incapaz de escribir la historia de un hombre que estaba tan ligado a la vida de mi madre y a la mía. Un gigante, una leyenda, con sus luces y sombras.

Revisé los viejos archivos, las anotaciones, las cartas de mamá, las entrevistas, y regresé a las melodías que me cobijaron en la niñez. Retomé antiguos contactos y allegados a la familia. Y un día me dije: si no lo hago, nunca me lo voy a perdonar.

Al cierre de este libro, Vicente Fernández continúa en grave estado en la sala de terapia intensiva del Hospital Country 2000 de Guadalajara. Sin novedades sobre su salud, a 60 días de la caída. Como corresponde, me comuniqué con la familia con la intención de entrevistarlos, o por lo menos tener su versión de la historia. Hablé con Vicente júnior, que fue muy amable conmigo, pero las circunstancias difíciles en la que se encontraba no nos permitieron platicar. Al contrario de su hermano, intercambié mensajes con Gerardo y su respuesta fue grosera y fuera de lugar.

UNO

121 días de terror

—¿Tú eres Vicente Fernández? —increpó un desconocido.

—Sí… ¿quién habla? —respondió áspero.

—¿Tienes un hijo que se llama Luis?

Vicente Fernández se encontraba en Morelia y faltaban 10 minutos para comenzar el *show*. Atendió su celular y el metálico tono de voz del otro lado le molestó. No era alguien que conocía. Respondió a su manera, sin filtros:

—¡No tengo un hijo que se llame Luis! ¡Y no me tutees, hijo de la chingada! —Cortó, pero al instante recordó que a su hijo mayor le decían Vis, diminutivo de Vicente. Y que su número de celular solo lo tenía su familia.

Se puso en guardia y su rostro se endureció. ¿Por qué gente desconocida le llamaba a su celular privado para preguntarle por Vicente? Llamó a Alejandro y este le dijo que no había visto a su hermano. Le marcó a Gerardo, que se encontraba en el rancho:

—No te preocupes, papá. Creo que se fue a su casa, ahorita investigo.

Aguardó nervioso en el camerino, pero presentía que algo no estaba bien. Gerardo volvió a llamar y sus palabras lo fulminaron.

—Malas noticias, secuestraron a Vicente. Aquí llegaron los de Antisecuestros… —le dijo.[1]

El Charro de Huentitán, el patriarca de la dinastía más célebre de México, no pudo responder, no le salían las palabras. Quería gritar y llorar al mismo tiempo, pero estaba paralizado. Tuvo el impulso de salir a buscar a su hijo. Su mente estaba inundada de emociones contradictorias y cayó en la cuenta de que, si actuaba impetuosamente, pondría en riesgo su vida. Colgó, estremecido por el espanto. «Dios mío, ¿por qué?», susurró, y las lágrimas se deslizaron por su rostro.

Se armó de valor y subió al escenario.

Morelia era una fiesta, el palenque estallaba en un solo grito de felicidad y delirio. Erguido y con la frente en alto, se ajustó el sombrero de ala ancha y el traje de charro, acomodó la pistola en el cinturón y arremetió con su voz a una muchedumbre que bramaba, a cantar como el público se merecía y hasta que dejaran de aplaudir. Así sucedió en los momentos más tristes de su vida, mientras los mariachis rasgaban las cuerdas de las guitarras y las trompetas y los violines lloraban, y él también lloraba. De rabia, de dolor, de impotencia.

A cantar, aunque la desesperación lo atravesara.

A partir de esa noche, debía caminar al borde de un agujero negro. El mínimo paso en falso sería fatal. Estaban obligados a vivir en una falsa normalidad y a continuar con los conciertos, prisioneros de los criminales que tenían a su hijo. Sin trampas, ni avisos a la prensa. La menor filtración y a Vicente lo vería muerto o no lo vería más, dijeron los secuestradores. Intuyó que los hombres que se llevaron a Vicente eran profesionales del hampa, dispuestos a lo peor. No estaba errado. México era un territorio desbordado por los secuestros y las historias de las víctimas erizaban la piel.

No podía dejar de pensar en su hijo. Y no podía pensar en su hijo sin llorar.

Vicente Fernández tenía en ese entonces 58 años y se sentía en el mejor momento profesional y personal. La pobreza y el hambre de sus inicios, la muerte temprana de sus padres, las noches tapatías en El Sarape y El Nopal, cuando cantaba por monedas; las serenatas en el San Juan de Dios de Guadalajara, las luces del teatro Blanquita y su llegada a Televisa, los primeros éxitos en CBS y los domingos con Raúl Velasco, las madrugadas de fuego en los palenques, las ferias y las plazas de toros, cuando la botella de coñac que empinaba con destreza deslizaba el licor por su garganta; la fiel y aguantadora

Cuquita y sus hijos, y esa fama de parrandero, jugador y mujeriego que se encargó de alimentar y que amplificó el mito de su virilidad; todo aquello conformaba la esencia intrincada y fascinante del ídolo popular, del hombre que se hizo solo, desde abajo, y llegó. Como escribió Carlos Monsiváis: «Las rancheras son, al fin y al cabo, canciones hechas en los márgenes y que dan siempre cuenta de una derrota, de un fracaso».

Vicente Fernández, como aquellos hombres y mujeres que lo antecedieron, venía de los márgenes de Jalisco. Su vida, marcada por infortunios varios, era una amalgama de derrotas, éxitos, frustraciones, felicidad y fama. Sus luces y sombras delineaban a la perfección la estampa del macho mexicano, con todos los estereotipos y prejuicios de la época, que no eran más que el reflejo de una sociedad de la que siempre fue cautivo. En sus acciones públicas y privadas cabían todas las imperfecciones humanas y virtudes y miserias que nunca ocultó —porque, según aseguraba, era todo menos hipócrita—, y constituían el cimiento de una extensa, única y volcánica carrera musical.

El último rey de la canción ranchera heredó y sobrevivió a los dioses de la época dorada de la música vernácula, cuyas voces y canciones lo deslumbraron desde su niñez, en el lejano y perdido Huentitán el Alto, en Jalisco, cuando la pobreza era su único horizonte y nada parecía posible.

Contradictorio y brutalmente honesto, desde que la fama lo alumbró fue capaz de embriagar multitudes durante horas y sin micrófono. Hambriento de aplausos, besos y caricias, compulsivo de pasiones furtivas y amores atormentados, de lágrimas y risas, el rey plebeyo, el pecador irredento, sentenciaba que solo se alcanzaba el gozo después de un gran sufrimiento. Sabía de lo que hablaba. Los padecimientos fueron parte de su niñez y su adolescencia, y desde que comenzó les cantó a los olvidados de su tierra. Conocía como ellos el barro, la soledad y la miseria, la oscuridad del hambre, las penurias y alegrías cotidianas de los rancheros del México profundo. No tenía grandes pretensiones, solo entregarles a los suyos la alegría y el disfrute de sus canciones, hasta que ellos dijeran «basta».

Decía que «un cantante de rancheras necesita ser ranchero de corazón. Algunos cantan rancheras y luego no saben ordeñar una vaca o enlazar un toro».[2] Pensamiento que confirma cuando canta un tema del gran José Alfredo Jiménez, el que amarró e hizo suyo: *Yo no tengo la desgracia de no ser hijo del pueblo / Yo me cuento entre la gente que no tiene falsedad / Mi destino es muy parejo, yo lo quiero como venga / Soportando una tristeza o detrás de una ilusión.*

Concretó y superó el anhelo infantil de ser como Pedro Infante de puro terco, de puro golpear puertas, aunque su destino estaba marcado: desde niño sobresalió por el talento de su voz. Una estrella lo iluminó desde entonces, solo era cuestión de perseverancia. Su madre, que lo escuchaba arrobada por la emoción en la humilde habitación de la casa donde vivían, siempre lo alentó a no bajar los brazos, a no abandonar sus sueños.

Vicente Fernández Gómez había alcanzado la cima.

Era famoso, tenía más dinero del que hubiera imaginado y el amor incondicional de su gente. Con sus 58 años, era el cantante vivo más célebre de México, una leyenda viviente que no se propuso ser, y en Estados Unidos los medios más prestigiosos lo comparaban con Frank Sinatra. Tenía todo, pero jamás se olvidó de su pasado de carencias. Llevaba con él heridas abiertas, dolores que iban y venían como la marea; sin embargo, había aprendido a amansarlos con la habilidad con la que lograba dominar a una yegua salvaje en su rancho de Guadalajara.

La vida le sonreía, hasta esa fatídica noche del 13 de mayo de 1998, cuando atendió el celular y recibió el mazazo. Las vueltas misteriosas del destino. Esta vez, desconocía la magnitud de su tragedia y estaba obligado a mostrarles a los demás su fortaleza, aunque por dentro se desmoronaba.

Pasaban las horas en aquel día de mayo, y la voz profunda de Chente se quebraba entre sones de guitarras y violines. Sus fanáticos michoacanos pedían más y más y más, y él sabía que debía cumplir con su mantra, que no podía traicionarlos, ni siquiera aquella noche cuando su primogénito se encontraba perdido en el vacío, rozando la muerte: «Mientras no dejen de aplaudir, el Chente no dejará de cantar».

Terminó exhausto y voló hacia Guadalajara.

OSCUROS PRESAGIOS

El 13 de mayo de 1998 pudo haber sido un día como tantos. Se ocupó de los caballos —su gran pasión—, sus perros y platicó con su madre. Recorrió el rancho, las caballerizas y conversó con los trabajadores.

Los Tres Potrillos estaba ubicada en el municipio de Tlajomulco de Zúñiga, a 20 kilómetros de Guadalajara. Su padre había elegido el nombre como homenaje a sus hijos para bautizar la finca que construyó en 1980. Era el espacio donde se sentía a gusto y libre de presiones; el lugar que le evocaba los años mágicos de su adolescencia. Tenía 15 años cuando se mudó ahí con sus padres y sus hermanos, y desde entonces no lo cambiaba por nada en el mundo.

La brisa cálida con aroma de frutas y flores, el campo infinito y las sierras azul acero en el horizonte auguraban un día como tantos. Pero una extraña inquietud latía en su interior, como si la aparente placidez que transitaba pudiera mutar a algo parecido al infierno.

Vicente Fernández Abarca, el primogénito, tenía 33 años, estaba casado con Sissi María Esther Penichet Reynaga y era padre de cuatro hijos: Sissi, Vicente, Ramón y Fernanda, en este orden. Desde su nacimiento prematuro, al que sobrevivió de puro milagro, la vida no le resultó fácil. Sus padres no tenían dinero y no pudieron brindarle la atención médica que su delicado estado requería, lo que dejó consecuencias en su salud.

Involucrado desde niño en el ambiente artístico, el mayor de la dinastía Fernández fue testigo de la vida errante de su padre, de sus largas ausencias, de las carencias económicas y de la pesada soledad que cargaba su madre. La corta distancia con su hermano Gerardo, curiosamente, nunca les permitió forjar una relación de complicidad y afecto fraterno. No tenían empatía y por alguna razón, según el relato de amigos, entre ellos sobresalían los celos y el resentimiento. Cinco años después de Gerardo, nació Alejandro, y a los tres potrillos se agregó Alejandra, hija de Gloria Abarca, una de las hermanas de Cuquita, que el matrimonio adoptó cuando tenía pocos meses. Entre Vicente y Alejandro existía (y existe) un cariño sólido y profundo, que contrastaba fuertemente con el vínculo conflictivo que el primogénito tenía con Gerardo.

Vicente hijo había incursionado brevemente en la actuación y estaba intentando con la música ranchera, con más voluntad que suerte. Todo lo contrario a su hermano Alejandro, el Potrillo, que por esa época vendía millones de discos, recibía premios y seducía con su voz y su magnetismo. Cada vez que Vicente recurría a su padre con intenciones de grabar un disco o con la idea de una canción, este le espetaba con dureza que desafinaba y que debía esmerarse más si quería cantar de manera profesional.[3]

Esa tarde cálida de 1998 Vicente júnior no creía que tuviera algo que temer. No obstante, había llegado un anónimo a la escuela de su hija mayor y amenazaban con secuestrarla. Su esposa Sissi le mostró el mensaje escrito en un papel y un soplo helado lo atravesó.[4]

—¡No quiero estar aquí, vamos a vivir a Guadalajara! ¿Y si secuestran a nuestra hija? —exclamó ella, dominada por el pánico.

Sus reclamos se intensificaron con el paso de los días. Sin pausas.

Vicente acató sin ganas el pedido de su mujer y se trasladaron a una residencia ubicada en Colonia del Sol, municipio de Zapopan, que pertenecía a su padre. No estaba convencido, nunca le gustó vivir en la ciudad, pero los ánimos de su esposa estaban alterados y accedió. No entendía por qué de golpe Sissi quería mudarse a Guadalajara, si en ningún lugar estarían más seguros que en el rancho. Aunque la mudanza trajo un poco de paz a la familia, la relación con su esposa estaba desgastada: discutían mucho y los intereses de cada uno ya no eran coincidentes.[5]

El contacto estrecho con el campo, los animales y el lienzo charro eran para Vicente hijo su razón de vida, el sitio donde se sentía feliz y seguro. Sin embargo, una voz interior le advertía que debía estar alerta.

México, entonces gobernado por Ernesto Zedillo, vivía tiempos violentos y una ola de secuestros sacudía a la sociedad. Bandas de delincuentes armados que actuaban en complicidad con policías corruptos asolaban el territorio nacional.[6] El 14 de marzo de 1994, al final del tumultuoso sexenio de Carlos Salinas de Gortari, el empresario Alfredo Harp Helú, uno de los hombres más ricos de México y presidente del Grupo Banamex-Accival, fue víctima de secuestro. El violento episodio conmocionó a la sociedad y repercutió incluso fuera del país. Harp Helú fue liberado 106 días después, previo pago de 30 millones de dólares, el rescate más alto de los que se conocen hasta hoy. Pero no fue el único: otros 10 hombres de negocios fueron plagiados y liberados después de pagar cifras millonarias.

Los relatos de los sobrevivientes de los secuestros eran escalofriantes y los mexicanos estaban aterrados. El 29 de noviembre de 1997, 40 mil personas de todas las clases sociales convocadas por distintas organizaciones civiles marcharon por las calles de la Ciudad de México, reclamando mayor seguridad. Según cifras oficiales y de agencias privadas, en 1998 se registraron 600 secuestros extorsivos, la cifra más alta del sexenio.[7] Un índice que, según los expertos, era altamente superado por la realidad; esto se debe a que la mayoría de las familias de las víctimas no realizaba la denuncia por falta de confianza en las autoridades. Las encuestas decían, además, que la principal preocupación de los ciudadanos era «la inseguridad», por encima de la crisis económica.

Daniel Arizmendi, el Mochaorejas, era un expolicía judicial de Morelos que había alcanzado la fama sexenal por la brutalidad que aplicaba con sus víctimas, a quienes les cortaba las orejas, las depositaba en frascos o bolsas de plástico y se las enviaba a sus familiares. Arizmendi fue un intocable desde 1995 a 1998, cuando fue detenido. El Gobierno de Zedillo descubrió que el Mochaorejas operó durante años bajo el amparo de las autoridades políticas de Morelos y de Ciudad de México, en connivencia con la policía y la justicia. Lo que terminó por confirmar este encubrimiento, el cual despertaría alarma en Los Pinos, fue el descubrimiento de que el Mochaorejas vivía en Cuernavaca, en una lujosa mansión ubicada a tres cuadras de la residencia del gobernador, lo mismo que Amado Carrillo Fuentes y José Esparragoza Moreno, el Azul, capos del Cártel de Juárez.[8]

El 12 de mayo de 1998, un día antes del secuestro de Vicente Fernández júnior, Jorge Carrillo Olea abandonó el cargo, presionado por el presidente Zedillo y por el fuerte reclamo de miles de morelenses. Sus colaboradores Jesús Miyazawa, coordinador de la Policía Judicial del estado, y Armando Martínez Salgado, jefe del Grupo Antisecuestros, se dedicaban a secuestrar y desaparecer los cuerpos de sus víctimas. Martínez Salgado fue apresado tras ser descubierto con el cadáver de un adolescente de 17 años en la cajuela de su coche, al que había secuestrado y torturado hasta matarlo.[9]

México vivía el ocaso del presidencialismo autoritario y era un país desgarrado por la criminalidad. Las policías y los grupos antisecuestros estaban contaminados y no generaban confianza. Muchos de sus integrantes no habían pasado por la escuela de policía, y los que sí lo hicieron ni siquiera habían tomado la prueba del polígrafo. Carecían de formación técnica para enfrentar y resolver la complejidad del negocio del plagio, desconocían las leyes y su único entrenamiento era la calle, donde el contacto con el hampa viciaba sus acciones. Por otra parte, no existía una organización de secuestradores, sino más de 100, cada una más sofisticada y perversa que la anterior. Sus miembros eran multifacéticos: robaban coches, bancos, casas y joyerías, traficaban armas, personas y drogas, y secuestraban gente, un delito que les generaba millones de dólares.

Algunas víctimas de los plagios aparecían muertas a pesar de que sus familias pagaban el rescate; otros sobrevivían mutilados y con graves secuelas psicológicas. Adal Ramones, conductor del programa estelar *Otro rollo*, de Televisa, fue interceptado por hombres armados cuando regresaba a su casa, en la colonia Narvarte, en 1998. Lo cargaron a un carro y lo mantuvieron encerrado en el clóset de una casa de seguridad durante una semana. Adal fue liberado después del pago de un millón de dólares, pero le llevó tiempo superar el trauma que le generó el cautiverio.

Esposas, hermanas, madres y niños de ejecutivos extranjeros y mexicanos integraban el extenso listado de víctimas. El drama se extendió a todos los estratos sociales. En las barriadas pobres, vendedores de tianguis y dueños de tiendas de abarrotes eran secuestrados por sumas ínfimas. Nadie permanecía a salvo. Los delincuentes capturados y enviados a penales de alta seguridad protagonizaban al poco tiempo fugas espectaculares y regresaban al lucrativo negocio, lo que desencadenó en hartazgo social.

El tema ocupaba el primer lugar de la agenda política y los empresarios más importantes del país solicitaron hablar con el presidente Zedillo. Roberto Hernández, presidente de Banamex, el banco más grande de México, y Emilio Azcárraga Jean, al frente del imperio Televisa, se reunieron con Ernesto Zedillo en Los Pinos y le exigieron combatir con dureza los secuestros. La situación era insostenible y el mandatario sentía encima la daga de la presión social, a la que se sumaba la repercusión internacional, un factor negativo para su gobierno. Ordenó al Centro de Investigación y Seguridad Nacional (Cisen), un organismo creado por Salinas de Gortari, priorizar las investigaciones sobre los secuestradores; quería verlos presos. La Procuraduría General de la República (PGR), por su parte, ofreció recompensas millonarias para quienes suministraran datos de los jefes de las bandas criminales. Una unidad secreta del Cisen a cargo del contralmirante Wilfrido Robledo Madrid —y de su asistente Genaro García Luna, quien realizaba aquí sus primeros experimentos con el espionaje, oficio del que obtuvo un rédito monumental, entre otros ilícitos— se encargaba de las tareas de inteligencia y la intervención de llamadas telefónicas entre víctimas y victimarios.

El estado de Jalisco, bello, pujante y próspero, no permaneció ajeno al radar de las bandas de secuestros, que monitoreaban durante meses a sus futuras víctimas. Según un estudio de la Universidad de Guadalajara, en el año 1998 se contabilizaron 70 secuestros en Jalisco y la situación se había salido de cauce. En ese tiempo nació en Jalisco el Grupo 22 de Abril, una unidad antisecuestros que actuaba desde las sombras, sin aval oficial, y daba protección a 50 prominentes empresarios. A este grupo se sumaba el organismo oficial, a la par de las estadísticas que no demostraban que el delito hubiera descendido, sino todo lo contrario. El 18 de febrero de 1998 fue secuestrado en Guadalajara el empresario Federico del Toro, padre del célebre cineasta Guillermo del Toro, quien permaneció 75 días en cautiverio y fue liberado después del pago de un millón de dólares.[10] Muchos empresarios, recelosos de policías y unidades antisecuestros gubernamentales, preferían contratar custodios privados, a los que entrenaban en Israel y Estados Unidos. Los demás preferían moverse armados y en carros blindados.

La lógica del miedo se había impuesto en la sociedad.

El desasosiego que sentía Vicente Fernández hijo aquella tarde de mayo no era una alucinación generada por su inconsciente; por el contrario, estaba amarrado al drama que se vivía en el México real. Pero había otras señales, oscuros presagios que no podía definir.

Una madrugada despertó sobresaltado por un extraño sueño. Le confesó a un amigo que había soñado que iba en la carretera manejando su Jeep rojo, cuando dos tigres saltaron de la nada, se plantaron enfrente y se treparon al carro. Su amigo lo tranquilizó, argumentando que solo se trataba de un sueño y, en tono de broma, le preguntó si había bebido mucho la noche anterior. Rieron, pero la escena onírica no lo abandonó.[11]

Esa tarde, en el rancho, pensó en su hija y sintió el miedo.

Subió a su coche, un Jeep rojo con toldo negro, y salió rumbo a su casa. Recorrió con la mirada los alrededores de la finca y el camino. Todo parecía normal. Perdido en sus pensamientos, manejó despacio. El reloj en su muñeca marcaba las seis de la tarde. A cinco kilómetros, un par de camionetas negras le cortaron el paso, por delante y por detrás. Dos hombres con armas largas y pistolas descendieron y se acercaron con paso resuelto. Abrieron la puerta del auto y lo encañonaron. Los otros seis aguardaron adentro de las camionetas. Vicente respondió instintivamente, aparentando una calma que no tenía.

Estaba armado como siempre y era buen tirador, pero no alcanzó a tomar su pistola de la guantera.

—Déjenme desabrocharme el cinturón y llévense el carro y la cartera, llévense todo...

—No queremos tu carro, ni tu cartera. ¡Te queremos a ti, cabrón!

Lo sacaron de un tirón y lo arrastraron a patadas y culatazos hacia la primera camioneta. Lo tiraron al piso del asiento trasero y con una chamarra cubrieron su cabeza. Actuaron con tanta rapidez y profesionalismo que, de esos escasos minutos, Vicente recuerda poco y nada. Todo sucedió a un ritmo vertiginoso. Con la cara aplastada contra el suelo, comenzó a rezar en voz baja, mientras el chofer arrancaba. El cañón de un arma larga se clavó en su espalda y las botas del secuestrador inmovilizaron sus piernas.

—No te muevas, cabrón, porque te matamos —advirtió.

Pensó en sus hijos, en su padre y en su madre. La vida afortunada que había llevado hasta ese día atravesó su mente en fotogramas desordenados. El trayecto fue a los saltos y perdió la noción de tiempo y espacio. No sabía adónde lo llevaban. No podía descifrar lo que hablaban los secuestradores durante el trayecto, pero por los ruidos y por el tiempo que llevaban dando vueltas, creía que se encontraba en Guadalajara. Pura intuición.[12]

Tirado como un fardo en el suelo sucio del auto, recordó a la gitana que un día fue al rancho y le leyó la mano. «Te van a secuestrar», vaticinó la mujer, y marcó su destino.

NEGOCIACIÓN Y TRAICIONES

Vicente Fernández llegó al rancho deshecho por la angustia. Abrazó a Cuquita y lloraron juntos. Él y María del Refugio Abarca Villaseñor, Cuquita, habían atravesado momentos extremos en los 35 años que llevaban juntos, pero nunca imaginaron esta desgracia. Cada vez que le preguntaban por la muerte, Chente decía convencido que no le tenía temor, que lo más difícil era el nacimiento, porque «a todos nos va a llevar la chingada».

A partir de esa noche, no podía imaginar la vida sin su hijo. La sola idea de perderlo lo aterraba. «¿Adónde le llevaré una flor? ¿Adónde le iré a llorar si no me lo devuelven?», se preguntaba, mientras la madrugada avanzaba sigilosa y, desde la terraza donde se encontraba, sentía los ruidos del campo: los potrillos, el ganado en el corral, los pájaros en la inmensa arboleda.[13]

La incertidumbre y la ansiedad lo mantenían en vilo.

Esa noche, el presidente Ernesto Zedillo se comunicó a su celular y le aseguró que los organismos de inteligencia de su gobierno estaban trabajando para detectar a los plagiarios y traer sano y salvo a su hijo. Conmovido, Vicente Fernández le agradeció el gesto y, apenas cortó, salió al campo a desahogarse.[14] Durante esos meses de terror hablaron con frecuencia, y con el tiempo se gestó una amistad entre los dos, según el relato de un estrecho asesor de Zedillo. Alberto Cárdenas Jiménez, gobernador de Jalisco, también se comunicó con el rey de las rancheras, orgullo del estado. La trascendencia del plagio de Vicente júnior no solo sería un escándalo internacional que afectaría a su administración, ya desacreditada por el aumento de la inseguridad, sino que significaría menos turismo y menos inversiones. Le habló a Vicente Fernández del «profesionalismo» de los miembros de la flamante Unidad de Atención a Víctimas de Secuestro; sin embargo, con el tiempo se demostraría que este organismo de su creación distaba bastante de tener hombres capacitados y probos; además, muchos estaban ligados directamente a los criminales.

A las pocas horas llegó a Guadalajara Francisco Minjárez Ramírez, comandante del Grupo Especial Antisecuestros de Chihuahua, quien había adiestrado a la Unidad Antisecuestros de Jalisco por recomendación del entonces gobernador, el panista Francisco Barrio Terrazas.[15]

Francisco Minjárez, un exagente ministerial de la Procuraduría de Chihuahua que logró matricularse de abogado, era un tipo rudo y prepotente que se manejaba como pez en el agua en el bajo mundo.

Venía de Ojinaga, la ciudad de la frontera caliente a orillas del Río Bravo, limítrofe con el estado de Texas, y conocía de memoria los códigos delincuenciales. Se jactaba de haber resuelto el cien por ciento de los secuestros desde 1993, no solo en Chihuahua, sino en Sinaloa, Jalisco, Michoacán, Coahuila, Nuevo León, Sonora y otros estados.

«Me convocan por mi rigor y mi profesionalismo. Los secretos para lograr efectividad en la negociación de un secuestro me los trasmitieron cuando me capacité en Colombia, pero no puedo revelarlos», dijo en una conferencia de prensa, apenas aterrizó en Guadalajara, para dar entrenamiento al grupo local antisecuestros. «La situación en Jalisco es grave, pero en un año y medio limpiamos. O se van, o los agarramos y los metemos a la cárcel», remató exultante. Desde ese momento lo bautizaron como el zar antisecuestros.

En Chihuahua, sin embargo, existían fuertes denuncias que lo vinculaban con la mafia juarense, compuesta por narcotraficantes, asesinos y secuestradores. *The Dallas Morning News*, que investigaba los feminicidios en Ciudad Juárez, reveló su complicidad con los secuestros y crímenes de mujeres. El Buró Federal de Investigaciones (FBI, por sus siglas en inglés) investigaba a Minjárez y a sus secuaces, policías judiciales y ministeriales, desde 1995. Testigos protegidos informaron a los agentes federales de Estados Unidos que el comandante antisecuestros era integrante de La Línea, una cofradía de policías, sicarios, traficantes y militares vinculada estrechamente con el Cártel de Juárez. *Cosecha de mujeres*, de Diana Washington Valdez, y *Huesos en el desierto*, de Sergio González Rodríguez, son dos investigaciones profundas y documentadas sobre la tragedia de Juárez en esos años, que detallaron los nexos criminales de Minjárez y sus hombres. Dieron cuenta además de quejas que provenían de jefes policiales de otros estados, quienes acusaban a Minjárez de planear plagios y luego trasladarse para resolverlos.[16]

«No me pregunte de narcotráfico y desaparecidas. A mí hábleme de secuestros, que en eso soy un experto», le respondió Minjárez con aspereza al periodista Sergio González Rodríguez, en una entrevista para el periódico *Reforma*.

Francisco Minjárez Ramírez, el arrogante zar antisecuestros, carecía de currículum, pero tenía un pesado prontuario. Aun así aterrizó en Guadalajara, alardeando de sus conocimientos y con el objetivo de conducir la negociación del secuestro de Vicente Fernández júnior, lograr su liberación y lavar su imagen.

Ajeno completamente a los sombríos antecedentes del comandante Minjárez, a Vicente Fernández lo asaltó de golpe la convicción absoluta de que la vida de su hijo dependía de él y de lo que pudiera hacer para lograr traerlo a casa. No sabía por qué, pero desde el primer día desconfió de los integrantes del Grupo Antisecuestros de Jalisco. Más aún de Francisco Minjárez. Presintió que aquellos hombres instalados en su rancho jugaban sucio. No se equivocó el patriarca y el paso del tiempo le daría la razón, aunque aún no lo sabía. Lo guiaba el instinto y la experiencia del que caminó en los márgenes de la vida.[17]

Tal vez por primera vez se preguntó de qué le servía tanto dinero si no tenía a su hijo a salvo. Nunca le había importado la plata, ni siquiera sabía cuánto tenía en el banco. Era generoso, no solamente con los suyos, sino con los amigos que estaban en la mala. A todos les tendió una mano sin pedir nada a cambio. El público lo adoraba. Y cuando se enteraba de las tragedias de las víctimas de los plagios, aseguraba en voz baja: «A mí nunca me va a tocar, la gente me quiere y me cuida». Pero le tocó, y ahora se hundía en el desánimo.

¿Tendrá hambre o frío? ¿Sentirá miedo? ¿Lo lastimaron? ¿Quiénes eran estos hombres capaces de tanta crueldad? Aquellas eran las preguntas que se hacía en el vacío inconmensurable que lo devoraba.

Se ocultaba en las caballerizas y los trabajadores del rancho oían su llanto. No era un llanto normal, era un quejido que brotaba de sus vísceras. Según el relato de sus hombres, testigos silenciosos de la desgracia que transitaba la familia, apenas oían los bramidos de su patrón, ellos también lloraban.[18]

Vicente era el primogénito y nació seismesino. Tenía mínimas posibilidades de supervivencia, pero sobrevivió. Era su potrillo más frágil, inseguro y sensible. «Lo que Vicente no tiene de voz, lo tiene de corazón», respondía Chente cuando le preguntaban por su hijo mayor y sus habilidades con la música ranchera. Lo decía sin cortapisas: su hijo no tenía buena voz, pero agregaba que era perseverante y noble.

Vicente Fernández trataba de imaginar a los secuestradores y ansiaba tenerlos enfrente, ver sus rostros y escuchar sus voces; reconocer entre ellos al que llamó a su celular cuando se encontraba en el camerino de Morelia. Nunca se le olvidó esa voz, mientras en lo más hondo de su ser crecía la pulsión por encontrarlos y despedazarlos con sus propias manos.

Hacía tres días que había regresado de una gira por siete ciudades de Colombia, su «segunda patria». Miles de seguidores aullaron su nombre, cantaron y bailaron con él. La fría Bogotá se transformó en un jolgorio ardiente de charros y charras que agitaban pañuelos y sombreros llaneros con plumas, mientras gozaban de ver a su ídolo en el escenario con su traje apretado color crema, su sombrero de bordes dorados, la pistola en el cinturón y un micrófono que a veces cambiaba por una botella de coñac.

Y fue otra vez «El rey» y enamoró de nuevo con sus «Mujeres divinas» y desgarró su voz con «La ley del monte» y sedujo con las serenateras «Negra consentida» y «De qué manera te olvido». A su lado, como siempre, se encontraba su amigo el respetado compositor, director, arreglista y empresario colombiano Guillermo González Arenas: el mismo hombre que tuvo la intuición de que el rey de las rancheras encendería multitudes con su voz, y quien lo convencería de ir a cantar a Colombia en los lejanos ochenta. En pleno derroche de amor y desamor sobre aquel escenario de luces, alguien llevaría a un niño tetrapléjico a un costado del estrado para que pudiera verlo cantar en vivo. Vicente miró a ese chavito y saltó a la gramilla, se quitó el sombrero y se lo entregó. «Este regalo es para toda tu vida», le dijo al borde del llanto y lo besó en la frente.[19]

El rostro de aquel niño bogotano quedó grabado en su memoria y regresó esa noche de desolación mientras observaba el campo en sombras. Sintió como nunca antes la fragilidad de la vida.

«Dios, ayúdame a salir de esta», imploró una y mil veces.

Al día siguiente, sin dormir y atrapado por el abatimiento, Vicente Fernández subió a su Learjet y partió a Los Ángeles, donde tenía comprometidas actuaciones en la Arena Deportiva Pico Rivera. De nada sirvió que Cuquita le rogara que no viajara en esas condiciones; su esposa tenía miedo de que no aguantara tanto estrés y colapsara en el escenario. Durante el viaje lloró, se enfureció, pensó en los secuestradores y juró matarlos. Lo invadió el pavor, se aferró a su hijo y rezó.

Ralph Hauser III, su promotor en Estados Unidos, lo recibió en un aeropuerto privado. «Vicente, no creo que sea una buena idea. Cancelemos. La gente que te ama lo entenderá, también los fanáticos», pidió, pero todo fue en vano. El *show* debía continuar, su gente lo aguardaba. Vicente Fernández amaba los conciertos en Pico Rivera: se trataba de un santuario de la música popular mexicana en Los Ángeles, un sitio sencillo que le permitía estar en contacto directo con su público. «Tuve miedo por él, respiraba y transpiraba dolor», relató Hauser tiempo después, durante una entrevista con *Los Angeles Times*.

Antes del viaje, se reunieron en familia y acordaron que Gerardo sería el encargado de negociar con los secuestradores, acompañado del jefe del Grupo Antisecuestros, que daría las directivas, así como de un par de policías. Gerardo vivió cautivo de las llamadas telefónicas sin horarios. Después de dos días de silencio, los delincuentes se comunicaron y plantearon su exigencia. Querían cinco millones de dólares. Gerardo llamó a su padre y le trasmitió el pedido.

—¿Y qué esperamos? ¡Hay que darles lo que piden! —exclamó.

—Papá, son cinco millones de dólares… Hay que juntarlos —repuso su hijo.

Vicente Fernández se derrumbó. Carecía de efectivo, era demasiado dinero para juntarlo rápido y el tiempo jugaba en contra. ¿Pagar el dinero que pedían le garantizaba el regreso de su hijo? ¿Y los que fueron rescatados y regresaron mutilados? ¿Y los que nunca volvieron? Su cerebro era un torbellino de preguntas sin respuesta. Su vida, un círculo sin salida.[20]

Por esos días, Alejandro llegó al rancho. Se reunió con su padre y con Gerardo.

—Papá, conseguí los cinco millones de dólares. Paguemos lo que piden, por favor, quiero a mi hermano de regreso a casa… —suplicó con los ojos empañados.[21]

Gerardo dijo que no, y no dejó espacio para la discusión. Explicó que estaban trabajando con un negociador de la Unidad Antisecuestros y que iban a seguir sus consejos. Su padre también se negó y reafirmó que seguirían las instrucciones del experto, aunque por dentro no creía en ellos. Alejandro sintió el rechazo como un puñetazo; le resultó incomprensible, pero acató la decisión en silencio.

Algunas veces los secuestradores llamaban de madrugada y colgaban, o permanecían en silencio menos de un minuto, frente a la desesperación de la familia que vivía los pormenores de la negociación. El centro de operaciones se estableció en la casa principal del rancho. Nadie permaneció al margen y se convirtieron todos en rehenes. Otras veces pasaban varios días durante los cuales no llamaban, y el silencio se volvía insoportable.[22]

El tiempo se había detenido en el rancho Los Tres Potrillos.

La eterna oscuridad

Recuerda que lo bajaron del auto y lo ingresaron a una casa, con la cabeza todavía cubierta por la chamarra. Caminó a tientas, sin saber dónde se encontraba; solo podía ver sus pies. Le advirtieron que clavara la mirada en el suelo, que no se le ocurriera levantar la vista. Guiado por sus secuestradores, entró a una habitación en penumbras. Le vendaron los ojos y le colocaron grilletes en los pies. Tres hombres armados lo custodiaban de forma permanente y debía dormir en una colchoneta tirada en el piso.

Recuerda que desde el día uno permaneció pegado a la pared: tenía miedo de que lo violaran. Podía gritar, pero estaba sin voz, con la vida en suspenso; y si lo hacía, estaba seguro de que lo matarían. Le costaba mantenerse en calma, pero se dio cuenta de que, si controlaba sus emociones, quizá le iría mejor. Comenzó con ejercicios de respiración. En una hora completó 320 respiraciones, y el sosiego que alcanzó colaboró para enfrentar la guerra psicológica con sus victimarios. La calma para vivir.[23]

Encerrado en aquel cuarto de mala muerte, en una casa perdida en los suburbios de Guadalajara, se preguntaba: ¿sería capaz? ¿Saldría vivo de allí?

A partir de ese momento, los segundos, los minutos y las horas se resistían a seguir su viaje temporal. No existían secuencias entre una noche y otra. En la primera le preguntaron si tenía hambre, si quería comer. Les dijo que no. Le ofrecieron bebidas alcohólicas y se negó. Pidió agua, tenía la garganta seca; le trajeron agua y refrescos. Los secuestradores se mostraban amables, salvo por las patadas y culatazos que recibió cuando se lo llevaron.[24]

Esa primera noche no pudo pegar los ojos. No entendía cómo iba a sobrevivir tirado en esa colchoneta sucia, con los grilletes en los pies y los tres tipos armados que no lo perdían de vista. Todos los miedos del mundo lo habitaban y desconocía cómo espantarlos. Por el tono de voz, supo que sus guardianes no eran de Jalisco. Nunca le informaron de las negociaciones que mantenían con su familia, ni con quién conversaban, ni cuánto dinero querían por él. Tampoco le preguntaban por la fortuna de su padre. Estaba en un limbo.

Trataba de imaginar a su familia en el rancho. La angustia de su padre, el dolor de su madre y de sus hijos. ¿Cómo estarían sus hijos? ¿Qué sabían de su secuestro? ¿Les dijeron la verdad o se las ocultaron para no angustiarlos?[25]

En medio de la oscuridad, recordó que su hija Sissi, la niña de sus ojos, cumplía años el 21 de mayo y él no estaría con ella. Su primogénita, la que recibió la amenaza en el colegio. Cerró los ojos y la vio hermosa, despreocupada y feliz, como antes. Y también como antes, se imaginó en el rancho durante ese día tan especial, cantándole «Las mañanitas» a Sissita. ¿La volvería a ver? Cada vez que se lo cuestionaba, hacía esfuerzos para no llorar.

Con el paso del tiempo y siempre con los ojos vendados, advirtió que su capacidad auditiva se había desarrollado. Escuchaba con claridad las conversaciones de hombres y mujeres que se movían por la casa. Reconoció las voces y sintió un agujero en la boca del estómago, pues pertenecían a personas que meses antes de su secuestro habían mantenido contacto con él. Entre más las escuchaba, más seguro estaba. De pronto se dio cuenta de que hacía tres o cuatro meses que lo seguían. Entendió que las señales extrañas que recibía tenían que ver con las voces que ahora escuchaba en cautiverio. Encontró la respuesta a sus inexplicables desvelos, o por lo menos una parte de ella.[26]

La visión alucinante de aquellos tigres acechantes frente a su Jeep rojo y el presagio de la gitana en el rancho mutaron en una realidad aterradora. Vicente hijo vivía convencido de que los hombres tenían el destino marcado. Su secuestro y aquellos extraños precedentes reafirmaron esta creencia, y el sino fatalista que era parte de su ser.

—Si quieres te traemos mujeres, porque eres un hombre casado, pero has de tener necesidades —sugirió una noche uno de sus custodios.

Respondió que no, cuidando de no ofenderlos. Los guardianes trataban de ser complacientes, y a veces le hacían bromas. Otras, se descuidaban de resguardar su identidad, y esta situación le generaba temor.

—Oye, nosotros no sabíamos quién eras. Nos da mucha pena que estés aquí. Admiramos a tu padre y de veras no sabíamos… —explicaron a modo de disculpa. Él sintió que eran sinceros.[27]

Decidió entonces dejarse crecer la barba. Con el paso de los días también rechazó bañarse. Esto provocó molestias. «Hueles muy feo», se quejaban los custodios despectivamente y le tiraban encima desodorante líquido para pisos. No le importó. Transcurría el tiempo y lo invadía la certeza de que su vida terminaría en esa casa lúgubre, de que no volvería a ver a sus hijos, ni a sus padres.

Tenía 33 años y se veía parado en el umbral de la muerte.

—¡Mira, te trajimos de comer tacos al pastor! Sabemos que te gustan, ¿no?

La pregunta encendió sus alarmas. ¿Cómo sabían que le gustaban los tacos al pastor? ¿Quién les dijo? ¿Fue un amigo? ¿Fue alguien de su familia? Las preguntas empezaron a llegar. Otro día le trajeron tortas ahogadas, sus predilectas, y las dudas se acrecentaron como una mancha de humedad. Comenzó a escuchar con atención las conversaciones y las sospechas aumentaron. Conocían detalles íntimos de su vida que solo podían venir de su familia o de personas muy cercanas. La desconfianza lo aturdía, mientras se esforzaba por descifrar quién podía haberlo entregado.

En su cabeza giraban rostros cuyos nombres no se animaba a pronunciar. Pensaba en su esposa Sissi y le resultaba incomprensible que hubiera insistido tanto con mudarse del rancho, porque en ninguna parte estarían más seguros que allí. Otras veces, sus cavilaciones lo llevaban hasta su hermano Gerardo y la pésima relación que tenían. Vicente hacía memoria. Iba y venía de su infancia y adolescencia hasta la adultez, y no lograba desentrañar las razones de tanta malquerencia. ¿Eran celos? ¿Envidia? ¿Odio?

En las noches de desvelo, se preguntaba si Gerardo habría sido capaz de entregarlo a los secuestradores.[28]

Sin hallar respuestas, naufragaba una y otra vez en extrañas obsesiones que aumentaban sus recelos.

El tiempo parecía infinito.

Pidió una Biblia y se la trajeron.[29] El libro sagrado lo acompañaría todo el secuestro. Atrapado en una habitación con la ventana cerrada de forma permanente, se aferró a Dios con la avidez de un náufrago en un océano negro. La madrugada y el atardecer se delataban con el cacarear de los gallos, y al amanecer los pájaros se acercaban a cantar en la ventana. Eran un soplo de vida en medio de la cerrazón. Cuando llegaba la penumbra que indicaba la noche, con la uña rayaba un palito en la pared y contabilizaba así los días que habían transcurrido desde el comienzo del calvario.[30]

Un palito, otro palito, otro, uno más. Así cada noche.

—Te metes a bañar, cabrón, que hueles muy feo. Pero no te quites la venda hasta que cerremos la puerta —ordenó con firmeza uno de sus guardianes.

Aceptó bañarse, pues el olor que tenía era irritante; él mismo no se aguantaba. Se dio cuenta de que su negativa no tenía sentido y generaba malestar en los custodios. Caminó guiado por uno de ellos hasta el cuarto de baño, donde permaneció encerrado hasta que finalizó el baño. Terminó y otra vez a la habitación, donde lo rociaron con desodorante de ambiente.[31]

Más o menos por esta fecha, la noticia del secuestro se filtró.

A pesar de que entre los allegados y amigos era un secreto a voces, resultó difícil mantener en el anonimato absoluto un acontecimiento de esta gravedad, especialmente si afectaba al clan familiar más célebre de México. A finales de mayo, algunos medios de Guadalajara publicaron que Alejandro Fernández había sido secuestrado, lo que obligó al Potrillo a salir a desmentir. No obstante, los rumores aumentaron y la familia entró en pánico. Los plagiarios habían advertido que debían continuar con su vida normal y evitar que la información llegara a los medios.

La noche del martes 26 de mayo Javier Alatorre, conductor del programa *Hechos* de Televisión Azteca, afirmó que Alejandro Fernández se encontraba secuestrado. Alatorre nunca habló con la familia, carecía de pruebas de lo que lanzó al aire con imprudencia. A los pocos minutos, un ejecutivo de Sony se comunicó con Televisa y Alejandro habló con el conductor de *El noticiero*, Guillermo Ortega. Negó la información y dijo que su familia «se encontraba muy bien». Después de su aparición televisiva, parecía que el revuelo en los medios se había aplacado. Vicente Fernández y su hijo Alejandro, cada uno por su lado, continuaron con sus giras y conciertos, como si nada hubiera pasado.

Al amanecer, Vicente pasó los dedos sobre las rayitas en la pared y advirtió que habían pasado casi 60 días desde su ingreso al infierno: dos meses con su vida en suspenso. Continuaba sin saber qué pasaba afuera de aquella casa, ni sobre la negociación de su rescate. Una noche escuchó ruidos fuera de la habitación y la rutina a la que estaba acostumbrándose se quebró. Algo había alterado los ánimos de los secuestradores. Discutían entre ellos, o eso creía.[32]

Fue peor. Sus guardias le contaron que el periodista Raúl Sánchez Carrillo, jefe de Información de Televisión Azteca, dijo en su programa de radio que él había sido liberado del secuestro, que se encontraba en Europa recuperándose del trauma y que la familia había pagado ocho millones de dólares. Permaneció en *shock*, la noticia lo demolió.

—Mira, ya pusieron precio a tu cabeza y le dijimos a tu familia claramente que no se debía enterar nadie —espetaron los secuestradores.

Los plagiarios aprovecharon el incidente y redoblaron la apuesta. Ahora pedirían más de lo que habían exigido en un principio.

Llamaron al rancho y casualmente atendió Alejandro. Le dijeron que ahora querían 10 millones de dólares y que, si no pagaban, comenzarían a mutilar a su hermano. De nada sirvieron las explicaciones de que aún no habían podido reunir los cinco millones iniciales. Colgaron abruptamente. Apenas se enteró, Chente perdió los estribos. Sintió que iba a enloquecer y que su hijo nunca volvería a casa. Llamó a Rodolfo, su fiel servidor, y le pidió destrozar el Jeep rojo que manejaba su hijo Vicente cuando fue secuestrado. Y así sucedió.[33]

Aquella noche, Rodolfo roció con gasolina el auto y le prendió fuego. Las llamas iluminaron el rostro demacrado del patriarca, que no se movió del lugar hasta que solo quedaron cenizas negras. Fue la peor noche de esos meses. En esa tiniebla infinita, solo había espacio para la ira y el dolor.

Vicente Fernández júnior recuerda que los secuestradores entraron, lo levantaron y caminó guiado a otra habitación. Sintió que había más personas y un clima de tensión. Afinó el oído y, por las voces, supo que se trataba de gente desconocida. No eran sus guardianes, a esos los conocía y habían establecido una buena relación. Tenía los ojos vendados y los grilletes en los pies. Trató de mantener la calma. Un escalofrío lo recorrió y se abroqueló ante el peligro que presentía. Por culpa de un irresponsable, ahora se encontraba con la soga al cuello.

—Estás aquí porque tu familia no afloja —dijo alguien con voz gruesa y gélida—. Elije, porque te vamos a cortar, a ver si así entienden. ¿Qué prefieres? ¿Una oreja o un dedo?

—Un dedo —respondió Vicente.

Les pidió que, si lo iban a amputar, fuera en la mano izquierda. Lo dijo sin saber que iban a acceder y así lo hicieron. Explicaron que iban a colocarle anestesia, y que un médico se encargaría de la operación.

Le colocaron una pistola en la cabeza, le taparon la boca con cinta plástica y lo sujetaron a un sillón. Sintió el piquete de la anestesia en su anular y, paralizado por el terror, comenzó a rezar.

Sucedió el 8 de julio de 1998. Cuando terminaron, le aseguraron que se lo mandarían a su familia. Esa noche no pudo dormir. Una vez que el efecto de la anestesia terminó, sintió dolor. Pidió un calmante y se lo trajeron. Pensó en su padre y en el impacto que sufriría al recibir uno de sus dedos; rogó que no ocurriera. Tenía pánico por él, por su reacción, por su salud.[34]

A la mañana siguiente, todo continuó como si nada hubiera ocurrido. Vicente creía que su tormento había terminado, pero a los tres días de la mutilación regresaron para continuar con la tarea. Le dijeron que su familia no había recibido el primer dedo y que necesitaban cortarle otro. Sintió que rodaba por un precipicio sin final y recordó las historias de los plagios que inundaban el país. El Mochaorejas y las orejas de sus víctimas que mandaba a las familias. Le costaba asimilar las imágenes terribles de los mutilados, y sin embargo, ahí estaba él, cautivo de criminales que mochaban los dedos de los plagiados.

Esta vez avisaron que lo harían en la mano derecha, que le cortarían el índice. No dudó en arriesgarse.

—Miren, tengo 20 dedos, terminen de cortar la mano izquierda y después vemos —les propuso. El silencio fue la respuesta, como en un juego macabro—. ¡No seas cabrón! ¡Me vas a dejar mal de las dos manos! Mejor córtame el meñique de la izquierda...

Aceptaron y repitieron los mismos pasos. La pistola en la cabeza, la venda en los ojos y la cinta en la boca para evitar algún grito; la anestesia y el médico con el bisturí. Al finalizar, lo llevaron de nuevo al cuarto.[35]

Miró una y otra vez su mano izquierda y el vendaje que ocultaba los restos de sus dedos. Un hueco en su mano extendida, un espacio imposible de llenar. Se sentía humillado, pisoteado, denigrado. Hacía esfuerzos por mantener la calma. Con la mano derecha había marcado las rayitas en la pared, el calendario personal que le permitió saber dónde estaba parado. Con la mano derecha no solo podía montar, sino manejar la pistola. Si no continuaban mutilándolo, si salía con vida de ese agujero, con la derecha intacta y lo que le quedaba de la izquierda, estaba seguro de que podía arreglárselas. Conocía sus habilidades, era buen jinete y tenía excelente puntería con armas cortas y largas. Su padre siempre se lo decía.

Se le infectó la herida de la segunda amputación. Le pidió a uno de sus guardias —con los que había logrado construir una relación amigable— que le llevara penicilina y agua oxigenada. Les dijo que él se iba a realizar las curaciones, pues una infección en esas condiciones sería nefasta. Cuando el hombre le entregó el antibiótico y el agua oxigenada, platicaron como lo hacían habitualmente. Los guardianes se compadecieron de la amputación de sus dedos. Los sintió sinceros y después de tanto tiempo juntos, encerrados entre cuatro paredes, los hombres se desahogaron y compartieron retazos de sus vidas miserables. Venían del norte de México, nacieron y se criaron en un mundo marcado por la violencia, el abandono y la pobreza extrema.[36]

Mientras su compañero iba al baño, uno de ellos, con el que era más cercano, le dijo:

—Oye, cabrón. Si la policía nos descubre y llega, te doy mi pistola. —Vicente guardó silencio, sin comprender—. Sí, te doy mi pistola, y antes mato a mi compañero para que él no te mate a ti. Pero necesito que me prometas que tú me vas a matar después. No quiero que me metan a la cárcel. Por favor.

—Te lo prometo —le respondió Vicente con un hilo de voz.[37]

Las palabras del custodio le provocaron un fuerte impacto. A esas alturas lo consideraba un cuate, y esa confesión imprevista lo desarmó.

Habían pasado 61 días desde aquella aciaga tarde de mayo, misma que ahora sentía tan lejana. Era como una hoja al viento. No sabía cómo y cuándo terminaría esta pesadilla, si es que lo hacía. Cada día que pasaba estaba más convencido de que alguien cercano lo había entregado.

Una de esas noches soñó con sus padres. Quizá porque el 24 de julio su adorada Cuca, su «mami», cumplió 52 años, y él no estuvo para cantarle «Las mañanitas» y consentirla como hacía siempre. Entre el sopor, pudo ver a su madre bajando por las escaleras y a su padre de pie en la terraza del dormitorio del primer piso. Estaban esperándolo. Pudo verse y sentirse ingresando al rancho, en medio de la celebración por sentirse libre y la fatiga brutal de tantos meses de encierro.

Los ladridos de unos perros lo despertaron. Debajo de la venda, el mundo estaba a oscuras. El compás de su respiración era lo único que aquietaba el desamparo que no daba tregua.[38]

LA ESPERA EN LOS TRES POTRILLOS

«¡Por favor, que me traigan a mi marido!», exclamaba Sissi. Los lamentos llegaban hasta la sala donde estaban Vicente Fernández y Gerardo, rehenes de las llamadas telefónicas. Fueron varias noches, en las que Sissi se levantó llorando y gritando: «¡Ya basta! ¡Ya, por favor! ¡Quiero a mi marido, quiero a mi marido!».[39]

Los esfuerzos por serenarla eran inútiles y agotadores. La esposa de Vicente no encontraba consuelo y el pánico que la dominaba se había trasladado a sus hijos.

El ambiente del rancho se había desequilibrado. Nadie podía contener las tribulaciones de algunos miembros de la familia. Estaban deshechos, agobiados, a punto de estallar. Había transcurrido demasiado tiempo y las negociaciones habían llegado a un punto muerto. Todos se encontraban cautivos de los secuestradores, obligados a continuar la batalla y a soportar espantosos padecimientos.

Después de exigir los 10 millones de dólares, los criminales que tenían cautivo a Vicente enmudecieron y la familia quedó devastada.

Vicente Fernández continuaba con sus giras. Viajó a Estados Unidos y recorrió México de un extremo al otro. Su público lo esperaba y no podía fallarle. El contacto con su gente le hacía bien, ahora más que nunca. Muchas veces se quebraba en el escenario y sus lágrimas se mezclaban con la potencia volcánica de su voz y la melancolía desgarradora de sus canciones. Lo rodeaba un aura de discreta desolación y los temas que entonaba una y otra vez le recordaban a su hijo: *Golondrina que vas cruzando el cielo / Y te puedes llevar el pensamiento / Tú me puedes decir lo que yo siento / Tú le puedes contar cuánto lo quiero / Si llegaras al pie de su ventana / Bajo el tibio fulgor de la mañana / Le pudieras contar cuánto lo extraño / El amor que dejó dentro de mi alma…*

Cuando terminaba el *show*, se encerraba en la habitación del hotel, llamaba a Gerardo para enterarse de las novedades y se desplomaba en la cama. Le costaba dormir. Ya no tenía lágrimas, solo rabia y desesperanza.

Alejandro, con sus emociones a flor de piel, iba y volvía de gira en gira por palenques y arenas de México y Estados Unidos. El 14 de mayo estuvo presente por primera vez en la entrega de Premios Lo Nuestro, en Miami, y de ocho nominaciones, ganó cuatro. El álbum *Me estoy enamorando* y el tema «Si tú supieras» se habían convertido en un exitazo. A finales de agosto viajó a Argentina por primera vez y cantó en el legendario Luna Park, cuna del boxeo. Enamoró con su carisma a un estadio repleto, mayoritariamente femenino, que lo ovacionó de pie, después de horas de arrullarle al amor y al desamor, con fondo de guitarras y trompetas. Por dentro, el martirio continuaba. El alcohol lo ayudaba a adormecer el dolor, pero, al día siguiente, el rostro de su hermano secuestrado regresaba una y otra vez.

Se preguntaba por qué su familia había rechazado los cinco millones de dólares que él consiguió para pagar el rescate. Gerardo y su padre se negaron, y nunca entendió las razones. Si hubieran aceptado, Vicente estaría a salvo. Cada vez que recordaba este episodio, se llenaba de indignación.

Además de todo, no transitaba un buen momento personal. Se estaba divorciando de América Guinart y tenía que encargarse también de sus tres hijos pequeños: Alex de cinco años y las gemelas América y Camila, de un año. El Potrillo adoraba a su hermano mayor y hubiera dado hasta lo que no tenía por rescatarlo de los criminales que lo habían secuestrado.

Cuquita se encerraba en su cuarto y trataba de aliviar la angustia como podía. Se sentía quebrada por dentro y era consciente de que, si su hijo no regresaba, ella no podría vivir. Ocultaba numerosos miedos y secretos, se aferraba a la fe y rezaba. Desde que sus hijos nacieron y Vicente Fernández se iba de gira durante meses, la soledad dejó marcas imborrables en ella. No fue fácil estar sola con sus hijos chiquitos, sumado a las penurias económicas de los primeros tiempos. Sin embargo, aquella orfandad de antaño le enseñó a resolver y a soportar tempestades en silencio. Así la habían criado y, además, era esclava de un tiempo en que las mujeres no tenían voz. Sus padres y sus hermanos colaboraban con ella, pero no era lo mismo. Su marido y el padre de sus hijos poco y nada había aportado en la crianza de los niños. El dolor permaneció y con el tiempo se acostumbró a él. Con los años llegaría la recompensa de una vida más desahogada económicamente, pero solo eso, las angustias crecerían sin precedentes. Durante esos días interminables de mayo, se atormentaba pensando qué sería de ella si no recuperaban a su Vis con vida.

Una noche, la peor de esos meses horribles, Cuquita y Vicente se encontraban mirando televisión. El conductor de las noticias informó que el cadáver de un joven había aparecido en la carretera a Cuernavaca. Tenía un balazo en la cabeza. La descripción del muerto, edad y vestimenta guardaban similitudes con su hijo secuestrado. Sintieron el impacto brutal. Cuquita se echó a llorar, no pudo controlarse. Hasta que llegó la confirmación de que ese muerto no era Vicente, esa noche de espantos se encomendaron a Dios.[40]

La vida en el rancho se había tornado caótica. Así, frente a la imposibilidad de resolver el tema con la serenidad que requería la situación, Vicente Fernández decidió enviar a la familia fuera de México.

El destino elegido fue San Antonio, Texas, una ciudad que le gustaba y donde ya tenían una propiedad. Viajaron con la orden de comprar casas para todos y permanecer ahí por un tiempo largo. En el rancho se quedaron, además de él, su hijo Gerardo, el negociador de la Unidad Antisecuestros, el comandante que le generaba tanto resquemor —y al que no podía quitar de en medio en ese momento— y los policías que lo ayudaban. El devenir de la historia le daría la razón. Según los expertos en plagios, las unidades antisecuestros en México estaban perforadas por el hampa. Muchos de sus integrantes tenían vínculos directos con bandas de secuestradores a las que daban protección para realizar los crímenes.

De pronto, a Chente le asaltó el pánico de que pudieran secuestrar a otros miembros de la familia. Se dio cuenta de que estaban demasiado aterrados y vulnerables, y entendió que cada uno reaccionaba como podía frente a la tragedia. A él también le costaba mantener el equilibrio, pero sacaba fuerzas de quién sabe dónde, pensaba en su hijo y fingía. No le quedaba otra opción que seguir adelante. La enmarañada situación intrafamiliar fue el detonante de la abrupta mudanza al sur de Estados Unidos, donde encontrarían algo de tranquilidad, pero sobre todo seguridad.

El 8 de agosto los plagiarios se comunicaron de nuevo.

Vicente y Gerardo acordaron de antemano la suma que iban a ofrecer. Antes de hacerlo, pidieron una prueba de vida. Enviaron a través de los secuestradores preguntas íntimas que solo Vicente júnior podía conocer y este respondió correctamente. Una vez superado este paso, iniciaron la negociación, que según los expertos en secuestros es como «un juego de ajedrez y el premio es la vida de un ser querido».

Primero ofrecieron 2.3 millones de dólares; frente a la negativa de la otra parte, subieron a 3.2 millones. Esta fue la cifra que puso el punto final a la transacción.[41]

A partir de ese momento, debían enfrentar el tramo más difícil y peligroso de un secuestro: la entrega del dinero y el lugar del pago. Cualquier interferencia, el mínimo error, serían fatales. Si todo salía bien, Vicente sería liberado y regresaría con su familia. No obstante, existía el riesgo de que no sucediera, como algunos secuestrados que nunca volvieron.

El 24 de agosto a las 10 de la mañana, Gerardo atendió la llamada de los secuestradores. Le indicaron que el pago del rescate sí o sí debía realizarse desde una avioneta que volaría bajo, y que el piloto debía llevar un celular para recibir las instrucciones acerca del lugar exacto donde debían lanzar el dinero. Parecía una alucinación. Nunca imaginaron que aquellos hombres les darían instrucciones tan excéntricas. En este instante, Vicente Fernández tuvo la repentina convicción de que quienes tenían a su hijo eran profesionales expertos que actuaban con protección policial. No eran pistoleros marginales, sino delincuentes con gran experiencia en plagios de largo alcance.[42]

Vicente decidió que dos colaboradores de su extrema confianza viajarían junto con el piloto al lugar indicado. Los 3.2 millones de dólares en efectivo fueron divididos en paquetes de 100 mil dólares, envueltos en papel transparente que aseguraron con cinta adhesiva color café. Colocaron el dinero en una maleta deportiva de gran tamaño, alargada, de color verde olivo, que aseguraron a su vez con una cinta metálica.[43]

Vicente en persona, acompañado por su hijo Gerardo, llevó el dinero al hangar privado del Aeropuerto Internacional de Guadalajara Miguel Hidalgo y Costilla. Ahí se encontraba la avioneta, cuya matrícula ocultaron con papel aluminio.[44]

Una vez que la nave despegó y voló unos cuantos minutos a baja altura, el piloto recibió la llamada del secuestrador. El hombre le ordenó que se dirigiera a Ciudad Guzmán, un municipio ubicado a 23 kilómetros al sur de Guadalajara. Cuando sobrevoló la zona, ingresó otra llamada, a través de la cual recibió instrucciones de cambiar el rumbo hacia un área ubicada en los límites con Colima. Una vez allá, le indicaron desviarse nuevamente para volar a la zona de Acaponeta, en Nayarit. Ahí le dijeron que estuviera atento a unas torres guardabosques y que, ni bien pasaba las torres, vería desde el aire una manta amarilla, la señal que indicaba el sitio donde debían tirar el bolso con el dinero. Apenas divisaron la manta amarilla, avisaron a los secuestradores, quienes les ordenaron lanzar el bolso.[45]

No atinaron a mirar quiénes recogían el dinero abajo. Luego, regresaron a Guadalajara con la misión cumplida.

En el rancho Los Tres Potrillos, Chente y sus hijos Gerardo y Alejandro, por primera vez en más de tres largos meses, sintieron que una luz de esperanza se había encendido. El pago significaba el fin de la negociación.

El Charro de Huentitán, que durante días y noches batalló contra sí mismo para vencer la oscuridad que lo abrumaba y que varias veces casi lo llevó a perder el control, lloró en la terraza bajo la noche cálida de agosto.

En lo profundo, la culpa se ensanchaba. Su hijo no tenía dinero propio, no lograba abrirse camino y había fracasado en todos los negocios que emprendió. Carecía de talento para cantar, y cuando quiso intentarlo era grande y era tarde. Durante su adolescencia lo llevó a algunas giras con la idea de contagiar en él la pasión por la música, pero Vicente se rebeló y no quiso viajar más. Él tampoco insistió.

Esa noche en la terraza solitaria, después de vaciar la cajetilla de cigarrillos, se convenció de que a su hijo lo secuestraron por su dinero, ese maldito dinero que nunca le importó y que en ese momento despreciaba con rabia. «Andamos de paso y el dinero es pasajero», afirmaba Vicente con frecuencia, y no mentía.

La lucecita de esperanza se perdió de nuevo entre la bruma.

Esa noche, entre tantos pensamientos que se alborotaban en su mente, decidió que iría a esperar a su hijo en la carretera. Había escuchado que después del pago del rescate, a las víctimas las dejaban abandonadas en algún camino. No importaba el tiempo, esperaría lo que hiciera falta. Lo apremiaba la necesidad de abrazar a su hijo. Necesitaba decirle que lo amaba, protegerlo como cuando era un bebé que apenas cabía en su mano y nadie apostaba por su vida, solo Cuquita y él.[46]

Antes del amanecer, Vicente Fernández ya se ubicaba a un costado de la carretera. Permanecía atento a los movimientos y regresaba al rancho por la noche. El sonido de un coche cualquiera aceleraba su corazón; imaginaba que en ese auto venía su hijo. Sin embargo, los días pasaban lentos y este no llegaba. Otra vez la incertidumbre. Se sentía suspendido entre la vida y la muerte.

—Papá, vente. —Fue Gerardo quien cierta ocasión lo sorprendió durante su espera—. Los secuestradores volvieron a hablar y otra vez están muy majaderos, muy prepotentes... Que quieren más lana...[47]

Regresaron al rancho. Dominado por la ira, Vicente Fernández subió al coche de su hijo. No podía entender qué estaba sucediendo. Había cumplido con su parte, había pagado el dinero que acordaron y acató al pie de la letra las instrucciones de los policías antisecuestros, en los que nunca confió. ¿Por qué Vicente no había regresado? Descendió del carro y como una tromba se dirigió hasta el espacio reservado para los policías, detrás de la cocina de la casa principal.

—Oye, cabrón. Tú estuviste al tanto de todo, ¡te hice caso en todo y pagué! ¡¿Y ahora me vienes con que las cosas cambiaron?!

Francisco Minjárez Ramírez, el zar de Chihuahua que llegó a Guadalajara jactándose de sus éxitos en la materia y de sus entrenamientos en el extranjero, respondió:

—Don Vicente, esto es su pastel y hay que cocinarlo. Tiene que decir que vendió la camioneta, los caballos y todo lo que tenía...

—¡Quiero ver a mi hijo, pinche cabrón! ¿Para qué voy a decir esas pendejadas? ¡Ya se pagó y pasaron 11 días y mi hijo no aparece!

—Minjárez no respondió—. ¡Llegaste aquí y dijiste que tú sabías de secuestros y que yo me dedicara a cantar! Y ahora me dices otra cosa...[48]

Preso de la furia, le arrebató a Gerardo el celular que usaba para comunicarse con los secuestradores. Le quitó el chip y se lo lanzó al comandante.

—¡Toma, ahora te van a llamar a ti! Si no aparece mi hijo en dos días, ¡yo me encargaré de que te lleve la chingada!

Luego de descargar su rabia, exactamente 12 horas después del altercado, sonó el celular de Chente.

—Don Vicente, escúcheme. Yo le dije que usted sabía cantar y que yo sabía de secuestros, y como sé de secuestros, su hijo va a regresar en cualquier momento...

Hastiado, cortó la comunicación. Desde el tercer día que lo tuvo enfrente, presintió que ese hombre estaba involucrado con los criminales.

La brumosa rutina de la espera, las noches pobladas de pesadillas y la frustración de sentirse con las manos atadas comenzaron a anegar su paciencia. Miró al cielo, pidió perdón a Dios y a sus padres, pero juró que si su hijo no regresaba en 12 horas, él mismo saldría a buscar a los secuestradores y acabaría con todos, incluido el jefe antisecuestros y los policías que lo acompañaban.

Regreso al rancho

El jefe de la casa de seguridad ingresó al cuarto. La tensión se elevó al máximo y Vicente sintió que su respiración se paralizaba. Tuvo un pálpito apenas aquel hombre empezó a hablar. Lo que parecía un imposible estaba a punto de ocurrir.

—Oye, se nos complica tenerte aquí. Ya arreglamos con tu familia, así que prepárate, que regresas a tu casa.[49]

Lo asaltaron ganas de reír y llorar, pero se tragó cualquier atisbo de emoción. Sus custodios lo sacaron con los ojos vendados de aquella habitación en sombras donde permaneció 121 días. Un segmento de su vida y de su cuerpo se quedaba en aquel cuarto maloliente, mientras otro se iba con él. Entre las ráfagas de adrenalina que lo sacudían, aún no era consciente de las secuelas que el siniestro encierro le dejaría. Mucho menos de que la porción de las vivencias que se llevaba tenían la potencia de un viento negro.

Agradeció a sus guardianes por el trato. Con los hombres que había logrado amistad, se despidió con un apretón de manos. Lo subieron a un carro y se marcharon. Después de algunas vueltas, pararon. Lo ayudaron a bajar y lo sentaron a un costado de la carretera. La noche estaba despejada y fresca.

—Camina derecho y cuenta hasta una hora. Porque tú sabes contar, ¿no? —insinuaron. Se referían al calendario de rayitas que había armado al costado de su cama, durante los cuatro meses de cautiverio—. Camina y después de una hora te quitas la venda, y sigue caminando hacia adelante. ¡No voltees, cabrón, porque si volteas te matamos![50]

Fue lo último que escuchó de sus guardianes.

Caminó a los tumbos. Podía ver sus pies a través de la rendija de la venda. Caminó hasta que calculó que había pasado una hora. Tenía la sensación aterradora de que sus secuestradores lo observaban desde algún lugar. Sentía los autos pasar a su lado. Caminó más y se arrancó la venda de los ojos. Miró a su alrededor y lentamente reconoció la zona del Periférico. Las torres con sus ventanas encendidas, la estela de luz de los camiones y autobuses, el sonido inquietante de la libertad.

Esperó a un costado de la carretera y, apenas divisó los faros de un auto, le hizo señas con la mano derecha. Milagrosamente se detuvo. El conductor, acompañado de su esposa y una niña, lo observó con desconfianza.

Vicente Fernández Abarca se veía demacrado y traía la barba y el cabello largo. Su aspecto fantasmal y desarrapado no generaba tranquilidad.

El hombre dudó, pero su esposa insistió: «Parece buena gente, deja que suba, quizá solo está cansado». Le permitieron subir en la parte de atrás y lo dejaron más adelante. Agradeció, y abajo esperó que pasara un taxi. Cuando divisó uno, levantó el brazo derecho y ocultó el izquierdo en el bolsillo. Apenas llegaron a la colonia El Tapatío, el chofer quiso saber adónde iba. Bastante nervioso, Vicente no quiso dar la dirección del rancho por precaución:

—Pues… como para el cruce de Cajititlán.

—¿Va antes del rancho de don Vicente? —preguntó de nuevo el conductor.

Respondió que sí y el taxi avanzó. Desconfiado, el chofer lo observaba por el retrovisor. Al poco rato, no aguantó y se estacionó a un costado para bajar del carro.

—Acabo de agarrar el taxi, así que, si me vas a asaltar, toma el auto, porque no traigo dinero. Muéstrame lo que traes en la mano izquierda.

Vicente le enseñó su mano vendada y explicó:

—Mira, me caí en la tarde y creo que estoy fracturado. Me tengo que hacer una radiografía mañana. Por favor, necesito llegar, no te voy a robar.

Más tranquilo, el chofer subió al auto y continuó su camino.

Cuando estaban casi en las puertas del rancho, le pidió al taxista que parara.

—¿Me espera un tantito?

Uno de los veladores que estaba parado en el portón lo reconoció. Antes de que lo llamara por su nombre, Vicente se acercó y le habló en voz baja:

—No digas nada y préstame 200 pesos.[51]

Después de que el taxi se marchó, caminó titubeando hacia la casa.

La noche cargada de estrellas y el olor inconfundible del rancho le devolvieron un sentimiento único de pertenencia, de familiaridad, de vida. Estaba de regreso, pero observaba el paisaje desde afuera, como si estuviera anestesiado. En la casa solo estaban sus padres; enterarse de esto lo tranquilizó. Lo devoraba la ansiedad por verlos y abrazarlos. De pronto temió que el impacto de verlo así de golpe les provocara un colapso; así pues, con la complicidad de Rodolfo, el velador, ideó una estrategia.

—Don Vicente, buenas noches. ¿Puede venir? Hay una yegua que está a punto de parir y necesitamos su ayuda…

Vicente Fernández bajó de inmediato, como cada vez que sus hombres lo necesitaban por estos temas. Siempre se ocupaba personalmente de sus caballos, sus yeguas y sus potrillos. Cuando vio a su hijo afuera, no lo reconoció al instante.

—Papá, no te asustes. Soy Vicente. Ya llegué, estoy aquí…

Se abrazaron y lloraron hasta quedar exhaustos.

—Papá, ya está. Ya no llores, que estoy aquí —repitió Vicente a su padre y comenzó a limpiarle las lágrimas con la mano lastimada.

—Hijo… ¿qué te hicieron?, ¿por qué te tocaron? Nunca me mandaron los dedos, yo creí que esos cabrones solo estaban vociferando. Nunca me dijeron nada —exclamó Chente con la voz entrecortada, mientras acariciaba la mano mutilada de su hijo.

—Me cortaron los dedos. Pero no te preocupes papá… Estoy vivo.

—Hijo, no vayas a pensar que me negué a pagar lo que pedían. Si me pedían la vida, yo se las hubiera dado…

—No te preocupes, papá. Estoy aquí y estoy vivo, no llores más.

—Cuquita, mira. ¡Llegó nuestro potrillo! —exclamó Chente.[52]

Cuquita bajó y se estrechó en un abrazo profundo con su Vis, al que se sumó Vicente. Permanecieron los tres unos minutos amarrados bajo el susurro de la brisa entre los árboles, incrédulos aún de estar juntos.

La pesadilla había terminado. A partir de ahora debían rehacer sus vidas, recuperar el tiempo perdido, sanar las heridas y superar el trauma. Los sonidos soterrados de la calamidad habían calado hondo en el alma de todos.

¿Serían capaces de lograrlo?

Los Mochadedos, la banda que llegó del norte

Vicente Fernández aterrizó en Culiacán, Sinaloa. Esa noche de octubre de 2010 tenía *show* en un palenque y sus fanáticos culichis lo aguardaban impacientes. Hacía tiempo que había dejado de teñirse el cabello y se había rendido al paso inexorable del tiempo. Lucía sus canas con orgullo de charro, que contrastaban con las cejas y el bigote negro tupido. En el clóset de la habitación del hotel, su traje y su sombrero inmenso con las orillas bordadas en oro, impecables, aguardaban el momento de salir a escena para brillar con su dueño.

Uno de sus custodios subió a la habitación y le pidió hablar. Vicente Fernández lo atendió y el joven le enseñó las fotografías publicadas en el periódico local. Habían encontrado el cadáver de uno de los secuestradores de su hijo. Habían pasado 12 años desde la tragedia brutal que había carcomido sus entrañas y las de su familia. Y esa noche en Culiacán, tropezaba de nuevo con los retazos sórdidos de una historia que en familia habían decidido colocar bajo siete llaves, convencidos absurdamente de que así las heridas cicatrizarían.

Leyó la noticia con atención. Se trataba de Ricardo Galindo Lugo, miembro de la banda capitaneada por Alonso Ávila Palafox, alias el Loncho, fundador de Los Mochadedos, cuyos integrantes por esta época se encontraban presos o muertos. El cadáver de Galindo Lugo había aparecido en el poblado El Veranito, en Sinaloa, con los pies y las manos atadas y una soga alrededor del cuello. En las manos tenía una cartulina que decía: «Yo secuestré al hijo de Vicente Fernández». En las cercanías se encontraron los cuerpos de otros dos hombres jóvenes, en estado similar de tortura y con señas de balazos.[53]

El rey de las rancheras sintió un escalofrío. Sus ojos se humedecieron y tuvo sentimientos encontrados. Esa noche subió al escenario, enfrentó a su público con su estilo de siempre y se desahogó a través de sus canciones.

«Yo los había perdonado hace años. No es bueno vivir con odio y esa noche yo cantaba y lloraba, y pensaba en los padres que estaban velando a sus hijos. Ellos no tenían la culpa de que sus hijos fueran delincuentes. Yo lloré por ellos», confesó en una entrevista con Adela Micha, realizada en su rancho, años después.

La banda de secuestradores que plagió a Vicente Fernández el 13 mayo de 1998 fue una de las más grandes y peligrosas de aquel México de finales del siglo XX. Según investigaciones de autoridades federales y expertos en el tema, la organización criminal estaba encabezada por José Alonso Ávila Palafox, mejor conocido como el Loncho, un sinaloense originario de Los Mochis, que de joven se dedicó al sicariato y al que se le atribuyen más de 60 secuestros en Sinaloa, Baja California, Michoacán, Colima, Sonora y Jalisco.

El Loncho fue heredero del imperio criminal que le dejaría su primo Miguel Ángel Beltrán Lugo, alias el Ceja Güera, quien posteriormente sería asesinado dentro de la cárcel en 2004. En 1995

Palafox fue acusado del secuestro del empresario Javier Corona Azaures y encarcelado en el penal de Puente Grande, Jalisco, según ficha signalética 5885/95. Al poco tiempo, fue puesto en libertad y regresó al negocio del secuestro.

«Cortaban los dedos para dejar un sello, los dedos mutilados nunca eran enviados a sus familiares. Cuando Arizmendi se hace famoso por sus mutilaciones de orejas, el Loncho decide imitarlo y mejorar el estilo para infundir mayor terror. Por ejemplo, cuando secuestran al empresario japonés Mamoru Konno, de Sanyo, en Baja California, no le cortaron los dedos; la aplicación de este método vino después», explica Max Morales, uno de los expertos en plagios más experimentados de México. Además, agrega que «el perfil criminal del Loncho dice que era astuto, organizado, audaz, egocéntrico y sádico. Primero se dedicó a plagiar ganaderos y empresarios, y luego viró hacia familiares de personalidades famosas, como el hijo de Vicente Fernández o el padre de los cantantes del grupo Los Temerarios, porque le brindaban más trascendencia en los medios».

Los Mochadedos estaban conformados por más de 500 miembros; la mayoría eran parientes en primero, segundo y tercer grado. Originarios de Sinaloa, ejercían el sicariato en los cárteles y se movían en células cerradas. Tenían una poderosa capacidad de acción y asestaron más golpes que la banda de Daniel Arizmendi, el Mochaorejas. Según las investigaciones realizadas por las procuradurías estatales afectadas, la banda estableció vínculos con policías judiciales, ministeriales, de las unidades antisecuestros y, en algunos casos, incluso se detectó entre sus contactos a miembros del Ejército.[54]

Según los testimonios de las víctimas, en casi todos los casos los pagos de los rescates se efectuaban desde el aire, a través de avionetas. El estricto método de compartimentación hizo difícil rastrearlos y detectarlos al principio. Los que levantaban a la víctima no eran los mismos que aguardaban en la casa de seguridad, ni los que negociaban, mucho menos los que cobraban el rescate.

La banda de criminales había sido identificada en parte meses después de la liberación de Vicente Fernández Abarca, exactamente el

3 de enero de 1999, cuando fue detenido Casiano Aboyte Castro, alias el Coyote, en una casa de la calle Fresnos 122, en la colonia Ciudad Granja, de Zapopan, Jalisco. En el lugar fueron liberados Alberto Aguayo, sobrino del luchador Pedro *el Perro* Aguayo, y el empresario Jorge Velázquez Villaseñor, quienes habían sufrido mutilación de dedos y llevaban varios meses de encierro. Aboyte Castro delató a sus cómplices y confesó su participación en el secuestro de Vicente Fernández.

El 20 de abril de 2000, en Colima, fue detenido Juan Carlos Verduzco Nieblas, alias el Doctor. Frente a los fiscales especializados de la Procuraduría del Estado de Jalisco, confesó que el 13 de mayo de 1998 a las seis de la tarde interceptó a Vicente Fernández cuando este salía del rancho y se dirigía a su casa de Guadalajara. Dijo que colaboró con el cobro del rescate y reveló el lugar donde lo mantuvieron encerrado 121 días y que por el trabajo le pagaron 400 mil pesos.

La casa de seguridad, según la declaración ministerial del Doctor, está ubicada en la calle Río Blanco 2589, esquina con la calle Guadalupe, en la colonia Arenales Tapatíos, de Zapopan. Durante el cateo realizado en la vivienda se encontraron cadenas, taquetes y otros elementos que confirmaron que el inmueble fue utilizado para encerrar a las víctimas.

Actualmente, Juan Carlos Verduzco Nieblas cumple una condena de 50 años en el penal de Puente Grande, Jalisco, pero las detenciones continuaron.

En septiembre de 2002, en Irapuato, fueron apresados Jorge Lugo Serrano, el Jorjón, y Nelson Guadalupe Félix, el Güero Camarón, en un operativo realizado por la Procuraduría de Jalisco y el Gobierno de Guanajuato. Los buscaban por el secuestro de un adolescente de 14 años, localizado con vida en Tuxcueca, Jalisco. Lugo Serrano y Guadalupe Félix confesaron su participación en el secuestro de Vicente Fernández júnior.

«A mí me tocó ir a cobrar el rescate. Fue un millón 600 mil dólares y a mí me tocaron 300 mil pesos que gasté en mi familia», declaró Lugo Serrano ante las autoridades de la fiscalía de Jalisco.

Y agregó: «No sé quién le mochó los dedos, pero el pago lo lanzaron desde una avioneta y yo lo fui a recoger. Fue por el lado de Acaponeta, Nayarit».[55]

Por su parte, Nelson Guadalupe Rojo Félix afirmó: «A mí me entregaron a Vicente, pero yo no lo levanté. Lo llevé a mi casa, en Arenales Tapatíos, y ahí lo encerré. Por poner mi casa, me pagaron 50 mil dólares». Aseguró que él no le cortó los dedos y que «contrataron a un médico», además de que «a nosotros no nos dejaron ver cómo lo hacían».[56]

En sus declaraciones, señalaron que Alonso Ávila Palafox, el Loncho, fue el jefe del secuestro de Vicente y de otros. Lugo Serrano también cumple una sentencia de 50 años en el penal de Puente Grande, en Jalisco, por el delito de crimen organizado y privación ilegítima de la libertad. Junto a Serrano y Verduzco Nieblas también fueron sentenciados a la pena máxima otros integrantes de la banda: Ezequiel Soto Ayón, alias el Gordo; Samuel Serrano Villa, el Zapatón; Ramón Solano Rubio, el Mono; Rafael Bon Lugo, el Güiro, y Martín Cárdenas Lugo, el Pelón.

Nelson Guadalupe Rojo Félix fue condenado a 13 años de prisión, sentencia que también recibieron otros detenidos: Oscar Cárdenas, el Mayul; Juan José Méndez Velasco, Glenda Janette Martínez Plascencia, Edgar Antonio Zamora Rojo, Sergio Cárdenas Lugo, David Hernández Sandoval, Carlos Ramón Cárdenas Lugo y José Alfredo Gutiérrez Ramírez.

El Loncho Ávila Palafox murió a finales de noviembre de 1999, en un presunto enfrentamiento a balazos con policías judiciales, en el municipio de Leyva, Sinaloa. En este incidente también murieron su hermano y otros tres delincuentes. Los cuerpos de los Palafox tenían marcas de tortura y balazos en la espalda. «Todo indicaba que le habían aplicado la ley de fuga», afirmó Max Morales, quien investigó a esta banda y a la de Daniel Arizmendi.[57]

Para completar el trágico historial de los implicados en el secuestro de Vicente Fernández en ambos lados del mostrador, es importante mencionar a Francisco Minjárez Ramírez. El prepotente zar antisecuestros de Chihuahua, quien participó directamente en la negociación y liberación de la víctima, el hombre al que el Charro de Huentitán nunca le tuvo confianza, tuvo un final acorde con su prontuario. Había renunciado a su cargo estatal en 2002, después de que agentes federales le pidieran el expediente sobre la desaparición de mujeres en 1993; cabe recalcar que dicha investigación estaba a su cargo, y sobre ella había una montaña de sospechas que lo vinculaban con los feminicidios de Juárez.[58]

El 11 de septiembre de 2003 Minjárez fue asesinado de 30 balazos en Ciudad Juárez, al más puro estilo de la mafia. «Hay dos razones. Traicionó a algún poderoso o sabía demasiado y significaba un riesgo para el crimen organizado», especularon fuentes de la Administración de Control de Drogas (DEA, por sus siglas en inglés) y del FBI, que siempre lo consideraron «un policía corrupto». Dos integrantes de la Unidad Antisecuestros de Jalisco que participaron en la negociación para el rescate de Vicente junto con Minjárez aparecieron asesinados a balazos en las afueras de Guadalajara.[59]

El tiempo le dio la razón a Vicente Fernández. La aprensión que lo había asaltado sobre aquellos policías que se instalaron 121 días en Los Tres Potrillos no era paranoia, sino intuición pura.

«Yo siempre estuve seguro de que ese hombre estaba involucrado. Al poco tiempo, lo dejaron como coladera y lo botaron por ahí. […] A veces me vienen rencores. Cuando me preguntan qué opino de la delincuencia y de las drogas que hay en México y si me iría a vivir a otro país, respondo que mi país no es más bueno o malo que otro. Yo agradezco a Dios el privilegio que me dio y nunca me iría a vivir a otra parte, a pesar de la gran pena que viví», confesó en una entrevista con Carlos Loret de Mola, realizada en 2014, para Televisa.

«Los secuestradores no son como mucha gente piensa. Con mi hijo hicieron buena amistad. Vino gente muy poderosa, muy poderosa, y me ofrecieron matarlos a todos, acabar hasta con los de pañales… Y les dije que no, porque mi hijo volvió con vida, yo los perdoné de corazón porque mi hijo regresó. Si no… los hubiera ido a buscar y los mataba», le reveló al periodista colombiano Juan Ignacio Velázquez en 2012.

«Gente muy poderosa», dijo Vicente Fernández, sin dar nombres, pero se entendió. Guadalajara no es únicamente la tierra del mejor tequila y los mariachis. Los tapatíos saben que viven en el paraíso del narco, que todo lo sabe, lo controla y lo compra. Y a finales de los noventa, cuando secuestraron a Vicente júnior, el Cártel de Sinaloa era amo y señor de la plaza.

Según fuentes judiciales y policiales, emisarios de Ignacio *Nacho* Coronel y de su socio, Orlando *el Lobo* Nava Valencia, ambos residentes de Guadalajara, contactaron a Gerardo Fernández Abarca y se ofrecieron a «acabar con todos, hasta con los de pañales».

Los ranchos de Nacho Coronel y del Lobo estaban en las cercanías de Los Tres Potrillos y ambos eran habituales compradores de caballos. Se conocían. Para el cártel, Vicente Fernández era un ídolo popular, un intocable.

Gerardo llevó el mensaje a su padre y Chente lo frenó en seco:

—No, mijo, diles que muchas gracias, pero no puedo, ya los perdoné.[60]

COMENZAR DE NUEVO

«Hubo momentos en los que miraba mis manos y me preguntaba qué pasaría si me cortaban los dedos. Porque mis manos son idénticas a las de Vicente. Quería que le colocaran mis dedos a mi hijo», confesó Vicente Fernández años más tarde, en varias entrevistas. «Le pregunté a mi sobrino, que es ortopedista, si esto se podía hacer y él me explicó que era imposible, porque los dedos le iban a quedar sueltos. Iba a resultar peor».[61]

Cuquita, más práctica, le pidió que se olvidara del tema, que hiciera de cuenta que se los cortó en un accidente de charrería y punto. A su hijo tampoco parecía afectarle la mutilación, o por lo menos no lo demostraba. Le hacía bromas a su padre y en cada encuentro con los periodistas enseñaba su mano con los dedos mochos. «Miren, no me da vergüenza mostrarlos. Ya saben ustedes que me los cortaron», decía entre carcajadas.

Vicente Fernández se estremecía cada vez que recordaba los meses siniestros del secuestro. El dolor y el resentimiento estaban a flor de piel.

Fiel a la máxima materna que hizo carne en él desde niño y que decía que a la gente había que darle alegrías y ocultar las penas, en el interior de la familia guardaron silencio sobre el trágico episodio. A partir del regreso a casa de Vicente, no se tocó el tema, y la vida familiar continuó como si nada hubiera sucedido. De «eso» no se hablaba. Sin embargo, no podían comprender que «eso» que ocultaban crecía como un monstruo adentro de cada uno.

Las horas pasaban veloces desde que su hijo había regresado. Al otro día viajaron a San Antonio, Texas, donde se encontraba el resto de la familia, y donde pensaban establecerse por un tiempo.

Si la relación matrimonial de Vicente júnior y Sissi Penichet no funcionaba tiempo antes de la desgracia, el reencuentro y el estado de estrés postraumático que transitaba Vicente agravaron los conflictos. La alegría más grande para él eran sus cuatro hijos, que ansiaban disfrutar a su padre después de tanta ausencia y angustia.

A las dos semanas de haber recuperado la libertad y acompañado por su padre, Vicente otorgó una entrevista a Guillermo Ortega Ruiz, conductor de *El noticiero* de Televisa. Chente aprovechó para aclarar los rumores que habían circulado durante aquellos espantosos cuatro meses, mismos que habían perjudicado a su hijo.

«Quiero aclarar que legalmente no van a encontrar un acta que conste que yo diga que mi hijo fue secuestrado. Por ganar noticias ponen en juego la vida de un ser humano. No es la vida de un hijo de Vicente Fernández, es la vida de un ser humano.

»Nunca diré cuánto dinero se pagó, nunca se sabrá porque mi hijo no es una vaca, no es un animal. Es mi hijo, y del dinero que se dio, a mi pueblo debo rendirles cuenta, porque el pueblo me lo ha dado.

»Lo que viví es como la muerte, uno piensa en la ajena, no en la propia. No lo puedes narrar fácil, es una pesadilla. De repente me entra una impotencia, esto no se lo deseo a nadie, ni a la gente que lo hizo. Y soy honesto, que Dios los perdone y ojalá nunca sepa quiénes fueron».

Vicente júnior, aún bajo el efecto de las penurias del cautiverio, con barba, demacrado y más delgado, se deshizo en agradecimientos a su familia, a sus amigos, a Dios, e incluso a sus secuestradores. Esta última se considera una reacción «normal» en su estado de recién liberado.

Un mes más tarde, se hartó de estar lejos de su tierra y regresó al rancho de sus amores. Sentía que solo allí, en el campo, con sus caballos y sus perros, recobraría la tranquilidad que necesitaba. Al poco tiempo llegaron sus padres y su hermano Gerardo, con quien el vínculo iba de mal en peor.

La noticia llegó a través de una carta proveniente de un despacho de abogados de Estados Unidos. Su esposa le pedía el divorcio; aquello pondría fin a una relación que en los últimos tiempos estuvo cargada de peleas, acusaciones y sospechas. Vicente sintió el golpe. Apenas estaba tratando de recuperarse de la pesadilla que había vivido; hacía grandes esfuerzos para acostumbrarse a una nueva vida con custodios y a la mirada morbosa de la gente. Ahora, esa carta le confirmaba que se quedaba solo, porque sus hijos permanecerían con la madre en San Antonio.

Trató de hablar con Sissi, pero ella se negó. Al final del litigio, además, perdió todo lo que tenían juntos: casas, coches y hasta cuentas bancarias. Vicente júnior tenía que empezar de cero y aún no sabía por dónde y cómo. Producto del estrés, tuvo una parálisis facial muy molesta que afectó la mitad de su cara, y tuvo que tratarse durante varios meses.[62]

El 12 de noviembre de 1998 Vicente Fernández Gómez, el rey de la música ranchera, el Jilguero de Huentitán, la leyenda mexicana de la música popular, llegó a Los Ángeles para recibir un premio anhelado que lo ubicaría para siempre al lado de los grandes de Hollywood.

En el Paseo de la Fama develó su estrella frente a cinco mil seguidores que coreaban su nombre, envueltos en banderas mexicanas. Se le veía emocionado y radiante, mientras agitaba el brazo para alentar a su gente. La larga noche del secuestro de su hijo parecía lejana. Pero no: estaba viva en cada uno de ellos. A su lado se hallaban su esposa Cuquita, sus hijos Vicente, Gerardo y Alejandro, además de sus nietos. Lo acompañaba también su gran amigo, el cantante Alberto Vázquez, e incluso Juan Gabriel.

Tal vez pensaba en sus padres, quienes no pudieron ver lo alto que había llegado. Sus ojos se empañaron. Le dedicó la estrella a su hijo Vicente, su adorado potrillo que el día anterior había cumplido 34 años, y al pueblo de México. Estaban nuevamente juntos, unidos, y parecían felices.

Comenzaban una nueva etapa. El patriarca la imaginaba luminosa, serena y sin sombras. No obstante, el devenir del tiempo tendría la última palabra.

DOS

Un largo camino hacia la gloria

Vicente Fernández Gómez fue el único hijo varón de José Ramón Fernández Barba y María Paula Gómez Ponce. Su llegada al mundo tuvo lugar el 17 de febrero de 1940, bajo el signo de Acuario, en Huentitán El Alto, un poblado ubicado en las afueras de Guadalajara. El joven matrimonio celebró con alborozo el acontecimiento. Originarios de Tepatitlán de Morelos, la pareja había llegado a Huentitán en busca de una mejor vida; se afincaron allí y al poco tiempo llegaron los hijos.[1]

Vicente fue el segundo de tres hermanos, precedido por María del Refugio y seguido por Teresa. Como único varón, se convirtió en el consentido de la casa, sobre todo de su madre, una mujer bonita y dulce que en sus ratos libres, y para ayudar a la endeble economía familiar, trabajaba como costurera.[2]

Los destellos de la ternura y dedicación de su madre quedaron grabados en la memoria de Vicente, del mismo modo en que lo harían las anécdotas de una vida intensa y dura en sus inicios, mucho antes de que la fama lo convirtiera en una leyenda. Después de varias décadas, los recuerdos de ambas situaciones van y vienen del pasado al presente, en una conjunción de nostalgia y alegría, inundados por el inquebrantable orgullo del que se hizo solo y desde abajo.

Doña Paula se desvivía por Vicente y, con el pasar del tiempo, él se convertiría en su refugio frente a las peleas que frecuentemente sostenía con su marido. Se trataba de un hombre que, según Vicente, no fue una mala persona; más bien, el gran problema de su padre radicaba en su adicción al alcohol. Como consecuencia de ello, la economía de la casa se hacía trizas al mismo tiempo que su carácter, lo que afectaba la salud de su madre.[3]

Testimonios de amigas y vecinas de los Fernández Gómez relatan que al poco tiempo de su nacimiento, doña Paula, de apenas 23 años, se quedó sin leche para poder amamantar a su hijo, como consecuencia de una fuerte discusión con Ramón. A partir de entonces no pudo alimentarlo más. Una vecina, que acababa de parir una niña, se compadeció y le ofreció ayuda. Fue así como se convirtió en la mamá de leche del recién nacido Chente, según relató años después su hija María Mercedes Rivera.[4]

Aquel invierno del año bisiesto de 1940, cuando Vicente llegó al humilde hogar de los Fernández, el mundo estaba siendo jalonado por acontecimientos políticos tumultuosos. Apenas un año antes había comenzado la Segunda Guerra Mundial; la Alemania nazi había conquistado gran parte de Europa continental y aún quedaban cinco años por delante para que la atroz pesadilla terminara. Aunque México permaneció al margen, el conflicto bélico influyó en lo social y lo económico. El país transitaba el final del mandato de Lázaro Cárdenas y el posterior arribo al poder del general Manuel Ávila Camacho. Ambos gobiernos estuvieron marcados por una profunda desigualdad económica, a tal punto que los estudios de historia y economía de esa época señalan que 83.05% de los mexicanos eran pobres y campesinos.

Huentitán, que en lengua náhuatl significa «lugar de las ofrendas», es un antiguo pueblo de 58 hectáreas fundado por los indígenas antes de la llegada de los españoles. Durante los años cuarenta estaba habitado mayoritariamente por rancheros y asalariados que vivían de la ganadería y la agricultura, y que no soñaban ni por asomo con poder estudiar o capacitarse. El municipio se divide en dos regiones: El Alto y El Bajo; en este último existe un barranco profundo, accidente geográfico provocado por el río Santiago, sobre el que se construyó el primer puente colgante de América Latina. Fue también ahí donde en 1978 se filmó parte de *El Arracadas*, película protagonizada por Vicente Fernández, el hijo pródigo del pueblo. También conocida como Barranca de Oblatos o Barranca de Chente, es hoy una reserva ecológica; con un paisaje que enamora y un aroma permanente a flora y tierra mojada, cientos de turistas la visitan durante todo el año.

Durante aquellos años primigenios, sobre todo en las áreas rurales, era normal que los niños ayudaran a sus padres en las tareas del campo apenas crecían, ya sea ordeñando vacas de madrugada o limpiando establos. Chente lo vivió en carne propia y no pasa una oportunidad sin que lo reivindique como una anécdota graciosa de su infancia. «No terminé la escuela, llegué a quinto año y lo repetí tres veces. Mi padre se molestó mucho conmigo y como castigo me mandó a trabajar en el campo ordeñando vacas. Yo digo que no hay mejor escuela que la calle», recuerda entre risas.

En la década de 1940 se inició la transformación del paisaje de México. El ambiente agrícola y patriarcal comenzaría a dar paso a una moderna urbanidad, y poco a poco a la industrialización del país. Muchas familias de los pueblitos rurales de Guadalajara se desmembraban por necesidad. Ante la falta de empleo, los hombres migraban a las ciudades y se convertían en mano de obra barata, porque esta era la única oportunidad de enviar dinero a sus familias.

Así transcurrió la niñez de Vicente. En 1943 comenzó la época de oro de la radiofonía mexicana y la exitosa XEW, de Emilio Azcárraga Vidaurreta, llegó a trasmitir hasta cinco radionovelas por día, el género de moda que rompía corazones de millones de mexicanas con sus historias desgarradoras de amor y desamor. La canción más escuchada era «Frenesí», del compositor chiapaneco Alberto Domínguez; la tapatía Consuelo Velázquez, de apenas 16 años, estrenaba en 1940 «Bésame mucho», el bolero que se transformó en un ícono de la música romántica, siendo también el más versionado del mundo, con interpretaciones de Pedro Infante, Jorge Negrete, Javier Solís y los Beatles. Décadas más tarde, convertido en un ídolo, Chente grabaría la canción de su comprovinciana en el álbum *Primera fila*, lanzado en 2008, después de cantarla tantas veces en teatros, palenques, ferias y conciertos. En 1941, cuando Chente tenía apenas un año, Agustín Lara estrenaba «Solamente una vez», dedicada al célebre cantante lírico de México José Mojica, que ese año abandonaba la carrera para ingresar a un convento franciscano. En las radios brillaban Lucha Reyes, el Mariachi Vargas, Tito Guízar, Jorge Negrete y Pedro Infante.

La infancia de Vicente Fernández fue como la de cualquier chavito de un pueblo rural de Jalisco. Domingos de misa y paseos por la plaza, y los ansiados festejos de las fiestas populares. Los veranos se vivían en medio de funciones de cine, escapadas al barranco y funciones de algún circo que cada tanto pasaba por el pueblo y los maravillaba con las acrobacias y los animales exóticos.

Acompañado de su mejor amigo, Raúl Abarca Villaseñor, ambos se adueñaban de la calle para jugar a la pelota hasta que sus padres los llamaban de vuelta a casa. Puertas adentro, Chente se entretenía en el patio de su casa moldeando figuras con plastilina: vacas, carretas y ranchos que acomodaba estratégicamente sobre el piso y llamaba a sus hermanas:

—Miren. Cuando sea grande, este va a ser mi rancho —les decía.

—Sigue soñando —respondía María del Refugio, su hermana mayor.

En esos años de carencias, no había margen ni frontera para las utopías. Sin embargo, esa figura de arquitectura moldeada con plastilina fue años después el puntapié inicial de lo que sería Los Tres Potrillos: la casa definitiva de Vicente Fernández, una finca de 500 hectáreas que cuenta con museo, restaurantes, capilla y hasta una arena para conciertos. Para la concreción de este sueño hizo falta prepotencia de trabajo, sacrificios, dolores, fracasos y renunciamientos personales.[5]

En la Navidad de 1947, un pequeño Chente de siete años pidió de regalo que lo llevaran al cine que tenían sus primos. Se estrenaba la cinta *Los tres García*, protagonizada por Pedro Infante y la consagrada Sara García, la Abuelita de México. Fue una película que marcó un antes y un después en la filmografía y la consolidación de la comedia ranchera, género que había surgido a partir de la cinta *Allá en el Rancho Grande* (1936). Vicente abría los ojos, maravillado con ese universo charro en blanco y negro, pero sobre todo porque ahí conoció en pantalla gigante a su ídolo, que interpretaba a Luis Antonio, un personaje mujeriego, bromista y valiente. Tras su regreso a casa, corrió a los brazos de su madre y le dijo convencido: «Cuando crezca, voy a ser como él». Ella le creyó y lo alentó a no rendirse.[6]

«Al domingo siguiente de ir al cine, a mi mamá se le ocurre regalarnos unos radios amarillos de plástico, y cuando lo prendo y escucho "Cariño que Dios me ha dado para quererlo", dije: "Híjole, Pedro Infante se hace como Campanita". Cerré las puertas de la recámara y empecé a desarmar la radio para que no se me escapara. Cuando entró mi mamá, solo quedaban válvulas y me puso una fea. ¡Había roto el radio! Esa fue la admiración tan grande que le tuve a una persona como Pedro Infante», recordaría muchos años más tarde en una entrevista con Gustavo Infante.

Convertirse en Pedro Infante fue su obsesión de niño, y entre juegos se pasaba largo tiempo imitándolo. Un día su padre lo llevó a verlo a la plaza de toros El Progreso, en Guadalajara. Observarlo de cerca, sentir aquel carisma encendido como una llama y escuchar su voz en vivo le quitó el sueño. Por esos días le regalaron su primera guitarra, un instrumento que le dio la posibilidad de descubrir un mundo mágico que lo cautivó y lo terminó de convencer de que nunca abandonaría el sueño de convertirse en cantante. Y no se despegó de ella.

Apenas tenía ocho años cuando su mundo se desmoronó.

Su padre quebró, un poco por la crisis general y otro tanto porque trabajaba a crédito y no era muy hábil con los negocios. Se quedaron sin nada. Con lo poco que don Ramón salvó del naufragio, adquirió un lote de zapatos en León, Guanajuato, y le propuso a su mujer buscar una oportunidad a 220 kilómetros de casa. Armar las valijas, despedirse de todo lo conocido y mudarse a Tijuana fue un golpe fortísimo para todos. Sin embargo, no querían estar separados, y don Ramón prometió que sería por poco tiempo.

Chente sentía cada vez más lejano su anhelo por dedicarse a la canción, y aunque a su madre no le gustaba que trabajara, comprendió que era lo que debía hacer: darle duro para ayudar a su familia. Así, en una semana pasó de ser hijo de un ranchero a un jovencito que vendía calzado en las vecindades. «Había que fajarse y seguir adelante, arañarle los ojos a la vida y continuar en la pelea. A un golpe hay que responder con otro. Traté de ayudar a la familia como fuera, era mi deber. Hice de todo para llevar unos centavos a la casa», relató años después.[7]

A los 12 años, convencido de que la calle le enseñaba más que la propia escuela, abandonó los estudios. Una decisión de la que se arrepentiría y que le pesó. Antes, pasó por cinco escuelas, tratando de aprobar el quinto año de primaria; como no lo logró, decidió guardar los libros para siempre.

«Lo que pasa es que las letras no entran cuando se tiene hambre y desde chamaco tuve que ponerme a trabajar. Como castigo por abandonar los estudios, mi padre me puso a trabajar en un establo, pero a mí me gustaba. No era ningún sacrificio despertarme a las dos de la mañana a ordeñar y repartir la leche. A los 13 tuve que aprender a usar el pico y la pala en el campo. Todas mis ilusiones se me fueron a tierra; más que por mí, sufría por mis padres y hermanas. No hay nada peor que haber sido rico y luego pobre. Es espantoso haberlo tenido todo y, de repente, verte sin nada y con las manos vacías. Eso le pasó a mi padre y a todos nosotros», confesó años después con ojos vidriosos en una entrevista con la conductora de televisión dominicana Charytín.

Esos años dejaron huellas profundas, y no hay un momento en que no regresen a él.

PINTOR DE BROCHA GORDA

Desde su temprana adolescencia, Vicente Fernández pasó por un enjambre de oficios. Nunca le puso mala cara al trabajo; necesitaba dinero para sumar a la canasta familiar, y de todos los que tocó, algo aprendió. Lavó coches en la calle, fue mesero, limpió platos y baños en un restaurante en Tijuana llamado La Casita y fue también bolero. Lustró incontables calzados en esa época, tantos que se convirtió en experto. Le gustaba la posibilidad de platicar e intercambiar historias con gente distinta, y aquel ejercicio colaboró para ampliar sus conocimientos y viajar con la imaginación. Por las dudas, cada vez que tenía oportunidad, mencionaba que le gustaba cantar.[8]

Nunca perdió la esperanza, ni siquiera en los momentos más negros.

Su padre lo llevó a trabajar con él a una compañía constructora en la colonia Hipódromo, una pequeña localidad de Tijuana. Aprendió a cavar pozos para colocar los cimientos de los edificios y casas de la zona. Un problema de salud lo inquietaba: tenía una hernia en un testículo. Aun así, le daba duro y levantaba estructuras pesadas, cargando bolsas de cemento a pesar del dolor que lo abrumaba. Cierto día, doblado por el dolor, su patrón lo encontró en el piso, masajeándose la zona y tratando de acomodar la hernia. Sorprendido, el hombre le preguntó qué le pasaba; Vicente bajó la cabeza, muerto de vergüenza. El hombre insistió y Chente juntó coraje, se bajó los pantalones y le enseñó la zona afectada. El cuadro era alarmante y le rogó a su jefe que no lo despidiera. Este se compadeció, después de todo, Vicente era buen trabajador, por lo que propuso que lo trasladaran al sector de pintura.[9]

En ese momento comenzó lo que sus padres creían que sería su oficio definitivo: pintor de brocha gorda. Era fuerte y aprendía rápido. Su juventud y la urgencia familiar lo empujaban a destacarse para que le dieran más trabajo; los pintores peleaban por tenerlo como asistente, porque durante las jornadas laborales, Chente cantaba y lograba que el clima fuera ameno. Le pedían temas y, como una radio humana, cantaba a pedido de sus jefes y compañeros. Comenzó a hacerse popular. A cambio de ello le enseñaron los secretos de la pintura a color y, en unos meses, se convirtió en maestro pintor, ascenso que le permitió tener a su padre como ayudante.

«Me la pasaba lijando las paredes, quedaba blanco hasta las pestañas y siempre cantando. Me decían el Cuñado. En las mañanas, cada quien elegía a su estudiante y todos los pintores me querían a mí para que les cantara», relató con orgullo en una entrevista para la revista *Quién*, décadas más tarde.

De alguna manera, Chente sentía que la pintura lo mantenía en contacto con la música y su sueño de convertirse en cantante de rancheras.

Semanas después, en el mismo lugar, aprendió a laquear muebles, algo que no muchos sabían hacer en México en esa época. Se volvió un experto. Pronto descubrió también que tenía habilidades para el dibujo y la pintura. Con esas chambitas pudo juntar algunos billetes extra. Se acercaban los 15 años de Ana María Teresa, su hermana menor, y en casa no había dinero para celebraciones. Vicente sabía que era una fecha importante para su hermana y no descansó:

—Por favor, señor, puedo hacer más muebles —le rogaba al encargado de la obra.

—Pero usted es muy joven, no va a poder. —Era la usual respuesta.

Astuto, ponía en marcha un truco que repetiría a lo largo de toda su vida: la muestra gratis. Truco que nunca fallaría.

—Yo lo hago, y si no le gusta, no me paga.

Así lo hizo una y otra vez, hasta que juntó 50 dólares. Estaba feliz. No solo pudo comprarle a Teresa el vestido que tanto soñaba, sino también sus zapatos y hasta una visita al cine.[10]

En un momento, mientras celebraban en casa los 15 años de su hermana, su madre lo atrapó entre sus brazos, silenciosa y conmovida. Lo abrazó muy fuerte. En ese estrujón, doña Paula le dijo sin palabras lo mucho que lo amaba y le agradecía.

CANTAR PARA VIVIR, VIVIR PARA CANTAR

Vivía todavía en Tijuana, Baja California, cuando a los 15 años se animó a golpear la puerta de la XEX local. Por aquel entonces la estación transmitía el programa *Leche de vaquita*, conducido por Joaquín Díaz Croche, mejor conocido como el Penicilino. Vicente fue con la intención de anotarse en un concurso para aficionados, el cual imaginaba que le abriría puertas en el mundo de la música. Según su propio relato, fue uno de los fracasos que más le dolió.

Apenas empezó a cantar, alguien contó un chiste que lo hizo reír; en ese momento tocaron la campana, lo que significaba que estaba fuera del juego, que se había terminado su tiempo. «Me fui al suelo y me sentí deshecho. Me puse tan mal que salí de allí y me puse hasta el gorro. Fue la primera borrachera de mi vida. Pensaba en mi madre, que me había enseñado "No vuelvo a amar", "Corazón de lodo" y "Nobleza", entre otras canciones. Y me decía a mí mismo "¡Le fallé, le fallé!", y se me salían las lágrimas. Fue entonces que me metí entre ceja y ceja la meta de ser artista. Me juré a mí mismo que triunfaría para regalarle un palacio a mi madre y un rancho con muchas vacas a mi padre».[11]

Sin embargo, el sueño se vio derrotado por la muerte. Sus padres no alcanzaron ni siquiera a verlo en la cima de la gloria y hasta el día de hoy, muchas décadas más tarde, aquella fantasía del palacio para doña Paula y el ganado para don Ramón es una pena que todavía duele y revolotea a su alrededor.

Animado por su madre y sus compañeros de trabajo, se inscribió en un concurso amateur de canto en Guadalajara. Participó embargado por el miedo y la inseguridad, y obtuvo el primer lugar. Este mínimo galardón lo impulsó para empezar a cantar por las noches en restaurantes y fiestas de familiares y amigos, mientras que durante el día seguía con los trabajos de pintura y el laqueado de muebles.

Apenas cumplió 18 años, Chente decidió regresar a Jalisco, con un bolsito de mano que contenía sus humildes pertenencias y un manojo de sueños. Su tío Javier Hernández, alias el Chacho, le ofreció trabajo como intendente en el restaurante Batiri Batiri, un sitio típico de Guadalajara donde tocaban un trío y un mariachi. Contento, se embarcó hacia la nueva aventura.

—Madrecita mía, voy a volver muy pronto y le voy a comprar un palacio, ya verá —le dijo a su madre, mientras se fundían en un abrazo de despedida.[12]

Ella era la luz de sus ojos y él, su preferido. En ese camión rumbo a Guadalajara, Vicente quizá repasó su vida. Era muy joven, pero la intensidad de esos años lo hacía sentir mayor. Las mudanzas, los fracasos de su padre, sus propias frustraciones, la urgencia del dinero para solventar a su familia… todas eran espinas en su alma. Sin embargo, la música lo salvaba; cantar lo impulsaba para seguir adelante, perseverar y no rendirse.

En su primer día de trabajo en el restaurante, se dedicó a observar el entorno. Mientras preparaba las sillas del salón para la cena, analizaba la logística del lugar. Dejó pasar un tiempo para ganarse la confianza y lograr un ascenso: de intendente a cajero. Su sueldo también aumentó; ganaba 800 pesos mensuales, pero seguía sin ser suficiente para mantenerse y al mismo tiempo mandarle algo a su familia. Pensó en una estrategia y cayó en la cuenta de que le convenía más ser mesero; de este modo, no solo cobraba propinas, también tenía la posibilidad de preguntarles a los comensales si querían que les cantara. Se animó a proponerle la idea al dueño. La suerte estuvo de su lado.

Uno de esos días, faltó uno de los muchachos que servían las mesas, y así vio llegar su oportunidad: debía demostrar que sabía cantar, y de todo lo que era capaz.

Vicente sabía que esa noche era clave para su vida, se había preparado para ella durante mucho tiempo. Incluso, mientras limpiaba los baños del restaurante, había ensayado frente al espejo cómo iba a ofrecer sus canciones a los clientes.

—¿Les regalo un tequilita y una cancioncita? —invitó la primera vez.

No solo le respondieron afirmativamente, sino que sus canciones gustaron. Ese primer momento, desde su metro setenta y desde sus entrañas, entonó «Cariñito», de Pedro Infante. En un instante, Vicente repasó mentalmente los pasos que lo llevaron hasta allí. Esta vez no se iba a equivocar. Así fue, y mientras cantaba se le escaparon varias lágrimas: *Cariño que Dios me ha dado para quererlo / Cariño que a mí me quiere sin interés / El cielo me dio un cariño sin merecerlo / Mirando*

¡ay! esos ojitos sabrán quién es / Con ella no existe pena que desespere / Cariño que a mí me quiere con dulce amor / Para ella no existe pena que no consuele / Mirándole su carita yo miro a Dios.

Cuando terminó, agradeció a los comensales por la oportunidad y ellos, impactados por su voz, le respondieron con aplausos y propinas. Esa noche se desató el huracán dentro de Vicente y ya no hubo quien lo frenara.

Durante dos años trabajó sirviendo y cantando entre las mesas. «Me le pegaba a cualquier mariachi y les decía a los clientes que si les gustaba cómo cantaba, me dieran una propina. Y como tenía mucha suerte y mi voz agradaba a la gente, los músicos querían que repartiera entre todos lo que me daban por cantar, y a veces no me daban ni un quinto».[13]

A pesar de estas nimiedades, las puertas se habían abierto para él. La maquinaria se había activado, aunque Chente aún no lo percibía.

En 1960 se presentó con éxito en *La calandria musical*, un programa de televisión que se emitía en Guadalajara. No obstante, su mayor sorpresa la tuvo cuando fue a cobrar. Chente creía que le pagarían mil pesos por emisión, pero recibió apenas 35 pesos. Este fue el primer sueldo que ganó por cantar.

Un año más tarde, ganó un concurso de canto y se convirtió en uno de los artistas favoritos de Jalisco por su imponente voz y presencia. Los premios obtenidos en programas de aficionados en radio y televisión le permitieron sobrevivir y batallar en su intento de triunfar en la música ranchera. Sin embargo, seguía instalado en San Juan de Dios, donde correteaba carros para ver quién quería una serenata. No paraba nunca de trabajar y de cantar, explotando su garganta al máximo. Cantaba día y noche abusando de su juventud y de su fuerza, aunque cada tanto caía exhausto debido a su frenética exigencia.

Con más determinación que pesos en el bolsillo y buscando un poco más de estabilidad, decidió emigrar a la Ciudad de México.

Allí formó parte del Mariachi Amanecer, de Pepe Mendoza, durante una temporada, y luego del Aguilar, de José Luis Aguilar, nombre artístico de Felipe Arriaga. Este último tiempo sería determinante para su despegue profesional, pero para eso todavía faltaba bastante. Chente aún cantaba entre las mesas de los restaurantes de noche y en camiones durante el día, todo para sumar unas cuantas monedas.

En uno de esos viajes en autobús, intercambió su *show* a bordo por un asiento para volver a casa. Sus padres habían regresado a Guadalajara y quería verlos desesperadamente, contarles de sus logros y de cómo la gente le pedía que les cantara. Se imaginaba el orgullo de su madre, festejarían comiendo su platillo preferido y cantarían hasta el amanecer, junto a sus hermanas, en esas montadas que se armaban y que tanto añoraba. Pero apenas llegó, su padre lo atajó con una noticia que lo demolió: «Hijo, su madre sufre de cáncer de pecho y está muy malita».[14]

Don Ramón continuó: que el tratamiento era muy costoso, que no le alcanzaba el dinero para afrontarlo, que agradecía los pesos que él enviaba desde la ciudad, pero que debería esforzarse más. La única posibilidad de lograr un retroceso de la enfermedad era la aplicación de radioterapia. Lamentablemente, el cáncer ya estaba muy avanzado, había hecho metástasis y su madre estaba quebrada por intensos dolores.

Vicente hizo silencio, la garganta se le cerró. No podía hablar, solo quería abrazarla y llorar. Corrió a la habitación de su madre; la vio tendida en la cama, dormitando, bastante más delgada y deteriorada. Se acercó a observarla en silencio: la mujer fuerte y dulce que los crio con amor y dedicación, la que hizo de madre y padre, la que escondió dolores y tristezas, que cubrió con su trabajo de costurera los fracasos económicos del padre y que lo alentó a no bajar los brazos y creyó en él, se estaba apagando poco a poco.

Fue a buscar su bolso y sacó una virgencita que le había comprado de regalo. Conocía la inmensa fe que profesaba su madre. Se arrodilló al lado de la cama y la despertó con suavidad, aguantando las lágrimas, aunque terminaron derramándose por sus mejillas:

—Madrecita mía, llegué, aquí estoy. Usted no se me preocupe, yo me voy a ocupar de todo y se va a poner bien como antes…

Lloraron juntos, tomados de la mano. Nunca había llorado tanto como ese día. Le contó a su madre de la ciudad, de las oportunidades que tenía, sobre los concursos que ganó y la gente a la que conoció. Ella estaba fascinada con ese universo. Su padre observaba la escena desde el marco de la puerta, como un espectador silencioso de la historia de amor que tan bien conocía: la de su mujer y su hijo.[15]

Al otro día fue a la iglesia. Pidió a Dios que ayudara a su madre a superar este infortunio de salud, y que a él le diera fuerzas para conseguir el dinero para las medicinas y tratamientos. Muchas noches, no aguantaba y se iba al campo, donde aullaba como un animal herido. No podía soportar verla así, con esa flacura, encongida por el dolor. Su madre no se podía morir. Vicente Fernández estaba devastado.[16]

En uno de esos días de visitas a la parroquia, en plena ceremonia y mientras el sacerdote leía versículos de la Biblia, volteó hacia un lado y quedó impactado.

—¿Quién es esa chaparrita, pechugoncita, con unas caderotas, chapeadita? ¡Ay, cabrón! Esa güerita —le preguntó en voz baja a uno de los amigos que lo acompañaban.

—¿No la reconoces? Es la hermana menor de Raúl Abarca Villaseñor. Se llama Refugio.

Impactado por la belleza de la joven, recordó que habían sido vecinos de su familia durante los años que vivió en Huentitán. A su mente regresaron las memorias de cuando visitaba la casa de los Abarca Villaseñor para jugar con Raúl, mientras esa niñita, ahora convertida en una bella mujercita, los fastidiaba.

Ansioso por conocerla, la aguardó a unos metros de la iglesia.

—Soy Vicente, el amigo de su hermano Raúl —se presentó Chente, aunque ella lo conocía—. Quería extenderle un presente —agregó, ofreciéndole una flor de laurel.

—Gracias —respondió ella, sonrojada.

—También quería saber si aceptaría ser mi novia.

—¿Puedo pensarlo?

—El próximo domingo, a la salida de misa, espero su respuesta —dijo Vicente mientras ella se alejaba.[17]

CUQUITA, EL AMOR SERENO

María del Refugio Abarca Villaseñor nació en Huentitán El Alto el 25 de julio de 1945, bajo el signo de Cáncer. Hija menor de 11 hermanos (ocho mujeres y tres hombres), era una joven bonita, de contextura delgada y carácter dócil. Siempre fue la niña mimada de la casa y la llamaban Cuquita. Pertenecía a una familia humilde, muy unida y trabajadora.

Ella, como todas las jovencitas de la época, adoraba a Pedro Infante y cuando lo oía cantar hacía bailar a su única muñeca. Viviendo en esa pequeña casa en la que compartía habitación con sus hermanos, jamás podría haber imaginado que años después se casaría con un hombre que se convertiría en una leyenda de la música popular, que volaría en un avión y conocería países lejanos, y mucho menos que dejaría su pueblo para vivir en un rancho tan grande que debería subirse a un auto de lujo para recorrerlo. Ni siquiera imaginaba cómo era ese mundo más allá de los muros del hogar familiar. Pero apenas sonaban las rancheras, ella bailaba y era feliz.

Tras el ofrecimiento de Vicente, aquel domingo a la salida de misa, se fue riendo con su amiga de camino a la casa, muerta de vergüenza. Tenía una semana para pensarlo. No dudó demasiado: Vicente era mayor que ella, tenía experiencia y estaba probando suerte en la ciudad con su música, según las noticias que le llegaban. Estaba entusiasmada, aquel joven le gustaba mucho, por lo que solo debía esperar que llegara el domingo para darle el sí en persona.

Sin embargo, durante esa semana, Chente lo pensó mejor y claudicó en su oferta.

Una novia en ese momento de su vida significaba una distracción. Él no quería perder oportunidades laborales, y mucho menos estaba dispuesto a renunciamientos. La joven le gustaba, pero no se sentía seguro. Como fuese, nadie iba a torcer su camino al éxito.

«Iba y venía porque mis padres habían vuelto a Guadalajara; mi madre estaba muy enferma, pero a pesar de eso no quería quedarme. Entonces le dije: "Mejor búscate otro novio, porque tengo ambición de cantar profesionalmente y no voy a poder estar aquí y allá, y te voy a quitar tu tiempo"». Ocurrió el domingo siguiente y esas palabras le rompieron el corazón y las ilusiones a Cuquita.[18]

Pero ella tampoco estaba dispuesta a esperarlo eternamente. Era una joven en edad de casarse y tener hijos, según las costumbres de la época. Soñaba con formar una familia y, aunque era menor de edad, quería hacerlo enamorada. Así que, una vez que Vicente se marchó, puso la flor de laurel adentro de un libro y dio vuelta la página.

Mientras tanto, Vicente continuaba perseverando en la Ciudad de México. No le iba mal, recibía reconocimientos y a la gente le gustaba su voz, su estilo y sus canciones. Tiempo más tarde, tras destacarse con el Mariachi Aguilar y convertirse en su voz principal, visitó su tierra al lado de su amigo Felipe Arriaga para ver a sus padres. Como era de esperarse, se reencontró con Cuquita.

Amigos de la pareja dicen que Vicente tenía en México una novia que le había roto el corazón; así pues, despechado y furioso, tuvo un motivo para volver a Huentitán y buscar a la jovencita que había abandonado con una flor de laurel antes incluso de comenzar. Aseguran que esta sería la razón de su regreso abrupto para buscarla y proponerle matrimonio.

En ese tiempo, Cuca trabajaba como empleada doméstica en una casa de familia y ayudaba a sus padres a pagar las cuentas. El día que se encontró con el protagonista de su amor frustrado, ella estaba triste porque se le había roto la correa de su reloj. Rápido de reflejos, Vicente le ofreció llevarla al centro de Guadalajara para comprarle una nueva; como sabía que no le darían permiso de ir sola con un hombre mayor, le dijo que irían con sus hermanas, Refugio y Teresa. Vicente apenas tenía para los pasajes y el reloj, pero esa era la oportunidad de reconquistarla.[19]

Recorrieron juntos las calles de la preciosa ciudad de las flores, como llaman a Guadalajara. Llena de asombro, Cuquita observaba cada detalle en silencio; quería llevarse la mayor cantidad de imágenes: calandrias, bullicio, palomas, flores coloridas, las rutilantes vitrinas de las tiendas con vestidos de moda, inalcanzables para ella.

No acostumbraba a salir de Huentitán y todo era una novedad que absorbía como una esponja.

Al regresar del paseo, ya de noche, Chente la acompañó hasta su casa. En la puerta un joven nervioso la esperaba.

En una de sus tantas entrevistas, Vicente recordaría: «Ahí vimos a un tipo y yo pregunté: "¿Quién es?". Ella se puso blanca y me dijo: "Es mi novio". Y entonces le dije: "Ah, bueno, voy a entrar a tu casa y te doy 10 minutos para que lo mandes a freír chongos". Pasó el tiempo y como que él no quería aceptar. Entonces, salí y le chiflé a Cuca. Ella entró y le dije: "Termínalo, porque nos casamos el 27 de diciembre", ¡y lo tronó!». Fue así como le propuso casamiento a Cuquita, a su estilo: directo y sin cortapisas. Cuquita nunca habló del tema con ningún periodista. «¿Por qué le dije el 27 de diciembre? Nunca supe, así salió. Tal vez fue porque iba a pasar Navidad con mis padres, entonces pensé: el 27 nos casamos y el 28 nos vamos a la capital».[20]

Si bien en todos los reportajes Vicente Fernández dijo una y otra vez que se casaron el 27 de diciembre, el acta oficial de matrimonio civil indica que el evento ocurrió el 23 de diciembre de 1963. El 27 se llevó a cabo el matrimonio religioso.[21]

Él tenía 23 años y su prometida apenas los 18, pero poco importaba. Era costumbre de esa época que las niñas se casaran siendo menores de edad y con hombres más grandes y experimentados. Los padres de Cuquita aceptaron a Vicente en su familia como a un hijo y él asegura que son como sus segundos padres. La ceremonia fue sencilla y se celebró en la parroquia de Huentitán. Ella cumplió el deseo de casarse de blanco y enamorada. Vicente Fernández se veía radiante, porque su madre, que estaba muy enferma, pudo ser testigo de la boda. Doña Paula quería mucho a Cuquita; esa noche se olvidó de los dolores que le provocaba su enfermedad y lloró de emoción.

Él lucía su característico bigote tupido, mientras que ella, preciosa, cargaba un enorme ramo de flores y portaba una coronita en la cabeza, lo que le daba un aspecto todavía más aniñado. Las dos familias disfrutaron de la ceremonia y de la celebración posterior. Frente al altar, se prometieron fidelidad en las buenas y en las malas, y él le advirtió: «Si gano dos pesos, uno es para ti y el otro para mi madre». Lo primero lo cumpliría a medias y lo segundo a rajatabla, hasta el día que doña Paula partió para siempre, casi un año más tarde y luego de atroces sufrimientos.

Esa misma noche se marcharon de Huentitán. Lo que debía ser una placentera noche de bodas se convirtió en el escenario menos romántico del mundo. Viajaron en un camión rumbo a la Ciudad de México, donde se instalarían para vivir. Vicente Fernández lo relató varias veces de esta manera:

«Nos casamos y nos fuimos en camión. En vez de tomar un asiento de atrás, fuimos en el de adelante. Entonces, cada vez que quería darle un besito a Cuca, el pinche chofer nomás volteaba por el espejo, y yo pensaba: ¡Hijo de tu chingada madre! ¿Qué no tienes pa dónde más ver?».[22]

Una foto de esos años los muestra sonrientes, abrazados en la terminal de autobuses, con un bolso de mano.

El vértigo de la gran ciudad

Días antes de llegar, Chente había rentado una casa en la zona de Río Churubusco y compró algunos muebles. Pero como no le alcanzaba el dinero, pidió que se los dieran a crédito. Una vez instalados en su nueva morada, le prometió a su flamante esposa que pronto las cosas iban a mejorar económicamente y que nunca tendría que trabajar. También fantasearon con la idea de llenar la casa de hijos, algo en lo que coincidían y que los ilusionaba mucho.

Un tiempo antes, Vicente había buscado una oportunidad en los restaurantes tradicionales mexicanos donde cantaban mariachis. Entonces llegó al templo de la música ranchera: El Amanecer Tapatío, ubicado en la calle Niño Perdido (hoy Eje Central) y Obrero Mundial. No obstante, no se animó a entrar. Sintió que el lugar era «muy elegante» para él y se dirigió a otro que estaba enfrente, de nombre Bajo el Cielo de Jalisco. Ahí abordó a los mariachis que estaban en la puerta:

—Soy de Jalisco y sé cantar. Solo les pido una oportunidad.

Los hombres aceptaron, pero antes debía hacer una prueba con un cliente; así pues, esperaron a que alguien ingresara. El tiempo de espera se hizo interminable, hasta que llegó un señor y ocupó una mesa. Como ocurrió años atrás en el restaurante de su tío, Vicente sintió que tenía la oportunidad para demostrar su talento. El cliente pidió la canción «Enamorada», de Agustín Lara, y Chente cantó a todo pulmón: *Sueña con el beso / que te cautivará / Rompiendo el bacará de tu tristeza / Enamorada de lo imposible / Rosa que se marchitó.*

Los músicos lo miraron asombrados por su voz. Solo hasta entonces le confesaron que en realidad ellos no trabajaban en este restaurante, sino en el de enfrente: justo en el que Vicente no había querido entrar por considerar que él no estaba a la altura.[23]

El Amanecer Tapatío fue un recinto legendario de la música popular. Actualmente, solo un mural con la imagen del Charro de Huentitán —que sobrevivió al cierre del restaurante, y donde los mexicanos y turistas van a tomarse fotos— inmortaliza su paso por el lugar.

Vicente pasó dos años cantando frente a las mesas por las propinas, entonando hasta 60 canciones diarias sin micrófono. De esa época recuerda que cada vez que llegaba a su casa, Cuquita lo esperaba con un té de hierbas para que pudiera recuperar su garganta. Eran pobres, pero muy felices juntos. Fue en ese templo de la música ranchera donde terminó de consolidar su vínculo con Felipe Arriaga y juntos potenciaron sus carreras.

Por esos años, Federico Méndez Tejeda era el maestro de ceremonias en las veladas que la emisora xex transmitía ocasionalmente desde el restaurante; fue así como se convirtió en una figura decisiva en el despegue artístico de Chente. También, gracias a esas transmisiones que llegaban a nivel nacional, su madre llegó a escucharlo cantar en vivo. La primera vez que doña Paula sintonizó la emisora y escuchó la voz de su hijo, lloró desconsolada. Se encontraba muy débil y sabía que se iba a morir sin verlo triunfar.

La situación de Chente pareció mejorar a mediados de 1964. Con mucho esfuerzo había logrado juntar algo de dinero; podía costear el tratamiento de su madre —aunque el panorama no era nada alentador para ella— y de a poco se iba ganando un lugar en la música local.[24]

Entonces llegó la gran noticia: Cuquita estaba embarazada del primer hijo de la pareja.

Sin embargo, la paz duró un suspiro, y en su lugar arribó la que sería la primera crisis con su esposa. Vicente tuvo un enredo con la dueña de El Amanecer Tapatío y se vio obligado a renunciar para salvar su flamante matrimonio.

La culpa nunca fue, es, ni sería suya. Esta fórmula se replicaría una y otra vez a lo largo de sus 81 años. En 2012, Chente acomodó a su medida la historia de su partida abrupta de la Ciudad de México, y le confesó al público del programa *Sal y Pimienta*, de la cadena Univision, que «al principio de mi carrera sufrí tantas humillaciones que, de hecho, hasta me rajé cuando Cuca y yo esperábamos a Vicente. Incluso me regresé a Jalisco, pues se me cerraron las puertas con todo y que Felipe Arriaga dio la cara por mí y me defendió ante la encargada del lugar, herida porque no acepté sus propuestas indecorosas».

La estrategia de Vicente fue declarar que había sufrido acoso sexual por parte de su entonces jefa, María de Jesús Chavarín. No obstante, lo que muchos comentaron en voz baja fue que el cantante sí tuvo un amorío con ella y que la mujer explotó cuando se enteró de que iba a ser padre.

«Era una señora llamada Chuy», dijo en su relato. «Una vez, acabando de cantar, me dijo: "Vete a bañar. Te espero aquí. La vamos a pasar muy bien". Le dije: "¿Cómo cree que la voy a tomar en serio? Usted es la patrona, y yo solamente un gato". Y eso nunca me lo perdonó».[25]

Tiempo después lo despidió, pero Vicente asegura que no le guardó rencor. «Atención, acá hay una señora que me apoyó al inicio de mi carrera en El Amanecer Tapatío. Por favor, démosle un aplauso», decía cada vez que veía a Chuy entre los asistentes, cuando esta iba a verlo a los palenques.

Los dimes y diretes entre Vicente y Chuy parecían superados.

Luego del despido en 1964, un malhumorado Vicente le dijo a su mujer embarazada que regresarían a Guadalajara. Les pidió a los del camión de la mudanza que los dejaran viajar con los muebles, para ahorrarse los pasajes. Apenas llegaron a su destino, se instalaron en la casa de los padres de Cuquita y Chente comenzó a trabajar con su padre. Gracias a que su hijo le pasaba la mitad de su sueldo, este había comprado 80 vacas y comenzaba a enderezar su vida.

No era una gran oferta laboral y los pocos pesos que podía sacar de ahí no le alcanzaban para mantener los gastos del matrimonio y pagar el tratamiento de su madre; sin embargo, no tenía otra opción por el momento. Tampoco confiaba mucho en la astucia de don Ramón para los negocios. No se equivocó: apenas murió doña Paula y nació su hijo Vicente, su padre quebró, tomó sus cosas y se marchó a Tijuana, dejando a sus hijas al cuidado de Chente.

Fueron tiempos críticos en los que regresó a cantarles a los clientes en el restaurante de su tío Chacho; como no podía aportar dinero en la casa de sus suegros, se negaba a regresar de noche para cenar, víctima de la vergüenza y con el afán de no generar más gastos. Cierta noche sin clientes, atacado por el hambre, pidió fiados dos tacos. Desesperado y por recomendación de otro mariachi, fue a pedir trabajo al cabaret Lucila, ubicado en la desaparecida zona de tolerancia de Hermosillo. Su comienzo en el sitio fue traumático y él lo cuenta así:

«Al segundo día, después de mi primera variedad, me dijo uno de los muchachos: "Chente, ahí está un señor que quiere invitarte a tomar una copa. Tienes que ir a fichar". "¡¿Cómo que fichar?! Si no soy prostituta", repliqué. Acepté porque debía mantener a mi vieja y a mi hijo. Me pagaban 75 pesos por cantar en una noche y la ficha a cinco por copa. Al otro día me dijeron que estaba el mismo señor, pero yo ya no quería ir. Entonces me recomendaron pedir coñac con un refresco de cola, que tomara un trago de bebida y después refresco. Seguí el consejo, fiché como 20 copas ¡y gané más que lo de mi sueldo!».

Se sentía tan agradecido hacia su jefa, la señora Lucila, que tiempo después, durante sus presentaciones en los palenques, solía gritar: «¡Un saludo pa la patrona Lucila!». Años más tarde, ya convertido en un ídolo de masas, en un viaje que hizo en su avión privado a Hermosillo pasó a saludar a la mujer que le dio la oportunidad de poder alimentar a su familia cuando todos le habían cerrado las puertas.[26]

Vicente continuó la lucha por sobrevivir. Después de rogar a su dueño, consiguió trabajo en El Sarape, un cabaret de buen nivel, donde interpretaba éxitos de Pedro Infante, Javier Solís y el cantante chileno Lucho Gatica, que por entonces se había puesto de moda y a él le gustaba mucho. Fue en esa época cuando pudo acordar un sueldo fijo de 75 pesos diarios, una suma que le permitió nivelar un poco su economía y enviarles dinero a su mujer y a sus hermanas.

Cantaba horas, sin descanso e incluso sin micrófono, y como no tenía dinero para el taxi, regresaba caminando de madrugada los 12 kilómetros que dividen Huentitán El Alto y la ciudad de Guadalajara. Durante cuatro meses presentó tres variedades diarias.

El 19 de abril de 1966 la vida del Charro de Huentitán cambió drásticamente con la sorpresiva muerte de Javier Solís, quien falleció a causa de complicaciones de una operación en la vesícula. Vicente recordó esa noche paradójica y contradictoria, en la que la muerte de uno de sus ídolos trajo una catarata de oportunidades para él:

«Llegué de trabajar y me dormí con el radio encendido. Como a las cinco y media de la mañana, escuché la noticia. Lloré mucho. Nunca lo traté personalmente, pero lo vi actuar en un par de ocasiones en el Teatro Blanquita. Lo admiraba porque él también empezó su carrera en El Amanecer Tapatío, con Felipe Arriaga».[27]

Dos días después, directivos de las compañías de discos que lo habían rechazado le llamaron para invitarlo a grabar. Gilberto Parra y Felipe Valdés Leal recorrieron toda la Perla Tapatía en busca del cabaret El Sarape, donde Vicente se presentaba cada noche ya con un público que pagaba para ir a verlo en cada una de sus tres presentaciones diarias.

Mientras le llegaban telegramas de las disqueras, su realidad era otra: Cuquita acababa de dar a luz a Gerardo, su segundo hijo, y Vicente necesitaba efectivo urgente para poder sacarlos del sanatorio. Al igual que el primogénito, este bebé nació prematuro y requirió extender su hospitalización para recibir cuidados especiales. Algo que, como había pasado con Vicente júnior, su padre no podía costear.

De todas las opciones, eligió a CBS. Así fue como no solo pudo pagar el sanatorio, sino que firmó contrato con la disquera que lo acompañaría toda la vida. Ese mismo año grabó sus primeras canciones en un disco de 45 revoluciones por minuto: «Cantina de mi barrio» y «Perdóname», de Armando Manzanero. En una segunda grabación incluyó «Parece que fue ayer», también de Armando Manzanero, y «¿Quién te preguntó?», de Rosendo Montiel. La tercera producción contuvo los temas «Tu camino y el mío», de Antonio Valdez Herrera, y «Yo quiero ser», de Rosendo Montiel. Esto derivó en su primer disco de larga duración: *La voz que usted esperaba*.

El resto es historia conocida. Nunca más tuvo que contar las monedas para darle de comer a su familia, ni le faltó el trabajo. Se abrió un mundo nuevo frente a sus ojos y la droga de la fama comenzó a tejer su tela como una araña.

Vicente Fernández se abrió paso en el mundo de la música, pero también fue una estrella del cine y la televisión. Eso sí, jamás renegó de sus orígenes; por el contrario, ostentaba su lucha y el camino que le tocó recorrer hasta convertirse en un referente.

Puertas adentro, en la intimidad, muchas son las acciones y actitudes que a lo largo de sus 81 años de vida podrán reprocharle a este hombre, con tantos matices y humano como todos. No obstante, lo que jamás podrán decir de él es que no lo ha dado todo y más para que cada uno de los integrantes de su familia pueda progresar. Los esfuerzos que ha hecho para salir adelante, triunfar y mejorar la situación económica de padres, hermanas, suegros, cuñadas, esposa e hijos son innegables. Aún hoy, y ya sin ningún tipo de compromiso más que su rol de patriarca, sigue siendo responsable de la economía de cada uno de ellos y hasta de los familiares de Cuquita.

ENTRE EL CIELO Y LA TIERRA

De vez en cuando parecía que una nube negra se posara sobre su cabeza. Como si se tratara de un sino trágico, a Vicente le tocó transitar uno de los momentos más duros de su vida cuando él y Cuquita estaban por convertirse en padres. Las disqueras a las que les ofrecía sus servicios le cerraban las puertas; las cuentas se le acumulaban y el negocio de su padre no era lo que don Ramón le había prometido.

El estado de salud de su madre se veía cada vez más perjudicado y ya no había mucho más para hacer desde el punto de vista médico. Aún hoy, cada vez que el cantante revive esos años se le quiebra la voz; se trata de un momento crucial de su vida que nunca pudo superar, y por el que incluso se sumergió en una fuerte depresión.

«Cuando le diagnosticaron el mal a mi mamacita, resultó demasiado tarde», relató en una entrevista con Giselle Blondet para Telemundo en 2013. «Yo ofrecía serenatas en el barrio de San Juan de Dios, en Guadalajara, recibiendo lo que las personas me quisieran pagar. Entonces dejaba a mi madre en el hospital haciéndose radiaciones y me iba a cantar. Era muy triste. A veces me aventaba hasta 10 serenatas en una noche con tal de conseguir dinero. Ella fue todo para mí. Desde que empecé a trabajar, todo lo que ganaba era íntegro para ella, y era quien me compraba ropa, calcetines, ropa interior y playeras, hasta zapatos».

Doña Paula Gómez Ponce agonizaba, pero jamás manifestó en voz alta su sufrimiento, aunque las punzadas de dolor la quemaban por dentro. Era una mujer fuerte que quería compartir la alegría de su hijo y se levantaba de la cama, arrastrando los pies, para estar con la familia en la mesa a la hora del almuerzo. No se perdonaría jamás opacar la alegría que sentía Cuquita cada vez que su bebé daba señales de vida con una patadita en el vientre.

Con esa emoción, la futura abuela tejió toda la primera ropita del bebé. Deseaba vivir algunos meses más para llegar al menos a conocer a su nieto, al primogénito de su amado Vicente; sin embargo, su estado de salud ya era crítico. Con las últimas fuerzas que tenía, le tejió una manta, que abrigó al niño durante sus primeras semanas de vida.

En una entrevista con la conductora Yovanka Sánchez en 2003, Vicente Fernández abrió su corazón y rememoró ese momento, en el que sobrevoló la delgada franja entre la vida y la muerte:

«Yo estaba recién casado, era muy jovencito, y cuando tú ves a tu madre sufrir y no tienes los medios para poder ayudarla es muy duro. El día que sin querer le vi el seno como lo tenía, en carne viva, salí al corral de la casa en donde vivía y grité a Dios: "¡Ya no me la hagas sufrir! ¡Mejor llévatela, por favor!". Ahí comprendí la madre que tenía, porque nunca la escuché dar un quejido».

Esa cobija que tejía sin parar significó una forma simbólica de aferrarse a la vida y a la esperanza de verle la carita a su nieto. Era azul con rosa, porque en esa época no se conocía el sexo del bebé hasta su nacimiento. Así, con cada lazada de estambre sobre la aguja, su vida se apagaba minuto a minuto. Vicente recordó que, en sus últimos días, su madre agarraba una cajita, la envolvía con la cobijita y la arrullaba, imaginando que era el niño. El cáncer, mientras tanto, la había tomado por completo.

El 8 de noviembre de 1964, a los 47 años de edad, Paula Gómez murió.

Vicente la tomó en sus brazos y la recostó en su cama, la tapó con una manta como si se hubiera quedado dormida y se sentó a su lado, desconsolado. Pero no tuvo mucho tiempo para llorarla porque Cuquita, estresada por toda la situación, había comenzado con trabajo de parto.

«Fue triste porque a mi mujer le pegaron los dolores la noche en que murió mi madre. Estando ella tendida, llevé a Cuca al sanatorio. Entendía que mi madrecita había partido para siempre, pero no que estaba a punto de perder a mi primer hijo», describió el cantante.

Vivieron aquel momento con sorpresa y temor, porque aún faltaban varios meses para que el embarazo llegara a término.[28]

Vicente Fernández Abarca, el primogénito, arribó al mundo al morir su abuela, el 11 de noviembre de 1964. Extraña paradoja.

Recién había cumplido seis meses y medio de gestación; pesó un kilo y tres cuartos (1.750 kg), por lo que requirió hospitalización y permanecer en una incubadora el tiempo que fuera necesario. La realidad brutal arrastraba a Vicente como una ola. No tenía el dinero suficiente para pagar la incubadora: costaba 50 pesos diarios, una cantidad que Vicente no ganaba ni trabajando una semana seguida.

En ese momento límite, Vicente y Cuquita salieron con la criatura envuelta en una mantita, sin saber si el bebé iba a poder sobrevivir al llegar la noche. De aquí en más vivieron una situación angustiante, de mucho temor y de incertidumbre, pero no tenían otra opción. No podían reunir ese dinero, ni tenían a quién pedírselo. El éxito, la fama y el dinero aún no habían aparecido en la vida de Chente. Del hospital se fueron a la casa de los padres de Cuquita y se encomendaron a Dios, mientras los días y las noches se sucedían y ellos se sentían a punto de desmoronarse.

Arroparon al niño en la manta que le había tejido su abuelita y emprendieron el camino a casa. Durante ese viaje que pareció durar una eternidad, Vicente fue moldeando en su cabeza el plan para armar una cuna lo suficientemente pequeña que pudiera cobijarlo y darle calor, ya que esa era la indicación que le habían dado los médicos. Estaba desesperado, acababa de perder a su madre y no podía perder a su hijo. Esa encerrona lo hizo actuar rápido para resolver el asunto de la mejor forma posible, cuando menos dentro de las pocas posibilidades con las que contaba.

Suspiró profundo y le rogó a Dios y a su madrecita que le dieran fuerzas para salvar a su Vicente.

Así pues, una vez en casa de sus suegros, y mientras Cuca apretaba al niño contra su pecho para darle calor y le pedía a la Virgen que por favor no se lo llevara, Vicente se licenció de ingeniero en pocos segundos y armó una incubadora amateur: llenó botellas con agua caliente, las puso debajo de las cobijas y colocó una cajita de zapatos de Cuquita (calza del dos y medio) que sirvió de cuna para el bebé. Con una lámpara de las que se usan para las carnitas, logró darle al bebé algo del calor que necesitaba. Allí, en esa imitación del vientre materno, el primogénito terminó de formarse a la vista de su madre, que no se despegó ni un solo segundo de su hijo. El niño salió adelante, pero por supuesto que no acabaron ahí sus problemas de salud. En realidad, estos recién comenzaban.[29]

Un parto prematuro entre las semanas 24 y 27, precisamente el momento en el que nació Vicente júnior, conlleva cierta posibilidad de riesgo; en caso de sobrevivir, el bebé puede sufrir secuelas importantes. Durante ese tiempo, los bebés a menudo nacen con un peso muy bajo, y muchas funciones orgánicas todavía no están completamente desarrolladas. Es por eso que en esta fase es indispensable un tratamiento médico intensivo con asistencia respiratoria, un estricto control de la circulación y una alimentación asistida. El riesgo de sufrir daños permanentes es elevado: problemas neurológicos, visuales, auditivos, retraso en el aprendizaje y trastornos motrices.

Desde sus primeros años de vida, el niño debió someterse a cuatro operaciones de la vista, porque nació con estrabismo; además, debido a que la lámpara de la incubadora estaba sobre la cabeza, esta se desarrolló más que sus ojos. Si bien logró tener una buena vista, necesitó anteojos desde pequeño. Jaime Fernández, secretario general de la Asociación Nacional de Actores (ANDA), actor consagrado y hermano de Emilio *el Indio* Fernández, fue clave para que Vicente júnior mejorara de la vista. Chente fue a pedirle ayuda cuando aún era un desconocido:

—Mire, señor, yo aún soy meritorio, pero vengo a pedirle ayuda con mi hijo porque tiene un problema y me duele mucho verlo así. ¿Usted no podrá ayudarme con un médico?

—¿Cómo se llama usted? —preguntó Jaime Fernández.

—Vicente Fernández.

—No conozco a ningún Fernández que sea un pendejo. A ver, Gorras y Bigotón —llamó a dos personas—. Él es mi primo y el niño está mal de sus ojitos, me lo llevan al mejor oculista a que me lo operen y pobre de ustedes si queda mal.

Años después, Vicente le devolvería el favor a Jaime Fernández cuando este sufrió una complicación de salud por una diabetes.

Vicente júnior también creció con problemas de coordinación motriz, dificultades que conserva aún hoy y que lo incapacitan para hacer deportes, jugar futbol o agarrar bien cualquier objeto. Fue un niño consentido, la debilidad de sus padres.

Quizá sea porque fue el primogénito, por sus problemas de salud constantes, por el traumático secuestro que sufriría años después o porque nunca supo muy bien qué hacer con su vida y fracasó en todo lo que emprendió. El asunto es que Vicente fue el hijo preferido del matrimonio. Ese hijo al que siempre se le ha perdonado y justificado cada uno de sus actos. Tal vez se deba a la culpa que sintió Chente por no haberle brindado la salud médica que requería, razón por la cual su hijo mayor no pudo desarrollarse plenamente en su vida adulta. Aquel sería un puñal que cargaría de por vida: llevarse al niño del hospital sin saber si sobreviviría y no tener los medios económicos para salvar a su madre del cáncer. Estos dos hechos fueron determinantes para que Vicente ingresara a uno de los periodos más oscuros de su vida: una depresión de la que casi no salió.

No quería levantarse, solo quería dormir. Sin embargo, tenía que vestirse con sus trajes de brillo y salir a cantar, porque había que pagar las cuentas.

«Nunca pensé en fracasar, siempre pensé en llegar más alto, lo único que me duele es que mi madre se murió con la ilusión de una casa propia y mi padre con la idea de tener mucho ganado y no se los pude dar. A los 31 años me dejaron solo, huérfano. Ahora cuando veo esta casa y este rancho no aguanto, se me mojan los ojos cuando ando a caballo, recuerdo a mi padre y digo: "Bueno, Dios no les da alas a los alacranes, él ha de saber por qué hace las cosas"», le dijo a Mara Patricia Castañeda, su exnuera, en una entrevista en 2019.

No existe día en el que Vicente no llore a su madre. Como una especie de duelo eterno, aunque hayan transcurrido casi 60 años de su partida y ese hijo herido haya vivido más tiempo sin ella que con su presencia física. Aunque haya vivido las ocho décadas de vida y disponga de los medios para conseguir todo lo que se le antoje. Hay una postal a la que Vicente recurre una y otra vez, cada vez que el pecho se le estruja pensando en su madre: una especie de polaroid del recuerdo, esos recortes de una vida feliz que tejen nuestra identidad. En la imagen, era una noche helada en Huentitán El Alto, en Jalisco. Ese pueblito ganadero tan pequeño, de pocos habitantes, en el que todos se conocen. Su padre había desaparecido como tantas otras veces cuando se escapaba para beber, pero en esa casita de techos bajos de la calle Arcediano 61, las penas se combatían con amor y música.

Chente se convertía en el hombre de la casa aunque no llegaba a los 10 años y elegía el repertorio que le gustaba a su madre. Sonaba «Árbol sin hojas» de Javier Solís; doña Paula tejía y hacía los coros; sus hermanas reían, enrollaban ovillos de estambre y bailaban; y Vicente hacía su gracia con una de las agujas de tejer de su madre como micrófono improvisado: *Día sin sol / Árbol sin hojas / Así es mi amor, sin esperanza / Tú no sabrás de mí / Yo no sabré de ti / Y en mi amargura / La fuerza de este amor / Que me encadena a ti / Es mi locura.*

Hijos en conflicto

Vicente júnior no fue el único vástago que tuvo dificultades al nacer.

Formar una familia grande no fue fácil para Vicente y Cuquita. Casi todos los descendientes de la pareja nacieron de manera prematura; de hecho, también perdieron cuatro embarazos y a una niña que, después de nacer, murió en los brazos de Vicente. Aquella vez, el cantante tuvo que oficiar de partero, porque no llegaban al hospital. Ese fue otro momento que lo marcó y del que le cuesta hablar. «Perdimos a una niña. Se me murió en mis manos y es una de las cosas que más me han dolido en la vida», relata.

Sin embargo, no se rindieron y continuaron intentando.

Más allá de que Vicente reiteró —imprudentemente— en innumerables entrevistas que su esposa padecía problemas en la sangre, lo cierto es que tenía dificultades para que sus embarazos llegasen a término, lo que debe haber significado un golpe duro para ella, como madre y como mujer. El temor que acompañaba cada embarazo, la violencia psicológica de pasar por ese proceso una y otra vez y la carga de la culpa que irremediablemente acompaña a cada pérdida son algunos de los obstáculos que ella tuvo que atravesar sola. Como siempre.

La llegada de Gerardo no fue distinta. El segundo hijo del matrimonio nació el 16 de octubre de 1966 en Guadalajara; fue sietemesino y pesó dos kilos. La diferencia es que, si bien en ese momento no abundaba el dinero, pudieron quedarse en el hospital los días necesarios para que el niño terminara de formarse, aunque Vicente se volvió loco buscando trabajos extras para pagar la cuenta. Cuquita vivió ese embarazo aterrada por las experiencias anteriores; tenía pavor de perder a su hijo, por lo que pasó gran parte del proceso en reposo, tratando de retenerlo.

Cinco años después, el 24 de abril de 1971, llegó Alejandro, el más célebre y talentoso de sus hijos, y el que siguió los pasos de su padre. El nacimiento de Alejandro fue un buen augurio para Chente, quien al año siguiente debutaría en el cine con la película *Tacos al carbón*.

Cuquita y Vicente continuaban soñando con una hija mujer que ocupara el lugar de la niña que no pudo ser. La vida le dio revancha y ese hueco pudo llenarse con otra chiquilla, que en realidad es sobrina de la pareja. Alejandra es hija de Gloria Abarca Villaseñor, hermana de Cuquita, y arribó a la casa de los Fernández Gómez a los 40 días de nacer. Según una entrevista que el cantante le dio a su exnuera, la periodista Mara Patricia Castañeda, su «muñequita» (como él la llama) llegó como un regalo de cumpleaños:

«Un día de mi cumpleaños llegué a Guadalajara y justo también llegaba mi cuñada con la niña. Le dije: "Déjamela". Como no tuvimos una niña, jugué con ella hasta que le dio sueño, la metí a su cuna y le dije: "Duérmete", y se durmió. Con eso me ganó. Durante su niñez no supo que su mamá en realidad era su tía. Incluso hubo un tiempo en que mi cuñada se la llevó y yo bramaba; es más, hasta yo me estaba enflacando y la niña empezó a tartamudear. Gloria me vio sufrir tanto que me la trajo y me dijo: "Quédate con ella. Mejor yo vengo a verla"».[30] Y así fue como la pareja adoptó a la niña en todo concepto, afectivamente y en lo legal, porque Vicente desde el comienzo le dio su apellido.

No son pocas las voces familiares que aseguran que, en realidad, Alejandra sí es hija de Vicente Fernández, fruto de un romance con su cuñada, y que por eso la madre de la niña aceptó tan fácilmente entregarla como si fuera un «regalo de cumpleaños». Y que Cuquita, presa del dolor de la traición y por temor al escándalo público, calló y aceptó. Tal y como lo haría muchas otras veces en los 58 años de casada con Chente.

Para Vicente, esta hija fue y será siempre la luz de sus ojos. Alejandra, a su vez, es muy compañera de Cuquita. Si bien al igual que Gerardo se mantiene alejada del mundo del espectáculo y rara vez aparece en público (es diseñadora gráfica y tiene una compañía de fabricación de bolsos), se la suele ver junto a sus padres postizos, en cenas, viajes y fiestas en el rancho. De hecho, el patriarca ya le adelantó parte de la herencia en vida, para dejarla protegida en caso de que alguien apele a algún artilugio de papeles o dude de su amor real por ella.

Ese «alguien» preocupado por la herencia es Gerardo Fernández Abarca, quien no estaría dispuesto a compartir el dinero de su padre con Alejandra y —según el relato de un amigo íntimo de la familia— estaría detrás del documento primigenio de la joven, el cual, según las leyes, es el que tendría validez por encima del que le otorgó Chente al adoptarla.

Los que frecuentan a la dinastía y saben de las desaforadas trifulcas internas se preguntan qué le pasó a Gerardo, que terminó convertido en el polo opuesto de sus hermanos, quienes más allá de sus escándalos y excesos son personas nobles. ¿Cuándo fue que Gerardo se torció y se transformó en un ser dominado por la ignominia, la mentira y la vileza? ¿Por qué tanto odio hacia sus hermanos? ¿Por qué tanto afán por acumular dinero, quebrando reglas elementales de convivencia familiar?

Hace poco a Chente le preguntaron qué fue mejor, si ser padre de sus cuatro hijos o abuelo de sus 11 nietos. Este no lo dudó:

«Soy más abuelo que padre. Desgraciadamente, cuando mis hijos estaban chiquitos yo tenía que trabajar muy duro para darles de comer. Cuando Alejandro nació, me trajo más suerte: fue cuando hice mi primera película. No sé cómo le haría, pero a mis hijos los traje desde chiquitos con chamarras texanas que mandaba a hacer con mi sastre y los traíamos bien arregladitos siempre. Era mucho más sacrificio en esa época comprarles una chamarra que ahora regalarles un carro. Hoy estoy disfrutando con mis nietos lo que no disfruté con mis hijos».

TRES

El rey

Como cada noche, Vicente se disponía a ubicarse bajo los reflectores. Sin embargo, bastó un instante para que el ir y venir tras bambalinas, los chillidos del público, los nervios antes de salir a escena y su agitación se quedaran suspendidos en el aire. Las malas noticias llegan rápido y Chente no podía evitarlas por mucho empeño que pusiera en ello. La mala nueva lo paralizó como un bofetón inesperado.

Durante aquellos días de agosto de 1971, el teléfono del Teatro Blanquita sonaría dos veces para él.

—Hijo, mi papá está muy grave. —María del Refugio, Cuca, la primogénita de los Fernández, era un hilo de voz desde Guadalajara.

En pocas horas, prácticamente lo que se tardó el autobús desde el DF a la ciudad tapatía, el único varón de los Fernández Gómez escuchaba el parte médico de boca del mismo doctor que años antes había atendido a su madre. Desafortunadamente, ahora volvía a ser portador de malas noticias.

—Lo abrí y lo cerré de nuevo, tu papá ya no tiene hígado —le dijo el galeno, informando de la sentencia de muerte. Cirrosis hepática es el término científico, los años de alcoholismo le habían pasado factura a José Ramón Fernández Barba. Las temporadas que pasó internado en sanatorios para desintoxicarse no habían servido de nada.

Don Ramón le echó la bendición a su hijo varón. Ese mismo día, Vicente volvió al DF.

En la Plaza Aquiles Serdán (antigua Plaza de Villamil), la selva de olores colgados en el ambiente se peleaba en variedad con quienes esperaban para acceder al teatro. Transeúntes, vendedores ambulantes,

93

curiosos y demás fauna y flora de la gran ciudad llenaban cada espacio como una maraña inexplicable de colores.

Sobre el escenario del Blanquita, el Mariachi Aguilar se arrancaba con los primeros acordes; la sala se hallaba a reventar con ese público indomable, el único que disponía del poder del pulgar, cual césar en circo romano. Hacia arriba, la gloria; hacia abajo, la alcantarilla del fracaso. Vicente peinaba la juventud de una cabellera frondosa y una figura imponente, con el arrojo de quien se sabe dueño de una potente voz. Cada noche, los pulgares hacia arriba eran un buen presagio.

El 24 de agosto volvió a sonar el teléfono en el Blanquita. La marquesina luminosa anunciaba entre muchos otros a Lucha Villa, la de tonos aterciopelados y profundos, la de altura y ojos inconfundibles, la eterna enamorada de José Alfredo Jiménez.

—Es para ti, Vicente. Te llama tu hermana mayor —Lucha le anunció al joven con quien tenía una buena amistad.

—Hijo, nos quedamos solos. —Alcanzó a escuchar nomás ponerse el auricular.

«El público nunca debe pagar los dolores de un artista», diría Chente muchas décadas más tarde, evocando su aflicción. Puede que sea muestra de un alto sentido del compromiso, respeto hacia el público, además de entereza: el consabido «el *show* debe continuar», en las buenas y en las malas.

El sepelio de don Ramón no fue impedimento para que la joven promesa de la música ranchera continuara con sus presentaciones en el DF. Enterró a su padre en Guadalajara y volvió a su trabajo. No se podía permitir cancelar su actuación. Más de tres décadas después, defendería su decisión frente a la entrevistadora Giselle Blondet, asegurando que «mi padre se hubiera parado del ataúd y me hubiera puesto una madriza que...».[1]

Los recuerdos son caprichosos, o puede que los dueños de estos sean quienes se empeñan en acortarlos o alargarlos. Vicente contaría la muerte del padre una y otra vez a lo largo de su vida, a veces agregando detalles nuevos, otras haciendo elipsis a su antojo. Da igual en qué momento narrase la historia, el efecto siempre era el mismo: la voz entrecortada, disminución de la velocidad de las palabras, tono de congoja. El recuerdo, bien sea recortado, ampliado o adornado, en él parece siempre intacto.

De vuelta a aquel agosto de 1971, al salir del autobús que lo traía de regreso a la capital, Vicente se montó en un taxi rumbo al Teatro Blanquita.

—Joven, ¿le molesta la música? —preguntó el chofer, mirando por el retrovisor a su cliente, a quien tal vez habría escuchado por la radio sin saberlo.

Tras responder que no, y como si se tratara del guion de alguna de las películas que luego protagonizaría, en la radio se escuchó en la voz de Piero un pensamiento que Chente llevaba por dentro y que inevitablemente lo hizo llorar: *Es un buen tipo mi viejo / Que anda solo y esperando / Tiene la tristeza larga / De tanto venir andando.*[2]

No sería la única vez que lloraría ese día.

Para cantar las tres o cuatro canciones que conformaban su repertorio en el Blanquita, Vicente no salía por el escenario como los otros artistas, sino por detrás de las butacas; de este modo, tomaba al público desprevenido, que por fuerza tenía que voltear para verlo por encima de sus hombros.

Una luz lo iluminaba desde fuera, cegando a la audiencia enardecida y con la adrenalina por los cielos. Con el cuerpo musculado a contraluz, Vicente aparecía como una figura negra, derrochando misticismo.

Aquel día en medio de la algarabía del público del Teatro Blanquita, el mariachi entonó la alborozada melodía de «Los laureles». El alegre «¡Aaaay!» sostenido de la letra se transformó en Vicente en un lamento triste, de dolor profundo. Las lágrimas le salían a borbotones. Mientras la música continuaba, la audiencia coreaba: *¡Qué laureles tan verdes! / ¡Qué rosas tan encendidas! / Si piensas abandonarme mejor quitarme la vida.*

A medida que rodaban las lágrimas, la perplejidad en la sala iba en aumento. Vicente abandonó el escenario y, tras bambalinas, escuchó que el maestro de ceremonias narraba el porqué de su llanto.

«Vicente quiso cantar por respeto a ustedes», explicaba el director de escena mientras a duras penas se hacía el silencio. «Acaba de llegar de Guadalajara de sepultar a su padre».

Nadie se quedó sentado. Ni en las galerías ni en las lunetas. El público de pie aplaudió a rabiar durante varios minutos, acompañándolo en su duelo y a la vez celebrando una deferencia que no todos los artistas tienen hacia una audiencia compuesta en su mayoría por los olvidados de la sociedad. Sin duda, esa noche en el Blanquita sumaría un nuevo elemento a la gestación del ídolo Vicente Fernández.

Quince años más tarde, ya trepado en el tren de la fama, el Charro de Huentitán haría una versión de ese «Mi viejo» del compositor y cantante argentino Piero de Benedictis como parte de un LP cuya portada era el retrato de don Ramón. Además, después de una treintena de filmes, y para completar una suerte de homenaje a su padre, en 1991 filmaría su última película, *Mi querido viejo*,[3] junto a su hijo Alejandro, la cual trataría sobre la relación paternofilial entre un afamado cantante y un vástago que no vio crecer.

El hombre que armó los versos de «Mi viejo» para convertirlos en canción se enteró mucho tiempo después de la versión ranchera. Sin embargo, quedó enlazado para siempre a Chente. «Nos unió la complicidad por ese tema que nos dio tantas alegrías a los dos», afirmaría Piero.

En los noventa, cuando Chente ya estaba más que afianzado en esa abstracción que llaman fama, parecía imposible una debacle económica como la que había vivido durante su infancia y adolescencia, ocasionada por la mala cabeza, la adicción al juego, el alcoholismo y la suerte negra de su padre.

Desde que firmara con CBS en 1966, llevaba unos 25 años trabajando frenéticamente. Como un poseso, Vicente ahuyentaba a sombrerazos la ruina y el fracaso. Para ese entonces ya lo catalogaban como «el ídolo de México».

Hacerla en el Blanquita

Un contrato en el Teatro Blanquita equivalía a una ventana de acceso al cielo del estrellato. «Si pasas por ese escenario, ya la hiciste», solían decir en el citadino mundillo del espectáculo.

En los años sesenta y setenta, el teatro de revista aún se encontraba en boga. El 27 de agosto de 1960, Margo Su, actriz y bailarina, con su derroche de habilidades y sapiencias en el negocio del espectáculo, reinauguró junto a su esposo y empresario Félix Cervantes el otrora Teatro-Salón Margo, esta vez bajo el flamante nombre de Teatro Blanquita. Libertad Lamarque, la argentina de la voz lamentera y expresión de sufrimiento, famosa diva a lo largo y ancho de América Latina, era una de las grandes figuras del cartel de reapertura.

«El Teatro Blanquita es un recinto sacro o mejor, es un museo, el frigorífico que guarda, que conserva una actitud popular, la confusión entre la mera insistencia y la tradición». Nadie mejor que Carlos Monsiváis[4] para contestar la pregunta de qué demonios es el Blanquita.

Exóticas e hipnóticas vedettes, cómicos sin filtro, cantantes de diferentes géneros, músicos, bailarinas que danzaban con garbo al son de lo que fuera. El repertorio del Blanquita era un crisol de dos funciones por día, un nido de lo que los cronistas de espectáculos de la época llamaban con cierto desdén «ambiente tradicional». Ahí adentro, el público solía chillar entre divertido y excitado cuando María Victoria, con su peligroso cuerpo de cintura minúscula y voz embelesadora, parecía gemir con su gatuno «estoy tan… estoy taaaan enaaaamorada…», y cedía a la invitación y súplica de la audiencia para girar sobre su eje, dejando ver sus encantos embutidos en sus vestidos de corte de sirena.

El teatro se venía abajo. María Victoria sonreía complacida cada noche, cada vez. Años más tarde, la Sirena de México sería inmortalizada en forma de estatua con su escultural cuerpo enfrente del Blanquita. Fue también el Blanquita el espacio donde Francisco del Carmen García Escalante, un campechano de nombre artístico Francis, exhibió su *show* travesti al estilo de Las Vegas, una explosión de glamur, audacia y talento que durante 15 años abarrotó la taquilla.

Los expresidentes Gustavo Díaz Ordaz, José López Portillo y Miguel de la Madrid eran *habitués* del célebre teatro, al que asistían embelesados por la belleza de sus bailarinas y vedettes. Hoy es un lugar dejado de la mano de Dios, de sus dueños y de la desmemoria, donde solo se guarda nostalgia añeja, mientras sus exteriores les dan cobijo a los sin techo.

En sus años de recién llegado a la capital, desde su butaca, Chente había visto a una buena cantidad de artistas que «la habían hecho», por lo que el Blanquita era uno de los nortes para ser conquistados. Mucho antes de formar parte de las atracciones de ese escenario, cierto día, cuya fecha exacta se esfumó en su recuerdo, casi estuvo a punto de lograr esa conquista. Pero aún no había llegado su momento.

Era bastante tarde cuando salía con Enrique Luna, su compañero de faena en El Amanecer Tapatío. A lo lejos vio que se acercaba una mujer a quien reconoció de inmediato. Era una corista del Teatro Blanquita.

—¿Se le ofrece algo? —preguntó Vicente, desplegando su galantería aún sin pulir y su amabilidad aprendida en casa.

La mujer expuso sus deseos ante los dos desconocidos.

—¡Pues sí! Es el santo de mi marido y quería llevarle unas canciones. Mi departamento es muy pequeñito, así que más bien quisiera a alguien que toque la guitarra y alguien que cante.

—¡Ah!, pues este toca la guitarra y yo canto —dijo Chente al vuelo, involucrando en la jugada a Enrique Luna.

Cuando la bailarina del Blanquita se disponía a iniciar la negociación del precio por el servicio musical, Vicente se le adelantó con una mezcla entre astucia, simpatía y amabilidad.

—Tenemos una condición: vamos como invitados, no le vamos a cobrar nada. —Como era de esperarse, el ofrecimiento causó un grato asombro en la desconocida.

La mujer en cuestión resultó ser María Elena Velasco Fragossi, quien con el tiempo se convertiría en una de las mejores comediantes de México por su personaje de la India María. Asimismo, en ese futuro que parecía un imposible, compartiría escenarios con Fernández y el espacio televisivo *Siempre en domingo*. Pero aquella noche de serenata, todavía quedaba un largo trecho por andar.

El agasajado y esposo de Velasco Fragossi era Julián de Meriche, afamado coreógrafo del Blanquita. En el pequeño apartamento del matrimonio se habían juntado además otros colegas del teatro, entre ellos el también coreógrafo Ricardo Luna.

De Meriche y Luna quedaron flechados con las destrezas musicales de Chente y le ofrecieron una prueba en el Blanquita.

—Cantas muy bien, muchacho, pero la verdad es que nos cuesta más caro el mariachi que lo que te vamos a pagar. El teatro no puede darse ese lujo porque además no has grabado, no tienes éxitos —se sinceró Julián luego de la audición.

En su afán de matar otra de las tantas desilusiones, Chente se dijo: «Me espero. Algún día me van a llamar».

La llamada llegó en el 68. Un año por demás señalado por los cambios sociales y la tragedia.

Bien entrada la tarde del 2 de octubre de 1968, los disparos y las sirenas llegaron a los oídos de los artistas que se preparaban para la función de ese día. Cuentan que un enjambre de patrullas policiales y ambulancias se dirigía a toda velocidad hacia la Plaza de las Tres Culturas, a pocas cuadras del teatro. En sentido contrario, grupos de personas corrían despavoridas. Al caos habitual de la Plaza Aquiles Serdán se le sumó la estampida y el griterío de quienes huían de lo que luego pasaría a la historia como la Masacre de Tlatelolco.

Entre el público y los camerinos, algunos estudiantes pudieron escabullirse de los matones que iban vestidos de paisano con un guante blanco como único distintivo. Cuenta la actriz Carmen Salinas que escondió a un par de jovenzuelos entre los vestidos voluminosos de Lola Beltrán y Celia Cruz, mientras que otros se refugiaron en el camerino de las bailarinas que semidesnudas ahuyentaron a los esbirros.[5]

México ya no volvió a ser el mismo después de aquellos días de desgracias y muerte.

Quién sabe cómo le afectaría a Vicente Fernández este acontecimiento. ¿Habrá estado aquel 2 de octubre de 1968 en el Blanquita? ¿Lo sacudiría tal como a todo el país ver a una parte de «su pueblo» masacrado?

Con un par de canciones sonando en la radio, Chente «la hizo» en aquel 68, viviendo su muy particular revolución entre tantas revueltas que se registraron a nivel mundial. Independientemente de lo que ocurría en la capital y en todo el país, él tampoco sería el mismo a partir de ese año. Entraría a lo grande en el Teatro Blanquita compartiendo escenario con una de las cantantes y actrices más importantes del momento: la inmensa y bellísima Lucha Villa.

Sin embargo, pronto sabría Chente que para meterse al pueblo, «su pueblo», en el bolsillo, no bastaba subirse a un escenario, por emblemático que fuese, ni sonar hasta el cansancio en la radio.

Era necesario ampliar los horizontes y nada se le antojó mejor que cantar en medio del ruedo de seis metros de circunferencia de los palenques, sitios míticos donde las clases sociales se mezclan en el deleite de riñas de gallos, apuestas y del desfile interminable de cantantes y grupos de música popular que, por supuesto, cobran fortunas por un concierto. Uno de ellos fue el de León, donde por casualidad surgió su famosa frase: «Mientras ustedes no dejen de aplaudir, su Chente no deja de cantar», en tanto el público casi lo alcanzaba con las puntas de los dedos.

Esta nueva perspectiva parecía no tener límites; se dispuso entonces a tragar el polvo del camino, a comerse el cansancio a cucharadas en las agotadoras caravanas de artistas tanto en México como en Estados Unidos. En ese nuevo trayecto, el Million Dollar Theater de Los Ángeles era una parada obligatoria desde inicios de la década de los setenta.

En este momento, aparece un personaje que resultó clave en la vida artística de Chente: el productor y empresario José Isabel Valdivia, más conocido por su nombre artístico Arnulfo *el Gordo* Delgado; un inmigrante tapatío que llegó a Estados Unidos a los 16 años y trabajó de basurero, hasta que en 1959 descubrió que sus paisanos no tenían dónde divertirse. Organizó un baile en San José, California, y contrató a la Sonora Santanera. En una noche recaudó lo que ganaba en un mes. Delgado, un visionario y un hombre muy hábil para los negocios, cayó en la cuenta de que se encontraba frente a una mina de oro, pero que sus ídolos estaban en México, así que para triunfar tenía que ir a buscarlos. De tal modo, comenzó a viajar y a llevar cantantes famosos y no tanto. Los montaba en las caravanas que recorrían la costa oeste, en las ferias de Texas y luego los presentaba en el histórico Million Dollar, de Los Ángeles. Javier Solís, quien fue su gran amigo, lo bautizó el Gordo por su contextura física, un apodo que lo hizo célebre.

En 1969 exactamente, el Gordo Delgado, convertido en un exitoso empresario, y su socio, Javier Rivera, descubren a un joven Vicente Fernández, un cantante de rancheras que estaba despuntando en México, pero era desconocido en el país del norte. Lo contratan inmediatamente y lo llevan para abrir las caravanas encabezadas por José Alfredo Jimenez, Lola Beltrán y Antonio Aguilar, y Chente deslumbró.

A partir de aquí, el Charro de Huentitán dio el gran salto. Estaba dispuesto a todo. Incluso a no dormir, en su afán por llegar. Tal vez porque sentía que el tiempo se le escapaba de las manos, que la fugacidad de una estrella dura lo mismo que una de esas canciones que ya coreaba un gran número de personas, mientras él se lucía con el micrófono en la mano.

En esos años iniciáticos, la muerte volvió a rozarlo con la cruel certeza de la brevedad de la vida. Su primer mánager, Rafael Valdés, tapatío de origen y cantante frustrado, su mano derecha y su hombre de mayor confianza, se mató en un accidente de carretera, después de salir de Guadalajara camino a León, Guanajuato. Dicen que Chente lloró desconsolado la muerte de su *carnal,* pero sabía que no podía permitirse caer en la tristeza y que el *show* debía continuar, aunque las lágrimas se obstinaban por seguir en sus ojos.

Chente parecía multiplicado. No obstante, sería la televisión y su alcance masivo lo que contribuiría a hacer de Vicente Fernández un ser casi omnipresente, a elevarlo al estatus de ídolo.

El Olimpo de los íconos

«Con el corazón no habían contado», dijeron los médicos que atendieron a Javier Solís. Para aquel entonces era el cantante de moda, el que llenaba las salas de cine, cuya voz emanaba de la radio a todas horas.

Clareaba el día del 19 de abril de 1966 cuando a Javier se le paró el corazón. Estaba en el hospital, recuperándose de una operación de vesícula practicada hacía seis días. Aquejado de dolores persistentes en el estómago, Solís había intentado a toda costa esquivar el quirófano a lo largo de tres años. Piedras en la vesícula biliar fue el diagnóstico; tanto era su miedo a una posible operación que buscó otras vías de curación, como un tratamiento alternativo que finalmente calmó las dolencias por unos pocos meses. Durante el rodaje de *Juan Pistolas* (dirigida por René Cardona júnior en 1966), le volvieron los dolores.

A través de varios años, rondó por todo México y América Latina la leyenda de que el cantante había fallecido por haber tomado agua con limón después de la intervención. En el historial médico figura desvanecimiento cardiaco, pero romper con una fábula tan arraigada fue demasiado difícil hasta para la viuda Blanca Estela.

De la muerte de Solís, Vicente se enteró por la radio al alba.

«Verdadero duelo popular. La muerte de Javier Solís», era el titular del periódico *La Prensa*, con una primera plana a seis columnas. «Murió en la cumbre del éxito», iniciaba el texto. Por los predios de las calles de Sullivan y Rosas Moreno ya no cabía ni el aire. El Panteón Jardín era el destino de aquel ataúd que parecía flotar entre miles de personas que acompañaron al llamado Rey del Bolero Ranchero coreando sus canciones, llorándole.

La tristeza, la consternación y el sentimiento de abandono sacudían una vez más a los mexicanos, y es que Solís era la tercera gran estrella de la canción y del cine que moría joven en un periodo de apenas 13 años. Javier a los 34, Pedro Infante a los 39 en 1953, y Jorge Negrete a los 42 en 1957. Todos ellos acicalados con el polvo de las celebridades, con fama a más no poder, de físico imponente y personalidades definidas, con dinero suficiente para colocarse en una buena posición en la escala social, y ostentando además un puesto en el ideario de todo tipo de público, tanto en México como allende fronteras. La muerte trágica, repentina y en plena juventud les otorgaría el aura romántica del que se va sin haber completado una misión de vida, lo que aunado a la congoja y la nostalgia, definitivamente los elevaría al Olimpo en calidad de los íconos, ídolos y hasta semidioses.

En plena escalada de su carrera artística, el peso de un ídolo que fallece joven le pasaría factura a la psiquis de Vicente Fernández. Tenía 36 años cuando el miedo a la muerte le provocó ataques de ansiedad. «Fue un infierno durante un año», contaría frente a las cámaras de un programa de televisión en 2012.[6] Pero ¿cómo logró superar esa crisis? Pues como todo en su vida, existen varias versiones: desde que fue internado en un sanatorio, donde supuestamente se sometió a curas de sueños, hasta una menos científica, pero al fin y al cabo más colorida.

Relata el cantante que estando de gira, alguien dejó olvidado un libro en el avión en el que viajaba. Era la época cuando aún no tenía su avión privado, por lo que le tocaba desplazarse en vuelos comerciales. «Lo agarré por inercia y lo abrí al azar». Con las manos recrea el ademán de un libro que se abre y cambia ligeramente el tono de su voz para recitar de memoria.

«Hoy viviré como si fuera el último día de mi vida, hoy comeré como si fuera el último día de mi vida, hoy disfrutaré como si fuera el último día de mi vida…», evoca, «y así venían como 20 ejemplos. Al final pensaba: "Y si Dios nos da licencia de terminar el día, caeré de rodillas ante Nuestro Señor por haberme dado un día más de vida". Y ya de ahí dije: "Bueno, pues de veras, yo le doy gracias a Dios por un día más de vida. Si mañana amanece, ya es una ganancia". Fui aceptando eso».

Para completar su proceso de «sanación», asegura que se propuso no pensar en Jorge, ni en Pedro, ni en Javier. Tenía que espantar la posibilidad de una desaparición trágica a como diera lugar, ese no era el camino que quería para convertirse en ídolo de la canción ranchera. Es más, aún no estaba preparado para ello, pese a que en 1976 empezaba a perfilarse como una de las gallinas de los huevos de oro de CBS.

Fue entonces cuando se planteó: «¿Por qué no pienso en Fernando Soler, Julián Soler o en Sarita García, con quienes tuve la dicha de trabajar todavía?». Tanto García, apodada la Abuelita de México, como Fernando superarían los 80 años de vida.

Fernández se propuso, pues, disfrutar en vida de las mieles del éxito, con todo lo que eso implicaba; quería sentirse adorado por su «pueblo», como siempre llama a su público. Se trazó una hoja de ruta que consistía en transcender aún en vida, a cualquier precio y a costa de lo que fuese y de quien fuera.

«Así me fui: poco a poco, pero poco a poco, ¿eh?». Vicente concluía así el relato sobre su crisis nerviosa, quizá ahorrándose detalles. Para ese entonces tenía 72 años, dos más que Julián Soler cuando murió en 1977.

¿Y YO CÓMO CANTARÉ?

Javier Solís encandilaba. Su voz y presencia eran como una onda expansiva que lo llenaba todo y, de alguna manera, hasta obstruía el camino de otros que querían al menos grabar algunas canciones. Heredero artístico de Infante, había llegado a los escenarios cantando «Amorcito corazón», en cierta forma imitando al carismático Pedro, hasta que logró afianzarse como el cantante de boleros rancheros fuera de serie.

Todo y todos se medían con la vara del talento de Javier Solís. Desde el bigotito hasta los colores de su voz. Vicente Fernández no era la excepción; la comparación provenía tanto de los otros como de él mismo. En su largo peregrinaje por las diferentes disqueras de México, la comparación se verbalizaba, y el cantante coleccionaba halagos seguidos por rechazos. «Es que ya existe *un* Javier Solís», enfatizaban.

En 1992, a instancias de la pregunta de un televidente de *Y Vero América ¡va!*,[7] le contaría a Verónica Castro y a los millones de personas que sintonizaron el programa aquella noche, que cuando empezaba a labrarse una carrera como cantante, Javier Solís sonaba fuerte con «Nobleza».

«No puede ser cobarde el que perdona». Vicente entona la primera línea de la composición de Nicolás Jiménez Jáuregui en medio de su relato, que se torna una confesión. «Yo no tenía un estilo bien definido, y cuando me pedían una canción la cantaba como los intérpretes originales». Tejiendo su recuerdo y agregándole el gancho del cuentacuentos, hace una pausa, le clava la mirada a Verónica y crea un ambiente de intimidad ficticia. «Me pregunté, ¿y yo cómo cantaré?». Se sonríe, vestido de charro y con el sombrero inmenso reposando a su lado en el sofá.

Vicente entendió que necesitaba desmarcarse de Solís y de los otros cantantes de moda. Cuenta que, cuando entró en CBS, ya tenía algo de su estilo definido. No obstante, la identidad de un artista no se logra con la intuición, como tampoco basta solo un vozarrón y buena estampa.

En manos de un sello discográfico de envergadura, Chente era un producto listo para ser trabajado. Los arreglistas, compositores, directores artísticos y hasta los mismos jefazos de las compañías disqueras son los que cincelan, amasan y dan forma a sus artistas. A este trabajo intenso de modelado, con un casi nulo poder de decisión, se sometería al firmar con CBS.

Columbia Broadcasting System había desembarcado en México hacia 1947. Primero fue Records Mexicanos, S. A.; luego Disco Colombia de México. También se llamó Discos CBS, hasta que finalmente se empezó a identificar como CBS de México. Otros nombres vendrían mucho más tarde; además, le esperaba una metamorfosis profunda —para bien o para mal— en su dirección, así como una importante expansión. Amén de todos los avances tecnológicos que influirían en la evolución del mundo de la música.

A finales de la década de los cuarenta, el mercado discográfico mexicano distaba de ser una lucha encarnizada para conseguir artistas y buenas ventas. La competencia estaba constituida básicamente por RCA, Musart y Peerless. Pero ese ambiente sereno cambiaría con el tiempo: de recién llegada, CBS pasó a ser el líder del sector.

En 1977, al cumplir 30 años de funcionamiento en territorio mexicano, la disquera había pasado de 27 empleados a unos mil, sumando todas las áreas. En aquella época Vicente Fernández ya era uno de sus artistas más importantes junto a Manoella Torres, Leo Dan y La Sonora Matancera.[8]

Camino a Naucalpan

El 20 de abril de 1966 CBS manifestaba su profunda pena por el fallecimiento de su querido artista y puntero en ventas. Para aquel momento, Javier Solís se había convertido en su mejor producto.

En la compañía había que actuar con rapidez porque, como bien dice el dicho, «a rey muerto, rey puesto». Solís todavía sonaba en la radio con «Amigo organillero», entonando aquel melancólico «quiero morir, no tengo ya aquel amor tan puro y santo…». Y mientras su última canción se adelantaba a una muerte prematura, en CBS se movían las piezas para lanzar a un posible sucesor.[9]

Jorge Valente empezó a grabar en CBS en 1962, y hasta hizo giras con Javier Solís como artista de apoyo en sus *shows*. Pronto empezaron a sonar en la radio «Virgen de mi soledad», «Fea» y «Tango negro», canciones que se convirtieron en éxitos. Había trabado amistad con Chente en El Amanecer Tapatío y hasta el mismo Valente afirmaría varias veces que fue él quien llevó a su amigo a una audición en el sello discográfico.

Aunque CBS apuntaba a Jorge Valente (nacido Exiquio Beleche Becerra) como el heredero del trono, al final no fue así. Hubo gente que osó «felicitar» a Valente por la muerte de Solís, mientras él, aún en estado de consternación por la tragedia, se asqueaba ante tanta vileza.

La compañía prácticamente lo abandonó a su suerte, hasta que su luz se extinguió. Para la disquera ya no era interesante ni lo consideraba artista puntero. En su vejez de estrella fugaz, Valente agregaría otro elemento a su caída en desgracia: un presunto sabotaje a manos de Vicente Fernández, quien durante años había labrado magníficas relaciones con empresarios de palenques, a los que disuadió de contratar a Jorge.

Otra versión de este desahucio tiene rango de cuento de pasillo. Cuenta la leyenda que al morir Solís, Valente pidió un cambio al máximo directivo de CBS: sustituir a Gilberto Parra, su director artístico, por el del cantante recién fallecido: Felipe Valdez Leal. A Parra no le sentó nada bien esta petición, por lo que lanzó un contraataque. De este modo, decidió emprender la búsqueda de un hombre que le habían comentado, pero que se encontraba en Guadalajara. Se trataba de Chente.

Existen varias versiones de cómo fue que Vicente Fernández llegó a CBS en el verano de 1966. Una de ellas menciona un telegrama enviado por Felipe Valdez Leal, quien lo invitaba a grabar con la compañía. Valdez Leal, conocido por haber descubierto a varias celebridades como Javier Solís o Los Panchos, se convertiría luego en uno de los arreglistas más importantes en la carrera de Vicente Fernández.

La otra versión narra que el mismo Gilberto Parra —antaño compositor de Jorge Negrete y Pedro Infante, toda una figura de gran valor en CBS— llegó a tierras tapatías para encontrarse con él, pero no dio con El Sarape, donde Chente actuaba cada día bajo contrato. Cierto o no, Parra también sería un elemento fundamental en la carrera de Fernández.

Peerless, Orfeón y Musart también trataron de localizar a Fernández y, tras varias llamadas de CBS, finalmente atendió. Al otro lado de la línea le hablaba el compositor y director artístico Felipe *Indio* Jiménez, quien después de hablarle brevemente sobre la excursión fallida de Parra, fue al grano.

—Nos urge hablar con usted, ¿le interesa? —preguntó, lanzándole el anzuelo y una invitación a la sede de la disquera en la Ciudad de México. Un ofrecimiento que Chente no podía ni debía rechazar.

Pero algo se interponía en el camino a Naucalpan. El contrato firmado con Guinart Records en 1964 no había dado sus frutos. A pesar de un par de canciones grabadas y lanzadas como sencillos ese mismo año, como «Mi último rezo» (composición de Antonio Valdez Herrera) y «Gabino Barrera» (de Víctor R. Cordero), nunca llegó el lanzamiento del LP estipulado en ese primer trato con el sello dirigido por Roberto Guinart, al que había llegado a través de la también cantante Amelia, esposa de Guinart.

Años más tarde, los Guinart se unirían a la familia Fernández Abarca por otras vías. Pero en aquel verano de 1966 el compromiso con Guinart representaba para Chente un pie de tranca para una posible relación con un sello más potente y poderoso como lo era CBS. En esa reunión se habían juntado varios pesos pesados de la discográfica.

—¿Trae el contrato? —le preguntó Manuel Cervantes, coordinador artístico, el mismo que una década más tarde se convertiría en director de Mundo Musical S. A., brazo editorial de CBS México.

Vicente le extendió el papel, entre temeroso por una posible demanda y esperanzado por un nuevo contrato.

—Sí, aquí está.

Como si no hubieran pasado más de cuatro décadas desde ese momento, Vicente Fernández recordaría el momento en el que Cervantes le echó una rápida mirada al contrato, para acto seguido extendérselo a Armando de Llano, el gerente general de la disquera.

—De esto nosotros nos hacemos responsables. —De Llano hizo añicos el trozo de papel—. Entonces, ¿quiere o no quiere grabar?

El hombre lo miró con sus ojos sagaces, de sapiencia corporativa y olfato de sabueso, casi sin dar muestras de que apremiaba fichar al nuevo talento. Del otro lado del escritorio, Chente firmó con serenidad. Ya por entonces reacio a demostrar sus sentimientos, no dejó ver ningún atisbo de que el corazón se le apretujaba de la emoción: sabía que esta vez tendría dinero para hacer frente a los gastos del nacimiento de su segundo hijo, previsto para los próximos meses.

Aquella no era la primera vez que Chente llegaba a las puertas del número 784 de la avenida 16 de septiembre en Naucalpan. A lo largo de su vida, contaría una y otra vez cómo un ingeniero de sonido lo humilló en las instalaciones de la disquera, pese a tener en su mano la tarjeta de presentación del maestro Rafael Carrión: el día anterior, este lo había escuchado y sin dudarlo propuso hacerle una prueba en CBS.

Bajo de estatura, peinado hacia atrás y con el bigotillo delineándole el labio superior, Carrión era por aquel entonces el director artístico de Jorge Valente y el arreglista de varias canciones de Javier Solís. El compositor ni se imaginaba que medio México le llamaría «ave de mal agüero» por culpa de «Amigo organillero», el sencillo que Solís lanzaría justo en sus últimos días.

Vicente Fernández entró en detalles con el locutor Gustavo Alvite[10] en 2010; le contó que iba a su cita con Rafael Carrión, ataviado con un traje de Letrán de 200 pesos, cuando un ingeniero de sonido no identificado lo trató con desdén, impidiéndole el acceso a los dominios del compositor y mandándolo a la calle a esperarlo. Quién sabe cuántos minutos habían transcurrido cuando llegaron los integrantes del Mariachi Vargas de Tecalitlán e intentaron colarlo con ellos. Lo hicieron cargar el estuche de uno de los instrumentos y lo nombraron su «secretario». El ingeniero no mordió la carnada y una vez más volvió a ponerlo de patitas en la calle.

«No soy rencoroso». La frase le sirve de preámbulo para confesar que unos 20 años más tarde, mientras grababa en la compañía y «ya se respetaba lo que yo decía», identificó al otro lado del vidrio del estudio al autor de aquella humillación. Dejó de cantar y ordenó que la persona en cuestión abandonara de inmediato la sala.

Bajo el ala del sello discográfico más exitoso de México, primero tuvo al maestro Gilberto Parra como director artístico, puesto al que hoy en día se le conoce como productor musical. Luego ese lugar lo tomarían de forma temporal, Luis González, Federico Méndez, Pedro Ramírez, Manuel Cázares y hasta Joan Sebastian.

Chente permanecería toda su vida artística en CBS, que en 1991 pasaría a conocerse como Sony Music Entertainment tras ser adquirida tres años antes por la corporación de origen japonés. Y como en un matrimonio de tantos años, la relación entre ambos sufrió importantes metamorfosis. Llegó un momento en el que comenzaron a dormir separados, pero siguieron llevando, a modo simbólico y por mera costumbre, un anillo imperceptible que siempre los unió.

En 1966, tras estampar la firma y aceptar un adelanto de cuatro mil pesos —cifra estipulada por el propio cantante—, Vicente salió de CBS rumbo a la mueblería. Con Felipe Arriaga como aval, había sacado a crédito unos muebles que ahora estaban en Guadalajara. Y es que, tras el despido de El Amanecer Tapatío, Fernández se había llevado también su deuda hasta la capital.[11]

Quién sabe si el sorprendido dueño de la mueblería, que había dado por perdida aquella cuenta, reconocería años después a quien ese día había firmado el contrato más importante de una carrera artística en ciernes.

COLD CASE

Cuentan que fueron dos balazos. *Pum, pum.* Certeros y fulminantes, acabaron con la vida de José Luis Aguilar Oseguera. Michoacano para más señas, la música le fluía por las venas, y justo por ella se había cambiado el nombre en las oficinas de CBS. Ya existía un Aguilar en la música ranchera, le dijeron. No había puesto para otro y menos en el mismo estilo.

Se nombró Felipe. Algunos afirman que fue por el galán de ficción del momento; otros dicen que fue en honor al general revolucionario Felipe Ángeles. De apellido se le ocurrió Arriaga, pensando en el Robin Hood local: Jesús Arriaga, mejor conocido como Chucho el Roto.

Tanto el Cotija —así le llamaban sus allegados— como el compositor Federico Méndez fueron personas clave en la vida artística y personal de Vicente Fernández. «Éramos como hermanos». Al Chente anciano se le entrecorta la voz mientras trata de hilar los recuerdos con la mayor coherencia posible.[12] A pesar de su lucidez, no siempre logra cerrar los paréntesis y rellenar los huecos de la memoria.

A Felipe Arriaga lo asesinaron en la noche del 3 de noviembre de 1988 prácticamente en la puerta de su casa de Playa Miramar, en la colonia Reforma Iztaccíhuatl, cuando regresaba de comer con unos amigos. Era miércoles y los relojes marcaban las ocho de la noche cuando dispararon desde una camioneta. Arriaga, de cabellera negra y bigote espesos, estaba con sus amigos y su hijo Gerardo cuando los dos balazos lo alcanzaron. Sin duda, él era el blanco de los proyectiles.

Tenía 51 años, mujer e hijos, una sólida carrera artística, gente que lo admiraba, quería y respetaba. No se descarta la teoría de algún enemigo, a pesar de que no era hombre de riñas ni de conflictos; lo cierto es que aquella noche los presentes vieron cómo Felipe Arriaga se desvaneció en medio de la calzada.

Conoció a Vicente Fernández cuando todavía era un Aguilar, como el mariachi que llevaba su nombre y que dirigía. José Luis fue el primero que creyó en Chente y no dudó en contratarlo para cantar por propinas con los charros músicos en El Amanecer Tapatío. Eran los tiempos de peregrinar de mesa en mesa preguntando «¿le canto una canción?»; si la suerte sonreía, con el posterior apretón de manos reinaba la esperanza de algún billete en la palma del cliente. Pronto, ambos músicos se convertirían en amigos, y de hecho fueron muchas las veces en que Felipe estuvo allí para ayudar a Fernández a salir de sus recurrentes aprietos económicos.

Felipe también acudió al llamado de Chente cuando este grabó sus primeros sencillos con CBS y consiguió lucirse hasta el punto de firmar con el sello en cuestión. Bajo la batuta de Gilberto Parra, a Vicente le tocaba grabar «Tu camino y el mío» (de Antonio Valdez Herrera), pero surgió un problema: en plena faena, tuvo algunas dificultades para hacer la segunda voz. Fue entonces cuando propuso que su cuate Felipe Arriaga se sumara a la grabación.

El tema de Valdez Herrera era para Fernández una de las primeras canciones con las que posteriormente se daría a conocer. Más tarde, a esta se sumarían «Cantina de mi barrio», de Andrés Osuna; «Perdóname» y «Parece que fue ayer», de Armando Manzanero; y «¿Quién te preguntó?» y «Yo quiero ser», compuestas por Rosendo Montiel. Juntas, pasarían a formar parte de *La voz que usted esperaba*, su primer LP, con arreglos de Rafael Carrión y Fernando Z. Maldonado.

Aún faltaba un trecho para llegar a «Volver, volver» de Maldonado,[13] y otra larga caminata hasta *Entre monjas anda el diablo*,[14] película que también incluye esta canción y que sin dudas constituye una de las piedras que erigieron al ídolo ranchero.

El cuidadoso, preciso y disciplinado maestro Parra, así como Maldonado y Carrión presentes en la grabación, reconocieron el potencial de Felipe, por lo que posteriormente CBS le ofrecería un contrato de cinco años que luego se renovaría por un lustro más. Desde ese día hasta 1988, el afable y talentoso Felipe Arriaga contaría con poco más de 20 años para hacerse de una carrera modesta y sólida.

A pesar de que han transcurrido más de tres décadas, su asesinato sigue siendo un *cold case*. Hay quienes dudan de las intenciones de resolver el crimen a pesar de las citaciones a la policía de varias personas que dieron declaración. Y entre las tantas teorías del asesinato, una en particular resalta como un punto blanco entre tanta negrura. «Ajuste de cuentas» con implicaciones del narcotráfico es el nombre que se han atrevido a ponerle algunos cronistas de la fuente policial.

Las sospechas de relaciones con los cárteles de la droga, los cuales se hicieron de poderes indecibles al colmo de permear cada resquicio de la sociedad a lo largo y ancho del continente, salpicarían directa e indirectamente a Vicente Fernández una y otra vez durante varios años.

«No lo mataron por deudas de juego, sino por otra cosa más pesada. Pero pasaron muchos años y… ¿para qué revolver? No nos lleva a nada, no va a resucitar al pobre Felipe, que en paz descanse. Gran persona y gran amigo de Chente, muy talentoso…», dice desde su casa de Los Ángeles el veterano promotor de artistas Javier Rivera, y deja flotando en el aire el halo de misterio.

Malditos amores

Ni en sus peores pesadillas Chente podría haber presagiado que durante aquel 1988, en un lapso de 13 días, perdería para siempre a Felipe y a Federico, sus dos muros de contención de los tiempos en El Amanecer Tapatío. El 16 de noviembre de ese mismo año, el aguascalentense Méndez se suicidaría en su oficina de cbs.

Antes de ese fatal desenlace, cuenta Fernández que un día halló a Méndez bastante bajo de ánimos.

—¿Sabes qué? Esa mujer te está haciendo mucho daño. —Chente trató de darle un sacudón a su amigo.

Méndez parecía perdido, tal vez temeroso de cualquier final (im)posible.

—No, hijo, pero yo la quiero mucho y…

—Pero ¿no vas a dejar a tu familia? —quiso ahondar, entre curioso y asombrado.

—¡No! Ese es el problema que traigo, ella quiere que me divorcie —respondió categórico, exponiendo su íntimo dilema. Parecía poco dispuesto a dejar a su esposa Guadalupe, al igual que a sus hijos Federico, Juan Carlos, Alejandra, Christian y María Fernanda.

Según Fernández, la presión de esta situación amorosa fue demasiado para Federico Méndez Tejeda. El hecho de que se haya suicidado a los 55 años, y precisamente en su oficina en Naucalpan, eleva el nivel de consternación. No obstante, en una carta de despedida pidió que no se culpara a nadie. Entonces ¿fue el desconsuelo del desamor lo que lo llevó a apretar el gatillo de la .38? ¿O aquella decisión se debió más bien a un cúmulo de diversos motivos?

Incluso hasta hoy, la identidad de la mujer implicada continúa siendo un gran acertijo. Abundan las conjeturas, y algunos han osado ponerle nombre y apellido: Alicia Juárez, la última pareja de José Alfredo Jiménez.

Por tu maldito amor / No puedo terminar con tantas penas / Quisiera reventarme hasta las venas / Por tu maldito amor / No logro acomodar mis sentimientos / Y el alma se me sigue consumiendo / Por tu maldito amor.

«Por tu maldito amor» fue una de las últimas composiciones de Federico Méndez, la cual expresa una dolorosa encrucijada que podría ser un reflejo de su vida personal, si es que solo esa fue la razón de su suicidio.

Chente utilizaría esta canción para darle el título a uno de sus LP más exitosos. Un año más tarde, protagonizaría un melodrama con el mismo nombre, con el cual iniciaría una larga y fructífera relación con el llamado Zar del Cine Mexicano: Gregorio Walerstein. Este exitoso productor y guionista, que lograría convertir a Silvia Pinal en una gran estrella, sería el responsable de levantar hasta el cielo la carrera cinematográfica de Vicente Fernández a partir de 1973.[15]

ME VOY, ME VOY

Durante los últimos años de la década de los sesenta y a lo largo de los setenta y ochenta, los caminos de Fernández, Arriaga y Méndez se encontrarían por diversas circunstancias. Casi inmediatamente después de firmar con CBS, Vicente empezó a tener mucha más exposición pública y *hits* en seguidilla, fortaleciéndose como artista de la canción ranchera tanto en México como en algunas ciudades de Estados Unidos y en varios países de Latinoamérica. Desde esa posición, Chente recurrió a Federico y Felipe, a quienes consideraba sus hermanos.

Tanto Méndez como Arriaga no construyeron y afianzaron sus carreras artísticas bajo la sombra de Fernández, sino más bien en el carril paralelo; a veces sus caminos se cruzaban, colaboraban, continuaban siendo amigos; perduraban el cariño y respeto. Y mientras tanto, la popularidad de Chente seguía en aumento.

Sin embargo, algo sucedió con Felipe Arriaga, el tercer elemento del triángulo fraternal. ¿Qué fue, exactamente? No se sabe, los muertos no hablan y el que vive para contarlo calla. Solo queda una observación de Gustavo Alvite, el veterano locutor y amigo de ambos, que a pesar de inconcreta resulta significativa: «La relación pura de amistad [entre Chente y Felipe] varía un poco. Se afecta».[16]

Antes de que Fernández le abriera una rendija para que entrara en CBS, Arriaga también estuvo con él cuando finalmente logró hacerse de un sitio en la marquesina del Teatro Blanquita en 1968. Asimismo, a lo largo de los setenta y ochenta, participó en varias películas con Chente como figura principal, además de protagonizar las propias.

En *La ley del monte* —el tercer filme que harían juntos—, Maclovio (Fernández) y Benito (Arriaga) regresan a la lucha en la Revolución mexicana. Luego de una cruenta batalla y tras haber burlado una vez más a la muerte, al calor de una fogata entonan uno de los temas más emblemáticos interpretados por ambos, «El adiós al soldado»:[17] *Adiós, adiós, lucero de mis noches / Dijo un soldado al pie de una ventana / Me voy, me voy / No llores ángel mío que volveré mañana.*

En el aire quedan solo preguntas. Las mismas que desde hace más de 30 años se hacen tanto los curiosos como los conocidos y amigos de ambos.

A pocas horas de haber sido herido de muerte, se celebró el funeral de José Luis Aguilar Oseguera, a quien la gran mayoría de la gente recordará como Felipe Arriaga. Chente no asistió al sepelio, aunque sí fueron su esposa y sus hijos. La excusa oficial reza que le llegó la noticia cuando estaba en Nueva York a punto de dar un concierto.

No hay constancia de que la causa de su ausencia fuera el tan mentado compromiso en el Madison Square Garden de Nueva York. Es más, el periódico *The New York Times* recoge como primer concierto en solitario de Vicente aquel que realizó en 2008, después de haber pasado por ese escenario en 2002 gracias a su hijo Alejandro, quien era la principal atracción del cartel. Entonces, ¿qué fue lo que en realidad le impidió a Vicente Fernández asistir al funeral de Arriaga?

Al menos sí haría acto de presencia en el de Federico Méndez, así como en las pompas fúnebres de Lola Beltrán, su compañera de escenarios y del programa de televisión *Homenaje*,[18] quien falleció de un ataque al corazón en 1996.

«La voz», la llamaba el escritor Carlos Fuentes, que con su sola presencia se engullía el escenario y el público. Chente recordaría cuando en la madrugada antes del entierro en Rosario (Sinaloa), su lugar de nacimiento, llegó de incógnito donde la velaban: con la urna abierta, rodeada de flores, y su rostro multiplicado en fotografías de gran formato.

«Le recé un rosario con los dedos, como pude, le lloré, le di un beso a través del cristal». Tal vez en ese instante recordaría una de sus tantas andanzas juntos, como cuando los monarcas españoles la habían besado en un poco disimulado estado de euforia real, mientras que él, en un acto de deferencia hacia Juan Carlos I, le regaló su sombrero bordado en oro.

«Cuando empezó a amanecer, vi cámaras y grabadoras y le dije a mi hijo [Vicente]: "¡Vámonos!", porque no me gusta que me pregunten: "¿Qué ha perdido México?". Yo contesto que perdí una amiga y lo demás no me importa; por eso fui a despedirla en el momento que nadie me interrumpiera o me retratara cuando me saliera una lágrima».[19]

¿A quién no le duele ver marchar a sus seres queridos y más cuando en vida no se saldaron cuentas? Quizás en plena recta final, cuando un día más vivido es uno menos de vida, Vicente Fernández se haga esa pregunta pensando sobre todo en Felipe Arriaga.

Los gallos no hablan

Vicente se cuadró. No dudó en imponerse para que Federico Méndez asumiera el puesto de director artístico tras la jubilación del compositor Gilberto Parra en 1979. Méndez había nacido para ser cantante, pero como creador de canciones lograba alborotar sentimientos y emociones; no fue de extrañar que Fernández quisiera cantar varias de sus composiciones.

Ya existía un precedente con Méndez como motivo de un encontronazo. Con los altos directivos de la compañía y Parra, la trifulca fue en torno a «Hoy platiqué con mi gallo», composición de Méndez. El tema habla de la amistad incondicional y Chente quería grabarlo, pero los jefes se negaron. «Los gallos no hablan», se mofaron los regentes de la disquera, o al menos eso se cuenta.

El gallo sintió de pronto que estaba hirviendo su sangre / Y ya puesta la navaja, le dijo «voy a salvarte / que ya suelten ese giro / tu deuda voy a pagarles» / En menos de tres patadas acabó con su rival / Pero también aquel gallo le hizo una herida mortal / Y ahí juré que a un amigo no se debe traicionar.

«Hoy platiqué con mi gallo» causó sensación hacia los ochenta, arrasando en ventas y en los quereres del público que lo elevó a los primeros lugares.

Cuando Federico Méndez asumió por fin la dirección artística de Chente, algo llamó la atención de Armando de Llano, para ese entonces presidente de CBS. Un nuevo enfrentamiento estaba servido.

—Te voy a cambiar de director artístico —le anunció categóricamente, siempre de punta en blanco, ataviado de traje y corbata.

—¿Por qué? —inquirió Chente sin esconder una mezcla de estupefacción y enojo controlado.

—Es que Federico te hace grabar todas sus canciones —respondió el presidente sin perder el temple.

—¡No, no! Armando, yo le grabo las canciones porque son buenas —trató de aclarar.

Como una jugada maestra que rayaba en la manipulación y, por qué no, en la más descabellada osadía, remató luego de una pausa dramática:

—Si le das a Federico su carta de retiro, haz dos, una para mí y otra para él.

—¡Ah, no! Si quieres grabarle todas sus canciones, está bien —se apresuró a decir.

Y así, Armando de Llano cedió ante el artista, quien para ese momento ya tenía 15 LP publicados, todos ellos éxitos de ventas.

Con la alianza y complicidad artística, aunada a la amistad que mantenía con el autor de «Marioneta» y «Aprendiste a volar», se iniciaría una nueva fase en la vida artística de Vicente Fernández.

Quizá su consagración máxima se produciría el 15 de septiembre de 1984, ante un público de 54 mil personas.

«¡México tiene un ídolo. ¡El ídolo de México se llama Vicente Fernández!», anunciaba Gustavo Alvite, maestro de ceremonias del multitudinario concierto *Un mexicano en la México*, celebrado en la plaza de toros de la capital. Aquel Día de la Independencia no se gritaría exclusivamente «¡viva México, hijos de la chingada!».

«Si no lleno la México, me retiro», había amenazado Chente; una frase que sirvió de titular para todos los diarios. Afortunadamente, no se convirtió en pensionista prematuro. Logró atiborrar el recinto, marcando así un hito en su carrera.

El año de 1984 no solo fue inolvidable en la vida de Vicente por su gloria artística; unos meses antes de ese septiembre triunfal, se había hecho realidad otro de sus sueños: ser padre de una niña. Alejandra, una bebé de 40 días, hija de una hermana de Cuquita, llegó al rancho Los Tres Potrillos. Fue adoptada por el matrimonio, y desde ese momento sería la luz de los ojos de Vicente.

Antes, durante y después de ese concierto sucedieron muchas cosas, pero tal vez uno de los momentos más significativos fue cuando el Mariachi Juvenil Azteca comenzó a dar los primeros acordes de «De qué manera te olvido». Fernández, trepado en la descomunal tarima circular con cuatro pasillos que le daban forma de cruz, subió al escenario a Méndez de un tirón.

«Este señor es el responsable de todo lo que ustedes hacen éxito. El señor don Federico Méndez, compositor de esta y de muchas otras canciones». Con el rugir del público, que ese día desafiaba al frío, y con la amenazante vuelta de la lluvia que había empapado la ciudad por completo, el Charro de Huentitán y su entrañable amigo cantaron juntos aquel tema que pasaría a la historia.

Tras la muerte de Federico Méndez, Pedro Ramírez asumiría su puesto. «Pedro y yo hemos sentido la mano de Federico desde arriba, que nos sigue dirigiendo», diría Vicente en tono revelador y místico, durante un programa de televisión mexicano que vieron millones de personas.

DE PENDEJOS Y ARAÑAS

«Los pendejos de la raya para allá». La voz de José Alfredo Jiménez retumbó en aquella fiesta que había convocado Irma Serrano, la Tigresa, la cual había juntado a una buena cantidad de artistas, periodistas y gente del mundo del entretenimiento. La vociferada no pasó desapercibida. De repente las conversaciones se acallaron, las miradas peregrinaron hasta encontrar el origen de aquel tajante mandato. Pero ¿qué raya?, ¿y quién era el pendejo en cuestión?

La frase iba dirigida a Vicente Fernández. José Alfredo, «el As de la Canción Ranchera (así, sin apellido)», como diría Carlos Monsiváis, estaba arrellanado orondo en uno de los cómodos sillones de Irma, su examante, a quien le había compuesto «No me amenaces» y dedicado el álbum *Cariño del cariño*. Desde su comodidad fulminó con una intensa mirada al Charro de Huentitán. Lo dejó con la mano extendida, el saludo congelado —su «Jefe, buenas noches»— suspendido en el aire.

El estupor de alguien al que le acababan de llamar «estúpido» sin esperarlo se dibujó perfectamente y con cada uno de sus nítidos trazos en la cara de Vicente. No le quedó más remedio que tragar en seco, no insistir y, sobre todo, no traspasar la dichosa «raya» trazada por José Alfredo, desapareciendo de su vista.

Ese telenovelesco episodio lo relata en sus memorias Alicia Juárez,[20] cantante, última pareja y musa del afamado compositor, quien por y para ella creó «Cuando yo tenía tu edad» y «Te solté la rienda», entre otras.

Ante la imponente belleza de Alicia, Fernández había desplegado su artillería de galán. Definitivamente resultó ser la mujer equivocada para un cortejo torpe que abarcó desde «Alicia, dame un beso» hasta propagar el rumor de que la joven Juárez se escondía entre las cajas del teatro para verlo actuar a hurtadillas.

Las intentonas de asedio de Vicente causaron incomodidad en Alicia, así como un enojo mayúsculo y ataques de celos en José Alfredo. La relación entre Chente y el Rey se resquebrajó, alcanzando un nivel insalvable. ¿Acaso hubo una reconciliación antes de su muerte?, ¿o prevaleció la cólera de Pepe hasta el final?

José Alfredo murió el 23 de noviembre de 1973 a causa de cirrosis hepática en la Clínica Londres de la Ciudad de México, tal y como su padre don Ramón y tantos otros que Chente se encontraría en su camino.

«La vida no vale nada». Pepe firmó su propio epitafio, una frase que se dejaba leer en su mausoleo de sombrero y zarape, hasta que un día le robaron las letras. Genio y figura, los de Fello, como le decían desde su infancia.

Al escuchar el nombre de José Alfredo Jiménez, Chente no pierde la oportunidad para que no quepa la menor duda de que por su parte estaban intactos el cariño y la admiración hacia el oriundo de Dolores Hidalgo.

Sin embargo, con Alicia Juárez las cuentas no parecían haberse saldado.

Le compuso una canción que no se animó a grabar nunca,[21] tal vez pensando en la frase que alguna vez dijo el Rey: «La canción es el medio de limpiarme el alma».

Te quedaste a mitad de camino / se te fue quien te daba de todo / ahora vas a sufrir por su ausencia / y aunque llores por él ya ni modo / Te compuso bonitas canciones / te ofreció lo que no mereciste / le fingiste cariño sincero / y al final cuánto daño le hiciste / Siempre te quiso a la buena / tú nunca le diste nada / ahora comprendo muy bien por qué te decía la Araña / Dame otra copa de vino / ¡quiero beber y beber! / Quiero rendir un tributo / a quien siempre será el rey.

Alicia Juárez recordaría en su biografía que Vicente Fernández dijo que «era el único cantante folklórico que no había necesitado de José Alfredo para cantar».[22] La tinta y el papel en el que están impresos sus recuerdos dejan atravesar la indignación de la musa citando algunas canciones que Chente ha interpretado a lo largo de su carrera.

Definitivamente las cuentas no están saldadas.

FELLO

«José Alfredo es el mejor autor que ha parido Latinoamérica», diría Fernández en una de sus idas a Colombia, su segundo México, cuando ya habían pasado muchos inviernos. Con el transcurrir del tiempo, al cantar «El rey» o «Que te vaya bonito» tal vez ya no evocaba el gesto rudo de aquella noche en los dominios de la Tigresa, sino la época previa a las asperezas.

Pero ¿qué tan cercanos fueron Chente y José Alfredo?, ¿acaso el compositor, desde su posición de gran figura de la canción ranchera, percibió como amigo o un igual a Vicente Fernández?

Alguien más se hizo las mismas preguntas.

—Tú sabes que yo a tu padre no le caía bien, que no me quería.

Chente no salía de su asombro ante la petición de José Alfredo Jiménez Medel, el hijo menor de Fello, para conversar francamente sobre el compositor, material que Jiménez Medel usaría para un *show* en honor a su padre.

—Sí, yo sé que mi papá y usted tuvieron problemas —respondió el vástago, quien tenía apenas cinco años aquel 23 de noviembre de 1973.

Jiménez Medel había llegado sin avisar a las puertas de Los Tres Potrillos con la esperanza de arrancarle un par de recuerdos a Chente y el origen del «altercado» con su padre.

Convaleciente de una operación de rodilla, Vicente lo miró con los ojos desorbitados al saludarlo, gesto al que le siguió un «¡cómo te pareces a tu padre, cabrón!». Era como tener al famoso finado una vez más, cara a cara, 45 años después de su muerte.

—Sabes que tuvimos problemas, ¿y aun así quieres que hable de tu padre? —Chente trataba de entender las intenciones de ese clon de Pepe, que se había plantado en su propia versión de Graceland.

—Es que el *show* se llama *Así fue mi padre*.[23] Dígame lo que quiera, cuénteme cómo usted lo recuerda, o por qué se pelearon. —Estaba claro que José Alfredo no abandonaría el rancho sin el testimonio de Chente—. ¿Acaso fue por una mujer?

Vicente Fernández largó una sonora risotada, preñada de nostalgia.

—¿Qué de raro tiene que me haya peleado con él por una mujer?

Poco antes de su fallecimiento, la salud de José Alfredo Jiménez había empeorado. Los médicos no le daban más de ocho semanas de vida. El episodio en casa de Irma Serrano, más que quedarse en una anécdota, se convirtió en un resquemor, en una grieta que ni una conversación, ni el tiempo pudieron cerrar.

El hijo de Pepe, con los mismos ojos de gato y la amplia sonrisa coronada por un bigotillo *vintage* en su rostro de cincuenta y tantos años, insistió en el tema. Chente accedió y entró en detalles.

—Unos días antes de morir, mi socio y yo le queríamos comprar «El hijo del pueblo». Pero le dije: «¿Cómo crees que me va a vender los derechos si no le caigo bien?. A lo que me contestó: «Vamos a hablarle». Así que lo llamamos, le explicamos para qué la quería y me vendió la canción.

Con «El hijo del pueblo», Jiménez quiso rendir un homenaje a su lugar de origen, allí donde se originó la Revolución mexicana. No obstante, también es un canto al sentimiento de orgullo que sentía hacia sus raíces humildes. No es de extrañar que el título de esa canción fuese uno de sus apodos.

Yo no tengo la desgracia / De no ser hijo del pueblo / Yo me cuento entre la gente / Que no tiene falsedad.

Días más tarde, Vicente recibió una llamada. No daba crédito de que al otro lado de la línea le hablaba José Alfredo.

—Oye, Chente, fíjate que grabé una canción que me gusta mucho. Cuando la oigo, te veo a ti cantándola. ¿No te gustaría meterla en la película? —Afectado por sus dolencias, a Fello se le escuchaban los esfuerzos por hablar.

—¡Mándamela ahorita, que mañana la grabo y la meto en la película! —le contestó veloz: confiaba ciegamente en la visión y el criterio de Pepe.

La canción en cuestión era «Que te vaya bonito»: *Cuántas cosas quedaron prendidas / Hasta dentro del fondo de mi alma / Cuántas luces dejaste encendidas / Yo no sé cómo voy a apagarlas.*

—Usted sabe que a mi papá el dinero no le importaba, no tenía a su nombre ni una maceta de tierra, pero quiero saber, ¿le regateó el precio de las canciones? —pregunta curioso Jiménez Medel. Cree detectar algo de pesar en Chente, tal vez a causa de la rencilla no solucionada.

—No. Aceptó lo que le ofrecimos, que era lo justo que se pagaba en ese tiempo por esas cosas.

Un año después del fallecimiento de José Alfredo Jiménez se estrenaría la película *El hijo del pueblo*,[24] con la jovencísima Lucía Méndez y la legendaria Sara García. Fernández asumió el rol protagónico y además se estrenó como productor de la mano de Gregorio Walerstein. Ese filme fue considerado uno de sus más grandes éxitos cinematográficos, por lo que los temas «Que te vaya bonito» y «El hijo del pueblo» alcanzaron la estratósfera de la popularidad. Lo mismo ocurriría con «El rey», canción que se incluyó en la cinta *Juan Armenta, el Repatriado*.[25]

Si bien Vicente Fernández no necesitó propiamente de las composiciones de José Alfredo Jiménez para su carrera artística, sí las usó para trascender. Aunque esa trascendencia no tendría parangón con lo que lograría el hombre que parió esas canciones.

Si me buscas es porque te conviene

«Un ídolo es un convenio multigeneracional, la respuesta emocional a la falta de preguntas sentimentales, una versión difícilmente perfeccionable de la alegría, el espíritu romántico, la suave o agresiva ruptura de la norma. Sin estos requisitos se puede ser el tema de una publicidad convincente, el talento al servicio de las necesidades de un sector, una ofuscación de la vista o del oído, pero jamás un ídolo».[26]

Quien con los años se ganaría a punta de talento y maneras el título del Divo de Juárez, calza como pocos en una definición tan profusa y afilada, precisamente creada por Carlos Monsiváis para diseccionar su genio y figura.

En una bifurcación de los caminos de la vida artística en la Ciudad de México, cuando hacían furor los pantalones de bota ancha y las indumentarias de cuero, se encontraron Vicente Fernández y Alberto Aguilera Valadez, en sus tiempos de Adán Luna, mucho antes de ser Juan Gabriel.

Sencillamente no se gustaron. Nunca existió simpatía.

Provenientes de la provincia, compartían un origen humilde; le habían visto los dientes lustrosos a la pobreza y habían sido rechazados innumerables veces. Ambos tenían muchos conocidos y amigos en común y frecuentaban los mismos lugares. Estaban destinados a cruzarse.

La antipatía mutua, más oculta que manifiesta, se prolongaría a lo largo del tiempo y del espacio. Sin embargo, el mundo del espectáculo es como un pueblo muy pequeño, así que más les valía profesarse cordialidad y respeto. A veces el pacto tácito funcionaba; otras, no tanto.

En el panorama artístico, Juan Gabriel no solamente cumplía con todos los requisitos expuestos por Monsiváis para alzarse como ídolo; se atrevió a tanto que fue más allá de lo previsto. Rompió moldes y estructuras establecidas y perpetuadas, sobre todo en lo que respecta a la música ranchera.

Cantó desde una esquina inexplorada, le compuso a lo que no se había cantado, hizo añicos barreras para trazar el infinito. Además, se alió con leonas y emperatrices del espectáculo mientras destruía la masculinidad rumiante del macho mexicano para inventarse una propia.

Siempre haciendo gala de su cautela, Juan Gabriel diría varias veces que le debe su corona y su gloria a otros intérpretes. «Yo siempre he estado al servicio de mis amigos artistas, a quienes les agradezco que canten mis canciones»,[27] le dijo a Elena Poniatowska, quien era toda oídos en su primera audiencia con Juanga. A esa introducción le siguió una lista de ilustres cantantes con nombres y apellidos, y entre ellos se encontraba Vicente Fernández.

Según Gustavo Alvite, cuando Fernández empezaba a despuntar, Juan Gabriel le ofreció directamente una de sus composiciones. Gilberto Parra, su director musical de aquel entonces, se negó, alegando que «era de mala suerte grabarle a un compositor con las características personales de Alberto Aguilera Valadez».[28]

¿A qué se refería Parra con «características personales»? ¿A sus movimientos amanerados o a su pasado de convicto?

«La enemistad entre ellos fue que a Vicente le caía mal Juan Gabriel porque era homosexual. Esta es la verdad. Chente es conservador, a la antigua, y Juan Gabriel, con su manera de ser, le caía mal y no lo sabía disimular», revela sin eufemismos Javier Rivera, quien conoció intensamente a los dos. En 1969 Rivera presentó por primera vez a Vicente Fernández en el Million Dollar Theater de Los Ángeles, la Catedral de la música popular mexicana, y lo llevó de caravanas por Estados Unidos, junto a otras celebridades autóctonas, entre las que se encontraba el Divo de Juárez.

Ya en 1971 con su primer sencillo *No tengo dinero*, Juan Gabriel se perfilaba como un talento emergente sin precedentes. Entonces, ¿en realidad fueron esas las palabras de Gilberto Parra, quien era todo un profesional del negocio de la música? ¿Cómo pudo el maestro negarse al ofrecimiento tomando en cuenta que poseía un ojo clínico musical y era todo un sabueso para reconocer las posibilidades de un *hit*? «Se me olvidó otra vez», el tema en cuestión, terminó en las manos y voz de Yolanda del Río y en la competencia, RCA. En 1974 se convirtió en un éxito.

«No hallaban qué hacer conmigo, pero con el tiempo no hallaron qué hacer sin mí». Juan Gabriel ponía en una balanza su pasado y su rotundo estrellato, enfatizando esa última parte de la frase. Lo dice con cierto regocijo, satisfacción relamida con gusto que suaviza su rostro surcado por arrugas.[29]

Pero ¿han sido Juan Gabriel y sus composiciones también indispensables para la carrera de Chente? Con el tiempo se pondría en evidencia que no se puede prescindir de las canciones de Alberto Aguilera Valadez.

Es así como bajo la producción de Parra, Vicente lanza *La muerte de un gallero*, un LP que, efectivamente, incluye una canción del Divo de Juárez: «Te voy a olvidar»: *No te vuelvas a decir que tú me quieres / Mentirosa, siempre mientes, mientes siempre / Qué me cuentas a mí que sé tu historia / Si me buscas es porque te conviene / Lo que digas me lo sé ya de memoria / Y ahora vete, ya no quiero verte.*[30]

NO HAY NECESIDAD DE QUE ME DESPRECIES

Llegó el nuevo milenio y cada ocasión parecía una oportunidad para lanzar la pregunta sobre la supuesta enemistad con Juan Gabriel. Vicente Fernández, a diferencia de la discreción de Juanga, poco a poco resquebrajaba el pacto tácito de no agresión. Quizá por reconocerse lo suficientemente sólido en su trono, tal vez por polemizar, o sencillamente por puro hastío.

—¿Por qué rechaza la amistad de Juan Gabriel? —le preguntaron en 2006, cuando presentaba la compilación *La leyenda viviente*.

—No me cae bien. Me ofreció grabar un disco juntos, pero pensé que no le iba a gustar al público. Me negué a hacerlo. Además, yo no bailo, no hablo y no me caigo como él —respondió Fernández,[31] entre categórico, bufón e hiriente.

Algunos rieron, otros guardaron un incómodo silencio.

Los desencuentros continuarían espaciados en el tiempo. El próximo se produjo a propósito de la cancelación de un concierto juntos en el Auditorio Nacional de la Ciudad de México, mismo que Juan Gabriel había propuesto. Era la época en la que el compositor afrontaba la querella judicial con Ralph Hauser III, representante de ambos en Estados Unidos.

Chente no ocultó el enfado que le ocasionó la cancelación del evento. «Sabía que nos iba a fallar, que nos iba a dejar mal», revivió el desaire producido por Juanga, quien había recurrido a él porque necesitaba generar mucho dinero a causa de la deuda contraída con Hacienda.

«Yo abrí la boca por idiota y por quedar bien con él, pero no me arrepiento, yo no quedé mal», se lamentaba, seguro de que hubiese sido una oportunidad única. «El público iba a salir ganando, era bonito ver a Juan Gabriel y a Vicente juntos, pero si no se pudo no voy a morirme de la tristeza. Él se lo pierde». Y así, Fernández ponía punto final a la historia.

Transcurrió el tiempo y en 2014 Juan Gabriel contactó a Vicente Fernández para invitarlo a participar en el proyecto discográfico *Los Dúo*.

—Vicente, no te puedes quedar fuera del disco porque tú eres «La diferencia», nadie ha grabado esa canción como tú. Grabamos por separado las voces y los instrumentos. —Alberto se jugaba la última carta, recordándole que había grabado ese tema en 1982 para su álbum *Es la diferencia*.

Fernández accedió. Si una cosa reconocía y podía decir sin problemas a viva voz era que Juan Gabriel era un genio en lo que respectaba a su trabajo musical.

No hay necesidad que me desprecies / Tú ponte en mi lugar, a ver qué harías / La diferencia entre tú y yo, sería, corazón / Que yo en tu lugar / Que yo en tu lugar / Sí, sí te amaría.

«El disco quedó bonito, pero resultó una copla, no un dueto, porque él canta un pedazo y yo otro, y así», diría jocoso el Charro de Huentitán en varias oportunidades para referirse a esta colaboración. ¿Acaso se producía el fin de la guerra fría entre los dos titanes de la música?

«Yo nunca tuve problemas con nadie», enfatizó en 2014 ante un grupo de reporteros. «Juan Gabriel es una gente muy noble, es un niño. Es un niño desviado, pero un niño...».

Las risillas incómodas en la audiencia otra vez dejaban la misma sensación de siempre, la de vergüenza ajena.

Los ofrecimientos de trabajar juntos no vinieron solo de parte de Alberto Aguilera Valadez. Hubo un momento en el que también Chente demostró un gran interés, rozando en la insistencia, para hacer una gira juntos. El proyecto se resbaló al borde del abismo yendo a parar en la más profunda oscuridad de los malos gestos, quizá de soberbia, proveniente de ambas partes.

En estas dos versiones, tan diferentes entre sí, que se desprenden del último episodio de la tensa relación entre el Charro de Huentitán y el Divo de Juárez, hay un factor en común: Gerardo Fernández Abarca.

Primero fue una llamada de parte de Vicente a Juan Gabriel para expresar su deseo, conversación que terminó en una promesa de coordinar los detalles. Así fue como Gerardo, el segundo hijo y mánager de Chente, se puso en camino a Tlaxcala, con el fin de afinar los pormenores con el Divo de Juárez.

El «espere un momento, que ya le atiende» a las puertas de la habitación del cantautor en aquel hotel mutó en una promesa incumplida. Tras una larga espera de cinco horas, un furioso Gerardo Fernández se marchó a Guadalajara.

—Ni siquiera asomó la cabeza para saludarme. Ese cabrón me plantó cinco horas y nunca me recibió. —La travesía no había mermado la ira de Gerardo, quien terminó por transmitirle ese estado de ánimo a su padre.

No había terminado el hijo su relato, cuando Vicente Fernández, aún con la cabeza caliente de la exasperación, llamó a Juan Gabriel por teléfono.

—Juan Gabriel, Gerardo fue a verte para coordinar la gira juntos, bien sabes que él es mi mánager. ¿Por qué lo maltrataste? ¡No está nada bien lo que hiciste! —reclamó, el tono de voz elevado y la ira contenida a punto de volarle la cabeza.

—Mira, Vicente, si querías hacer una gira conmigo, hubieses venido tú. En lugar de eso, mandaste al menso de tu hijo. Por eso no lo atendí. —Juanga era todo un dechado zen al otro lado de la línea. Después de admitir su acción, colgó.

La otra versión del desencuentro entre Chente y Juanga implica también una espera, pero con otras razones y un nuevo coprotagonista: Ralph Hauser.

Gerardo Fernández vendía fechas de Juan Gabriel y Hauser le advirtió que posiblemente el cantautor no le pagaría, por lo que decidió ir a encarar al artista personalmente. Según cuenta Gerardo, Juan Gabriel le prometió que le pagaría, pero lo dejó esperando desde la medianoche hasta las cuatro de la mañana, escabulléndose por otra puerta. Chente montó en cólera al enterarse. No le perdonó a Juan Gabriel esa ofensa.

En esto de contar versiones desfiguradas y de embolsarse cuantiosas cantidades de dinero ocultando cuentas reales, Gerardo se había convertido en un experto.

El plantón de Juan Gabriel no obedeció a la soberbia del Divo de Juárez, sino al miedo de Juanga hacia el segundo hijo de Cuquita y Chente. En una ocasión, Gerardo buscó a Juan Gabriel para reclamarle el dinero que le debía y, encolerizado, lo golpeó en el rostro con la empuñadura de una pistola. Por esta razón, Juan Gabriel aseguraba que Gerardo era peligroso. Le temía.

El 28 de agosto de 2016, cuando se encontraba en su vivienda de Santa Mónica, California —una de sus muchas posesiones entre Estados Unidos y México—, Alberto Aguilera Valadez fue víctima de un repentino malestar. Un infarto al miocardio lo mandó al otro mundo. Era domingo por la mañana.

México estaba en *shock*. Juan Gabriel había muerto y nadie se lo creía. En la programación de Televisa figuraba el concierto de despedida de Vicente Fernández en el Estadio Azteca al que habían asistido aproximadamente 85 mil personas el 16 de abril de ese año. El concierto de Chente no llegó a transmitirse como se había pautado.

Televisa reaccionó ante el duelo de los mexicanos por «ese convenio multigeneracional», por «esa versión difícilmente perfeccionable de la alegría», de los sentimientos y emociones, tal como decía Monsiváis al hablar de Juanga.

Aquella noche del 28 de agosto, millones de televidentes lloraron al ídolo Juan Gabriel viendo uno de los históricos recitales que el Divo de Juárez dio en el Palacio de Bellas Artes, un recinto que Chente nunca pudo conquistar.

AÚN HAY MÁS

—Si no fuera por usted, ¿qué haría los domingos?

A la señora, que ya peinaba muchas canas, no le cabía la admiración en la mirada. Tenía enfrente a Raúl Velasco, el güerito de la televisión, de lentes, canijo, de sonrisa casi permanente.

Al excontador, empleado bancario y periodista de espectáculos autodidacta, guanajuatense de origen, lo convocó el mismísimo presidente de Telesistema Mexicano, Emilio Azcárraga Milmo, para hacerle una propuesta en la que Velasco vio una gran oportunidad: un programa musical semanal de entretenimiento.

Se le abrieron los ojos y exaltaron sus sentidos. El Tigre Azcárraga propuso además el nombre. El 13 de diciembre de 1969 salió al aire *Siempre en domingo*. Su última emisión fue en 1998, seis presidentes de la República y tres papas más tarde, y después del cambio de nombre del canal a Televisa, ocurrido en 1973.

Raúl Velasco llegó con su *Siempre en domingo* no solamente para llenarle el séptimo día a la señora henchida de admiración y a millones como ella, sino también para abrir un significativo espacio en la pantalla chica a la música *made in Mexico*, incluyendo la llamada vernácula.

Vicente Fernández atendió el llamado de Raúl Velasco y desde prácticamente el minuto cero fue un habitual del maratónico programa de televisión. Con Velasco además entablaría, más que una amistad, una alianza, parecida a la que había estrechado con sus cuates y hermanos Felipe Arriaga y Federico Méndez.

La amistad terminó con la muerte de Velasco el 26 de noviembre de 2006. Después de que este sobreviviera a una operación a corazón abierto y a un trasplante de hígado, la hepatitis C, contraída en una transfusión de sangre, logró apagarlo a los 73 años.

Siempre en domingo fue un éxito en México y en toda América Latina. Con el tiempo Velasco, a quien de pequeño le apodaban el Violeto allá en su Celaya natal, pasó a ser el maestro de ceremonias del entretenimiento masivo a bajo costo y desde casa para toda la familia. Se alzaría como algo parecido a un emperador, cuyos dominios no se medían por el territorio de cartón piedra de los decorados televisivos, sino por un poder intangible, algo parecido a una bendición.

El artista, tanto nacional como foráneo, que lograba ponerse frente a las cámaras de *Siempre en domingo*, podía darse por «lanzado a la fama» si encima recibía el visto bueno de Velasco. «Mucha suerte en tu carrera», vaya la patadita en el trasero. Y «¡aún hay más!».

Raúl Velasco apodó a Chente «el charro sexy».

La camisa desabotonada bajo la chaquetilla del traje de charro dejaba ver sus atributos masculinos: una maraña de pelos en el pecho, una indudable descarga de testosterona que producía efectos diversos en féminas, pero también en los hombres. La imagen del macho junto a sus dotes vocales y la galantería a la cual ni el mismo Velasco pudo resistirse, construirían la imagen de Vicente Fernández. Una imagen que se fue puliendo a medida que aumentaba su popularidad.

¿MACHO SIN CONVICCIÓN?

«Allí está el charro, el descendiente pintoresco del hacendado, con sus símbolos externos de poder, en su caballo alazán, adelantando su traje bordado y opulento, sus maneras que acusan práctica de mando. Y ese charro debe manar canciones que —a modo de trama operística— definan al personaje y a sus actos... "Abrir todo el pecho pa' echar este grito...".[32]

Con el correr del tiempo, Vicente Fernández le sumaría a su imagen sexy la de chic de alta gama con sus trajes de charro de gala y gran gala, confeccionados en exclusiva por Lucio Díaz Ugalde, su sastre particular desde los años ochenta. Para ser un ídolo o creerse como tal, la imagen es una parte del todo.

«El traje de charro es muy alcahuete», afirma, mirando entre coqueto y pícaro a su interlocutora, «no hay en el mundo a quien no le guste ver a un charro bien vestido y que no esté panzón».[33]

De gamuza, lana o lino, bordados a mano con canutillo de oro de origen francés. La chaquetilla con diseños de flores, herraduras o ramajes en hilos de plata y oro; en la espalda, tal vez un águila o un caballo. La imaginación no tiene límites, tampoco don Lucio, quien a pedido de Chente se fue a vivir con toda su familia a Guadalajara en una de las casas de su propiedad, a expensas del ya muy pudiente intérprete.

Era la época en la que Chente parecía multiplicarse en giras, conciertos y palenques, y, por supuesto, lo de repetir indumentaria no lo contemplaba. En beige, marrón, verde, negro, terracota, azul... Sus trajes fácilmente llegan a pesar más de seis kilos y están valorados en casi 20 mil dólares.

Las botonaduras en metales preciosos las elabora un escultor. Don Lucio las refuerza doblemente por razones obvias; divertido, confesó que era a causa de los jalones del público, sobre todo femenino. Su tono es el de alguien que desde muy temprano aprendió una lección.

Del sombrero siempre a juego con el traje, los moños con las iniciales VFG y el arma al cinto se encargan otras personas. Sin embargo, el punto de partida son la creaciones de don Lucio, a quien le han apodado «el sastre fiel».

A través de la televisión y del cine, la imagen del Charro de Huentitán se vio reforzada y propagada. En los años setenta y ochenta aún se estilaba usar el séptimo arte como plataforma de promoción, lanzamiento, aceleramiento y fortalecimiento de la carrera de un cantante, tal como lo habían hecho en su momento Jorge Negrete, Pedro Infante y Javier Solís.

La alianza entre Chente y el productor Gregorio Walerstein sería crucial en el desarrollo de su trabajo delante y detrás de las cámaras. «Fue un padre para mí, de él aprendí todo lo del cine», confesaría Vicente muchos años más tarde, refiriéndose a quien fuera fundador de las productoras Filmex (1942-1964), Cima Films (1964) y de la primera distribuidora de películas de facturación nacional en toda América Latina (Películas Mexicanas, S. A.).

Walerstein constituyó un pilar fundamental de la época de oro del cine mexicano. No en vano Walerstein se ganó el apodo del Zar del Cine Mexicano. Chente, por su parte, halló en esa gran autoridad de la industria cinematográfica el impulso y apoyo definitivos; de los 32 filmes protagonizados, fue productor de 29 y en *El tahúr*[34] hasta se atrevió a más, asumiendo la asistencia de dirección. Don Gregorio, lobo viejo en el negocio, vio en el cantante una manera de captar y llegar al pueblo, que es al fin y al cabo el que paga un boleto y llena las salas. Para ese entonces, la que había sido una de las industrias cinematográficas más fuertes del continente iba lentamente en picada.

Fernández era un actor natural, como se les dice a los no profesionales. El director Rafael Villaseñor Kuri fue una constante en sus andares cinematográficos desde *El Coyote y la Bronca* (1980), estrenada precisamente al inicio de una década en la que la afluencia a las salas de cine en México comenzaba a descender.

Rafael Villaseñor Kuri conoció a Vicente cuando este iba a los Estudios América a cantar en las fiestas de final de rodaje «para ver si agarraba algo, pero no le hacían mucho caso».[35] En esos estudios cinematográficos, que datan de los años cincuenta, fue donde Antonio Aguilar rodó sus llamadas «películas de "caballitos"» durante la década de los sesenta.

Gracias a un contrato de exclusividad con la productora de Walerstein, la joven promesa del cine que había causado sensación con la cinta de acción *Ratas del asfalto* (1978) terminó dirigiendo 19 filmes de Chente, incluyendo el último que rodaría en 1991: *Mi querido viejo*.

Villaseñor Kuri, pasados los 70 años de vida, recuerda el frenético ritmo de trabajo del Charro de Huentitán en aquel entonces. En ese no parar, fue testigo del miedo de los productores «por si le pasaba algo» cuando, en medio de una filmación, el cantante se ausentaba por algún compromiso en un palenque. El director perdió la cuenta de las tretas inventadas con la finalidad de encubrirlo en sus escapadas. «Me daba un moche [comisión] de lo que se había ganado por el permiso a escondidas», describe el realizador la travesura.[36]

Cada película de Vicente Fernández tenía una esmerada producción, con lo último en equipos. Para salvar las posibles deficiencias actorales de Chente, tanto Walerstein como el mismo Villaseñor Kuri procuraron rodearlo de los mejores actores y actrices. Confiaban en que estos lo «inspirarían» y que así se esforzaría en sus interpretaciones.

Hubo veces en que lo logró, como en *La ley del monte* (1976),[37] un *remake* de *Historia de un gran amor* (de Julio Bracho) que había protagonizado Jorge Negrete en 1942. Décadas más tarde, Vicente Fernández se sinceraría frente al micrófono de un periodista, tildando la de Negrete de elitista; en cambio, describía su versión como «más para mi pueblo».

Muy a pesar de la diversidad de las historias, en sus filmes siempre estuvo muy presente la imagen del macho en todos sus tipos y formas posibles, apelando al *sex appeal* de su masculinidad. La ficción del cine y de sus canciones se entrecruzan y hasta se confunden con la intimidad del ciudadano Fernández Gómez. Con la charrería como bandera, era además amante del boxeo, de los toros, de las peleas de gallos, de la lucha libre. Todos elementos que alimentaron su imagen de macho.

Chente le puso final al cine, uno de los altavoces y máximo propagador de esa imagen, cuando sintió que la llama de su atractivo, que atrae a las mariposas y que termina por quemar sus alas, ya se estaba extinguiendo. Tenía apenas 51 años.

El historiador, crítico de cine y decano de la Universidad Nacional Autónoma de México, Jorge Ayala Blanco, hace una radiografía de la conexión entre los machotes de la gran pantalla y el desempeño actoral de Vicente Fernández: «En contraposición con los extrovertidos desplantes tradicionales de los machos rancheros en el cine clásico mexicano, siempre jactanciosos (Jorge Negrete) y plenos de ternura (Pedro Infante) o alegría (Luis Aguilar), el introvertido macho superacomplejado que acostumbra interpretar Vicente Fernández más bien ya inspira vergüenza ajena y compasión».

Para Ayala Blanco, Fernández carece de lo que denomina «glamur masculino» y detecta en sus actuaciones «ademanes machines sin convicción». Aunque termina de reconocer que Chente convence en su rol del «macho depresivo y ensombrecido que interpreta en *Por tu maldito amor*», con seguridad asevera que ni el mismo cantante devenido a actor «concebiría que pudiera inspirar irresistibles pasiones transgresoras y tormentosas».[38]

Qué equivocado estaba el catedrático. Porque si existía alguien que despertara tantas pasiones entre su público y en algunas compañeras de escenario y pantalla, así como alguien que generara tantos dramas amorosos en su vida real, esa persona fue precisamente Vicente Fernández.

Un joven que pintaba casas. Vicente Fernández, años cincuenta.
CRÉDITO: Agencia México.

Vicente Fernández cantando en la Alameda Central de la Ciudad de
México, años sesenta.

Actuación de Chente en un teatro de novedades, años setenta.

Cartelera estelar del Teatro Blanquita, ca. 1971.
CRÉDITO: *El Universal.*

Noches de gloria en el Teatro Blanquita, ca. 1971.
CRÉDITO: INEHRM.

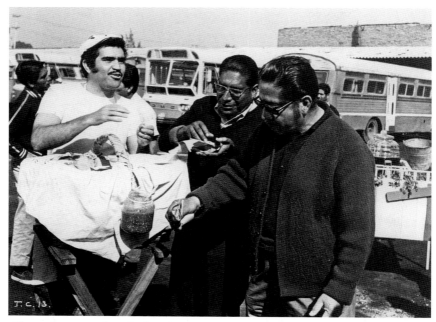

«Tacos, joven, acá están los ricos tacos».Vicente Fernández, *Tacos al carbón*, 1972.

<small>Crédito:</small> Cineteca Nacional.

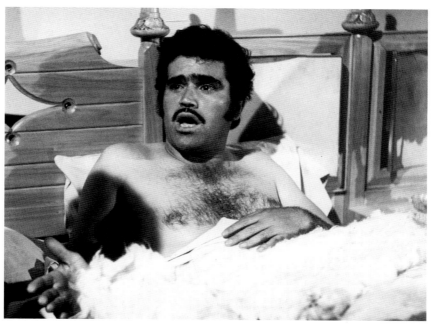

«Pues yo soy la legítima esposa».Vicente Fernández, *Tacos al carbón*, 1972.

<small>Crédito:</small> Cineteca Nacional.

«No somos iguales».Vicente Fernández y Blanca Guerra en *Una pura y dos con sal*, 1983.
CRÉDITO: Cineteca Nacional.

«Papá, ¿por qué besas a esa señora?». Sasha Montenegro y Vicente Fernández en *El diablo, el santo y el tonto*, 1987.
CRÉDITO: Cineteca Nacional.

Cada noche era una fiesta. Vicente Fernández, años setenta.
CRÉDITO: INEHRM.

La gente enloquecía con su ídolo. Vicente Fernández, años setenta.

Vicente, una estrella del cine, de gira con Josefina D. Walerstein, años setenta.

Concierto de Chente en la Plaza Bucaramanga, Colombia, años ochenta.
CRÉDITO: INEHRM.

Vicente Fernández en la Plaza México, años ochenta.
CRÉDITO: INEHRM.

El rey visita Madison Square Garden, años ochenta.
CRÉDITO: INEHRM.

Dos grandes voces mexicanas: Vicente Fernández y José José, años noventa.
CRÉDITO: Agencia México.

El heredero del rey. Vicente y Alejandro Fernández, 1971.
CRÉDITO: Agencia México.

Chente y el Potrillo, ca. 1981.
CRÉDITO: Agencia México.

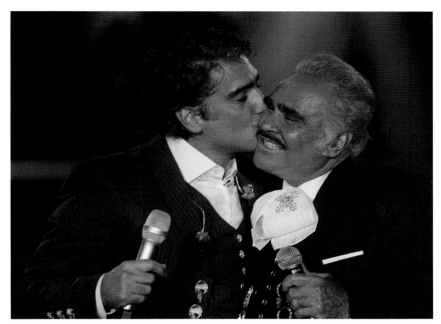

Dos Fernández en concierto. Vicente y Alejandro, 2009.
CRÉDITO: Agencia México.

Vicente Fernández y María del Refugio Abarca, Cuquita, años noventa.
CRÉDITO: Agencia México.

Doña Cuquita, Vicente y Alejandro Fernández, 2021.
CRÉDITO: Agencia México.

Grammy al mejor álbum de música regional
mexicana, 2014.
CRÉDITO: Agencia México.

El Charro de Huentitán recibe doble disco de oro y doble disco de platino, 2010.
CRÉDITO: Agencia México.

La noche del pueblo. Concierto de Vicente Fernández en el Zócalo de la Ciudad de México, 2009.
Crédito: Apro.

Concierto en Tlaxcala durante la gira de despedida, 2012.
Crédito: Apro.

La dinastía Fernández Abarca. Vicente júnior, doña Cuquita, don Vicente, Alejandra, Alejandro y Gerardo Fernández, 2015.
Crédito: Agencia México.

El último rey de la canción ranchera, años sesenta.

CUATRO

Amores malditos

Las fotografías son infinitas. Cuando conoció a Vicente y se casó a las corridas, porque así lo decidió él; durante la mudanza a la Ciudad de México y ella, parada junto a su marido en una estación de autobuses, se mostraba sonriente y bella; cargando a sus niños con un gesto de plenitud; tal vez conmovida, observando desde abajo las luces de las marquesinas y los brillos que rodean al gran Vicente Fernández mientras desgarra su voz; posando en las incontables celebraciones familiares con sus hijos, nueras y nietos, siempre sonriente y reservada. Prácticamente desde su adolescencia, ella, María del Refugio, está siempre ahí, con sus grandes ojos y un gesto de felicidad de papel. Aguantando todo con su bajo perfil, sin que nadie —o muy pocos— conozca un milímetro de las emociones que la embargan. Todo mientras otros hablan por ella y dicen lo que piensa, lo que aguanta, lo que sufre y lo que sueña.

¿En qué momento de su vida María del Refugio Abarca Villaseñor perdió su voz? ¿Cómo era cuando la tuvo? ¿Cuáles eran sus inquietudes, sus anhelos, sus fantasías? ¿En qué mujer se convirtió después de que su cuerpo quedara maltrecho por sus abortos espontáneos? ¿Cómo lidió con la pérdida? ¿Acaso se preguntaba al ver a Vicente júnior, Gerardo y Alejandro cómo hubieran sido los otros vástagos no nacidos?

A Cuquita, como a todas las mujeres de su época que atravesaron por situaciones similares, no le quedó de otra que colocarse una sonrisa, espantar la tristeza y seguir adelante. No pudo haber sido nada fácil. Solamente ella lo sabe. Ese no sería el primer antes y después al que se enfrentaría a lo largo de su vida.

Su vida. Ese es el gran acertijo, porque hoy doña Cuquita sigue siendo una fotografía posada, la imagen impecable de una bellísima mujer que con el transcurrir del tiempo se fue cubriendo de joyas y ropa más cara, mientras se ensanchaba el terreno que rodearía las cuatro paredes donde pasa sus días. Los indicativos de la prosperidad de la carrera artística de Vicente Fernández tenían que saltar a la vista.

María del Refugio Abarca Villaseñor, quien fuera costurera en Huentitán El Alto, se desvaneció para darle paso a la mujer de Chente y madre de los potrillos, haciendo de pilar familiar, mas no de mandamás. Cuquita da la imagen exterior de un ser silente, interpretado como el «detrás de un gran hombre hay una gran mujer», aunque todo apunta a que en la familia Fernández Abarca rige a la par otro dicho: «La mujer en casa con la pata quebrada».

Hubo un tiempo en el que esta enigmática y silenciosa mujer solía quedarse sola con tres niños revoloteándole como satélites, mientras Vicente Fernández se ocupaba de ganar fama y de construirse como ídolo de la ranchera. Cuando estaba de gira, el padre les mandaba cartas a sus hijos y llamaba por teléfono a su amigo, el veterinario Roberto Larios, para saber qué tal iba tal o cual de sus caballos.

La vida en soledad de Cuquita contrasta con la de los Aguilar. Flor Silvestre y Antonio Aguilar, ambos artistas, supieron complementarse tanto en lo profesional como en lo personal. Los Aguilar, por esta y muchas otras razones, encarnaban la otra vida posible. La que Cuquita y sus hijos no tuvieron.

En esas largas ausencias, cumpliendo su doble rol de mamá y papá, quizá Cuquita habrá sentido que ostentaba algo de poder. Ese poder que ejerce una madre, la que cría, dispone y decide la cotidianidad. En aquel entonces dio muestras de una fuerza tan tangible que apabullaba. Pero al crecer los críos y la fama de su marido, ese poder sufriría una metamorfosis. De gobernanta pasó a ser monarca en una república de alcance y efectos considerablemente limitados.

«En México se liga mujer con abnegación, sometimiento, esclavitud, conformismo», aseguraba María Félix seis años antes de su muerte en 2002, desde su posición de La Doña, escrito con mayúsculas, desafiando las reglas terrenales y gramaticales.

«La historia de la mujer mexicana es como la del pueblo mismo que está casado con sus gobernantes», proseguía la Félix su lúcida disección, «el hombre como el Gobierno a veces le cumple, pero casi nunca, y luego de ese matrimonio surgen hijos que aprenden lo que no. Una mujer que sufre y que es reprimida, un padre que a veces llega y a veces no llega, que se enoja y grita para demostrar que sí tiene de lo que presume. Este es el mejor ejemplo del fracaso».

Más allá del amor del que se ufana y defiende Chente desde la palestra de la figura pública que es, ¿existe entre Vicente y Cuquita un pacto que trascienda las fronteras del «hasta que la muerte nos separe»? ¿O quizá en la intimidad del hogar rige un acuerdo de no agresión y no escándalos basado en las antiguas maneras de que más vale la costumbre del desamor bajo el mismo techo?

Décadas más tarde, serpenteando su día a día entre muebles coloniales con las iniciales VFG, tal vez preguntándose si ella misma las llevaba talladas en la frente, Cuquita lo tendría todo y no tendría nada.

«¿Para qué vas a estudiar otro idioma? ¿Para qué vas a hacer qué? ¿Qué necesidad tienes de aprender eso o aquello?», le dijo Chente tantas veces.

Y a Cuca, que sí quería estudiar, se le apilaron los noes, las negaciones, anulándola al punto de ser una persona a la que muchos describen, pero a quien nunca se ha escuchado de viva voz contarse a sí misma. Constantemente son terceros quienes le ponen palabras en la boca.

«Mi mujer dice que "Vicente Fernández es mi esposo de las puertas del rancho para dentro, de las puertas del rancho para fuera es del público"». Como de costumbre, Chente hace de vocero de quien no tiene voz, y repite aquella frase hasta el cansancio.

Por su parte, los hijos y nietos dicen que es lindísima, amorosa, la mejor del mundo. «El amor de mi vida», reitera el marido, y que si volviese a nacer sería ella y nadie más que ella la elegida.

Atenta, hospitalaria, discreta, comprensiva, sencillamente encantadora, afirman los visitantes y los periodistas. «Observadora, sumamente fiel a sus objetivos y convicciones, adorando y perdonándole todo a Vicente», esquematiza un periodista cercano a la familia. «Segura de sí misma», avala una antigua vecina de su pueblo.

Sin embargo, el retrato de doña Cuquita siempre dará la sensación de ser un bosquejo de trazos poco definidos, pinceladas difuminadas y confusas, algo parecido a lo que los policías llaman un retrato fantasma.

Hay quienes osan interpretar esa «abnegación, sometimiento, esclavitud y conformismo» del que hablaba María Félix y que tan bien ha ejercido Cuca como un acto de heroísmo, por haber sabido mantener al esposo allí y, sobre todo, por lograr que ciertos asuntos se queden en eso que llaman «bajo perfil».

Doña Cuquita, la madre y esposa, asumió ser una suerte de muro de contención que soporta tsunamis y terremotos. «Conmigo todo es alegría», alguna vez se le escuchó afirmar, celebrando su santo con cámaras de televisión, dando fe de la fiesta.

Como bien se sabe, las paredes no tienen voz, más bien la rebotan. No obstante, los muros se agrietan y puede que con el tiempo se derrumben.

CARGADA Y EN UN RINCÓN

Relata la crónica social de un periódico de Guadalajara que de postre hubo trufa de chocolate, dulce de coco y crocante de cajeta. Digna culminación del banquete compuesto por pescado, camarones y solomillo.

Después de 50 años de unión, Cuquita y Chente celebraron a lo grande en la Arena VFG la renovación de votos matrimoniales frente a la Virgen de Zapopan, también llamada la Generala. Hasta esa fecha, a la patrona jalisciense todavía le quedaban con los Fernández Abarca muchos temporales, rayos, centellas y hasta pestes que espantar.

¿Qué tipo de mujer era María del Refugio Abarca Villaseñor antes de dar el «sí quiero», cuando estaba por abandonar definitivamente la adolescencia? ¿Es que su destino, como el de muchas otras jóvenes de la época, era el de ser «la mujer de», «la madre de», «la abuela de»?

El hecho de que María del Refugio haya empezado a dedicarse al corte y costura cuando era adolescente indica que su familia necesitaba de esa fuerza laboral para salir adelante, tal como muchas otras en Huentitán. Y aunque el abandono escolar lucía como una constante en esos años, las mujeres dejaban la escuela bien para trabajar o para casarse a edades muy tempranas.

«La mujer moderna», la que empezó a votar en las elecciones presidenciales de 1958 —aunque aún ajena en lo referente a sus derechos—, era una denominación que se escuchaba sobre todo en las clases media y alta, así como en el ámbito académico, político y cultural de la capital y centros urbanos. En Huentitán, el concepto de «mujer moderna» se percibiría como algo más que lejano, extraño, estampado en las revistas de papel cuché.

En la época de juventud de María del Refugio, para una mujer de pueblo entrar en la modernidad representaba salirse de lo establecido: casamiento, casa, misa, hijos. Tal como lo ilustra la escritora Elena Poniatowska, «la mujer en México debe estar como la escopeta, cargada y en un rincón». Daba igual dónde y cuándo se leyera o dijera esta lamentable frase. Al salirse de lo designado, la consecuencia para una mujer era ser estigmatizada.

Pero las mujeres contemporáneas como María del Refugio no solamente tenían que seguir y cumplir con los designios impuestos por la sociedad, la Iglesia y la familia; en ese paquete de mandamientos y tratado de buenas costumbres se incluía también el aceptar ciertas conductas de la pareja.

«Ahora la gente se casa y se descasa, pero entre mi mujer y yo tenemos la idea todavía de hasta que la muerte nos separe, aunque si te cae del cielo un regalito…». Risueño, Chente se arrellana en un sillón frente a su entrevistador. «Yo les digo a todos los que salen en las revistas con diferentes mujeres: no lastimen a sus familias, lo mismo que pueden hacer exhibiéndose, pueden hacerlo sin que se dé cuenta nadie».[1]

Doña Cuquita, cargada y en un rincón del rancho inmensamente grande, dentro del cual se desplaza en su Rolls-Royce, se confrontaría años más tarde con otra realidad posible, encarnada en una mujer a la que quiere como si fuera su propia hija: su exnuera América Guinart.

América se negó a perpetuar el esquema de vida vivido y sufrido por Cuquita.

—Veme a mí, ¿cuándo me has visto con él? —le dijo Cuca a la joven e inexperta América, cuando Alejandro empezaba a vestirse con la fama. La matriarca se refería a la regla no escrita de no hacerle sombra al esposo famoso, ni compartir focos de atención.

Cuca es arte y parte de la imagen de Vicente Fernández, por lo que sus apariciones ante el público están por lo general enmarcadas en una feria, un concierto o la inauguración de algún negocio de la dinastía. Ha sabido cumplir al dedillo el rol de mujer adorno, un papel que bien puede ser parte del pacto de ese matrimonio, como también podría explicarse por el hecho de que Cuca no pertenece a la generación de consortes de famosos que se labran una marca personal a costa del «mujer de…».

Pero para América compartir los focos de atención era lo de menos, ya que había algo peor. «Yo no voy con las infidelidades», diría Guinart muchos años más tarde, refiriéndose a la conducta de su esposo en aquel entonces. Alejandro había mamado y hecho suya la creencia aprendida en el seno de la familia Fernández Abarca de que el matrimonio dura porque la esposa se aguanta, permitiendo y tolerando la infidelidad a lo bestia.[2]

Tal vez América no supo que hubo un tiempo, quizá un efímero momento, en el que Cuquita intentó mantener su voz, pero no pudo. Y América lo dijo con claridad: «No quiero ser Cuquita».

Vicente Fernández se ha pasado toda la vida amparado por lo que él denomina como discreción: no hacer alardes de sus aventuras, pero sobre todo a negar cualquier cosa, por muy evidente que sea.

—Yo soy de los hombres que, si mi esposa me encontrara arriba de otra, yo le diría: «¿Cuál? ¿Dónde? ¡Estás loca! ¡Enséñamela!». —La entrevistadora ríe en falsete ante la confesión—. Y negarlo, negarlo, toda la vida negarlo, negarlo y negarlo. Nunca decir sí.

—¿Así tenga los pantalones abajo? —La interlocutora intenta torcer la revelación.

—¡Como sea! Es que estaba en el baño… —Una sonrisa victoriosa y ladeada levanta el fino bigotillo que Vicente llevaba a principios de 2000.[3]

¿Pedir perdón a su Cuca? Chente lo deja a las ficciones y versos de sus canciones.

DIVINAS MUJERES, MUJERES DIVINAS

Martín Urieta acababa de mandar al diablo a una mujer al entonar unos versos de su autoría.

—No me gusta que hieran a las mujeres —protestó uno de los presentes en aquella tertulia musical de compositores en ciernes.

Urieta, que para aquel entonces era maestro de escuela de profesión y trovador de corazón, se cuadró ante el reclamo.

—No te habrán hecho nunca una traición.

—Me hicieron trizas el alma, pero no por eso voy a andar de chillón quejándome. Los momentos más bellos de mi vida los he pasado al lado de una mujer —explicó y remató el ofendido.

Con la promesa de usar esa última frase para redimirse con una nueva composición, el oriundo de Chumbítaro, escritor prolífico, presidente de la Sociedad de Autores y Compositores de México y autor de 25 canciones que Chente hizo célebres, puso punto final a la disputa. En esa noche de bohemia se empezó a gestar lo que sería «Mujeres divinas», una de las canciones bandera de Vicente Fernández, la cual también le daría título al LP publicado en 1987.

Mas nunca le reprocho mis heridas / Se tiene que sufrir cuando se ama / Las horas más hermosas de mi vida / Las he pasado al lado de una dama /

Pudiéramos morir en las cantinas / Y nunca lograríamos olvidarlas / Mujeres, oh, mujeres tan divinas / No queda otro camino que adorarlas / Mujeres, oh, mujeres tan divinas / No queda otro camino que adorarlas.

La vida de Vicente Fernández está delineada por mujeres.

Su madre Paula Gómez, su esposa María del Refugio Abarca Villaseñor, su hija adoptiva Alejandra, y Patricia Rivera, su amante de larga duración. Ellas dejaron sus marcas, más o menos profundas. Pero en su andar, también se topó con otras féminas que trabajaron con él y con quienes logró trabar amistades que traspasaron las sesiones de grabación, los sets de rodaje, los platós de televisión, las agotadoras caravanas, así como diversos escenarios, incluyendo los palenques.

La bellísima Lucha Villa fue testigo de la muerte de su padre y de los inicios de la construcción del ídolo. Cuando Chente empezó a perfilarse como un artista de importancia, el nombre de Lucha ya era toda una referencia tanto en el ámbito musical como en el cine. No cabe duda de que hubo una amistad, pero todo apunta a que se produjo un punto de quiebre entre ella y Vicente Fernández. ¿Acaso, como dicen algunos, esta distancia tuvo que ver con los desencuentros entre Vicente y José Alfredo Jiménez, el gran amor de Lucha? Ni Lucha ni Vicente hablaron nunca del tema.

Algo parecido ocurrió con otra de las grandes artistas de todos los tiempos: Lola Beltrán. Su inmensidad, lejos de apabullar al principiante Fernández, más bien los acercó. A ambos les encantaba hacerse bromas mutuamente cuando trabajaban en el programa de televisión *Homenaje*. Pero algo provocó un alejamiento.

Llegó el momento en el que Lucha Villa y Lola Beltrán dejaron de verbalizar el nombre de Vicente Fernández. Y como bien se sabe, es el silencio el más cruel de los castigos, porque de alguna manera dejas de existir.

A ese pasado también pertenece la cantante Isabel Soto La Marina, La Chicotita, otra de las compañeras en *Homenaje* y a quien supuestamente le compuso «Las llaves de mi alma».[4] La hija del famoso comediante Armando *el Chicote* Soto La Marina murió en la pobreza, en 1973, tenía apenas 28 años.

Con los años, Vicente Fernández tejería alianzas artísticas con muchas mujeres. Vicky Carr, Julieta Rosen, Celia Cruz, Lucero, Aída Cuevas o Paquita la del Barrio, entre muchas otras.

Paradójicamente, las féminas que han dejado una huella en la vida de Chente, al igual que sus congéneres, esas mujeres divinas adoradas en verso y prosa, se enfrentan al machismo que permea la sociedad mexicana.

«Hay que darse a valer y más en este país de machos». María Félix tuvo a bien dar un manotazo en la mesa. La actriz consideraba al machismo «una enfermedad moral», así como el peor de los males que convierte a las mujeres en perdedoras.

Vicente Fernández es uno de los exponentes de ese machismo, o al menos es interpretado y asumido como tal.

Macho bravío

Vicente Fernández es producto de una época. No es una frase para justificar todo lo que hizo mal o los límites que cruzó, pero sí un punto de partida para desmenuzar la psique de un ídolo popular con todos sus claros y sus oscuros; una psiquis que por momentos desborda en bondad y ternura, que hace reír, que lleva la generosidad en el alma, y que en otros incomoda o deja heridas en aquellos que lo rodean.

Proveniente de Jalisco, uno de los estados más conservadores y católicos de México, tierra del tequila, de la música ranchera y de los hombres duros, mamó desde niño ese concepto de cultura patriarcal. La mujer en la casa cría, el hombre afuera es un libertario al que todo se le permite y perdona, porque en él recae la economía familiar. Y se sabe que el que maneja el dinero lo maneja todo.

Así fue y será. Aunque Cuquita ahora tenga acceso a cajas de seguridad y chequeras en blanco, jamás tendrá poder ni voz en la familia. Mucho menos se tomarán en cuenta sus decisiones.

Es tal la obediencia que María del Refugio no solo nunca pudo desarrollarse, sino que su marido ni siquiera podía imaginarse que ella hiciera algo fuera de lo establecido dentro de los muros del rancho y de su esquema de pareja. Quiso estudiar inglés y él no la dejó. «¿Para qué quieres estudiar? No lo necesitas», fue la respuesta del cantante.[5]

«Me costaría mucho trabajo perdonar una infidelidad, pero ella me ha perdonado tantas cosas. Pasa que no creo que mi mujer sea capaz de hacerlo. No lo hizo de joven, menos ahora que está más madurita», confesó en una entrevista.

Nunca la creyó capaz de absolutamente nada. Solo de esperarlo sonriente, con sus platos predilectos, la casa perfecta, siempre dispuesta por las noches, sin importar si tenía ganas o no.

Dentro de ese marco familiar, social y cultural en el que creció y se formó, al Charro de Huentitán se le presentó un espacio que parecía venirle como anillo al dedo, y en el que ese concepto de que todo vale cobró más fuerza aún: los palenques.

Vicente es feliz en esa especie de circo romano en el que es posible para el público tener a su ídolo más cerca que nunca. Puede llenar estadios modernos y sofisticados alrededor del mundo, pero los palenques lo remontan a sus orígenes.

Estas fiestas, surgidas del pueblo y para el pueblo, se han convertido en uno de los espectáculos con más tradición y raíces mexicanas. Se dice que si un turista quiere vivir la experiencia del país a pleno no se puede perder un espectáculo en un palenque, donde se reúnen la música, la comida, las bebidas, las riñas de gallos, la ruleta y la tradición de un México que ha ido evolucionando sin olvidarse de sus orígenes.

Si bien son varios los artistas emblema que engalanan estos conciertos accesibles para un público que no podría pagar la entrada en un estadio, Vicente es una de las caras más representativas. Allí Chente se luce y por eso las clases populares lo aman. Puede cantar por horas sin aflojarle a la pasión y siempre repite que mientras la gente siga aplaudiendo, él no dejará de cantar. En ese ámbito coquetea con sus fanáticas, les canta mirándolas a los ojos, e incluso se lleva varios besos en los labios en agradecimiento a tanta entrega, con su mujer como espectadora.

«Yo no soy, son ellas. Incluso para que vean que no hago nada ni luego se me acuse, siempre levanto las manos», suele decir para justificar su predisposición a la falta de límites de sus fans. Sabe que si parte del concepto «me debo a mi público», no hay espacio para reclamos.

Aunque el género ranchero está muy ligado al estereotipo del hombre mexicano que le canta al amor, la traición y la venganza, también existen mujeres que supieron ganarse un espacio y un nombre propio. Las actrices y cantantes de rancheras a lo largo de los años fueron mujeres fuertes y populares, bravas y de armas tomar, a las que íntimamente las consideraban «ligeras» y «libertinas».

En el escenario, el hombre mandaba y ellas acompañaban; sin embargo, muchas pudieron destacarse y hacerse un camino. Lucha Reyes, por ejemplo, fue la primera mujer en alcanzar el reconocimiento mundial en la música vernácula, y se ganó el sobrenombre de Reina del Mariachi, gracias a su voz de soprano, el falsete y la emoción que transmitía al cantar.

Lucha Villa también recorrió escenarios de todo el mundo y se colocó en una posición privilegiada entre el público por más de 40 años. Amalia Mendoza mantuvo su carrera durante tres décadas y dejó más de 36 grabaciones. Y gracias a sus interpretaciones llenas de sensibilidad y lágrimas en los ojos, Lola Beltrán logró convertirse en un ícono del género ranchero.

Enfundadas en vestidos ajustados negros, con flores y tocados en la cabeza, estas mujeres rompieron los moldes, saltaron prejuicios y eclipsaron corazones. Vicente cantó con muchas de ellas y con varias tuvo algo más que un dueto sobre un escenario.

Entre sus amantes aparece una de sus compañeras de canción: Merle Uribe. De hecho, fue ella misma quien ventiló que sostuvo un romance extramarital con Chente tras actuar juntos en la película *Picardía Mexicana: número dos*, en 1980.

«Yo fui al *casting*, y cuando me vio entrar con el pelo rojo no me quiso dar el estelar porque me mostraba demasiado llamativa. Finalmente me dieron un papel más pequeño y cuando vieron que me puse una peluca negra con trenzas, el mismo Vicente me dijo: "La regamos, te lo hubiéramos dado a ti porque sí das el personaje". Ahí nos conocimos. A mí me gustaba y hubo química. Le conté que cantaba y que me gustaría que me diera una oportunidad de acompañarlo en algún palenque, me dijo que sí. Al poco tiempo me habló David, que era su asistente, y me dijo de ir a Zacatecas, en un palenque enorme y con mucha gente. Salí y canté tres o cuatro canciones de Rocío Dúrcal, porque yo la admiraba desde niña», contó en el programa *Suelta la sopa*.

Fueron dos años y medio de los que la actriz y cantante no duda. Para ella, en esa relación hubo amor, aunque Vicente siempre respetó el único código que mantiene con Cuquita: nunca divorciarse.

«Fue bonita la etapa. Me arrepiento de cuando destapamos nuestra relación porque mi mamá se enojó mucho conmigo y me dejó de hablar, eso es lo único que me duele. Lo demás no, porque no era yo sola, éramos dos, y si él lo hizo también, pues que él se vea con su familia. Siempre dijo: "A mi esposa no la voy a dejar nunca", y eso lo dejó muy claro y cumplió», afirmó. Durante la entrevista también explicó los motivos que la hicieron terminar con esa relación: «Tenía varias amantes más y no era nada detallista conmigo, era medio codo. Me enamoré de él en su momento».

También se especuló que Chente fue novio de Manoella Torres cuando actuaron juntos en la película *El albañil* en 1975. Lo mismo se sospecha de Angélica María, la Novia de México, señalada como otro gran amor de Chente, aunque la cantante salió a desmentirlo en varias ocasiones.

«Se los echaba [los perros] a todo mundo Chente, pues sí es recoqueto el sinvergüenza, pero no, a mí no. Sí éramos muy amigos. De verdad, de los grandes amigos que yo tengo en el ambiente artístico, Vicente Fernández es uno de ellos. Conmigo fue un caballero siempre», indicó en una entrevista con *El show de Piolín*.

Lo cierto es que fue el mismo Vicente, sin entrar en detalles, el que le confesó a Mara Patricia Castañeda que tuvo un amorío con la Novia de México.

Otro caso comentado fue la ocasión en que le robó un beso a la cantante sinaloense Paty Navidad, con quien tuvo la oportunidad de interpretar a capela algunas canciones como «Las llaves de mi alma».

La última en acudir al rancho Los Tres Potrillos fue la intérprete Ana Bárbara.

En esta ocasión, Cuquita estuvo presente en la reunión, pero al cantante no le importó y estuvo coqueteando sin descaro con la artista.

Mirar sin ver parece una tarea que Cuquita desarrolló a la perfección para sobrellevar las traiciones. Las sospechas sobre su hermana y la paternidad de Alejandra en su juventud; las compañeras de su marido en la actuación y la música; incluso está la situación de su cuñada, la mujer de su hermano —y suegra de Gerardo— con la que íntimos de la familia aseguran que Vicente tiene una historia clandestina, desde hace muchos años y a los ojos de su esposa.

La lista de conquistas y amantes sigue y es interminable. Es tal su obsesión por el género femenino que hasta bautizó a sus yeguas con el nombre de mujeres famosas: «Unas se llamaban la Maribel [Guardia], la Rebeca [de Alba], como las más bonitas mujeres».

«¿Cómo me gustan las mujeres? ¡Mujeres! Y no lo niego, fui ojo alegre, pero siempre muy discreto; nunca me vieron en fotos», le confesó a Adela Micha en una entrevista que le dio en el rancho, mientras halagaba su físico y destacaba las pecas que la presentadora tiene en el pecho.

MIENTRAS ME CUMPLA

—Yo quiero prevenirla, usted tiene que estar prevenida. —Cautelosa, la vecina intenta establecer un preámbulo.

—¿Prevenida de qué? —inquiere Lupita, la mujer de Constancio, otrora vendedor ambulante que se había convertido en un exitoso emprendedor con sus taquerías.

La vecina moldea sus palabras haciendo equilibrios entre el chisme y la preocupación genuina.

—No es que me conste, pero me dijeron que don Constancio sale con una modelo de televisión.

—Me parece que a usted se le olvida que soy la esposa legítima de mi marido —replica una ofuscada Lupita—. Lo que haga fuera de las puertas de esta casa es asunto de él. Mientras me cumpla, me respete y respete esta casa, puede hacer lo que él quiera y yo no tengo nada que decir.

Esta escena de *Tacos al carbón* (1972),[6] la primera película protagonizada por Vicente Fernández, traspasa las etéreas barreras de la ficción y la realidad. Gerardo Dávila y Alejandro Galindo, los guionistas de *Tacos al carbón*, reflejan en esta comedia, particularmente en el diálogo entre Lupita y su vecina entrada en años, una realidad que hasta hoy prevalece en las sociedades latinoamericanas.

La bella Lupita (interpretada por Ana Martin), cortejada por su jefe en la zapatería donde trabaja y por el poco prometedor Constancio, accede a los galanteos de este último cuando el pobretón gana un auto último modelo e inicia cierta bonanza en el negocio de las taquerías.

Con el dinero llega también la doble vida. A las tres amantes les monta casa y se reparte los días de la semana entre ellas. Eso sí, ante todo «el respeto» hacia la casa grande.

Doña Cuquita, como la Lupita de la ficción, robustecería su muralla a lo largo de los años.

Lejos del mundanal ruido en Los Tres Potrillos, doña Cuquita encontraría una manera de reforzar su muro de contención que ya le servía a ella misma de autoprotección, apelando al «es mejor no saber». Por eso, no resulta nada extraño que un cercano a ella se atreva a reconstruir una escena que tal vez ocurriera innumerables veces.

«Yo soy catedral y el resto son capillas», dijo la matriarca infinidad de veces a sus amigas, cerrando el paso a posibles comentarios y rumores que pudieran llevarle. Ella sabía que el pacto entre ambos, ese que reza que él siempre volvería a la casa, estaría a salvo. Ojos que no ven...

Vicente Fernández cayendo en la tentación de sincerarse ante a quien él mismo considera no solamente su mujer, sino también su hermana, su amiga, su madre, se daría de narices contra la barrera de Cuquita.

«¿Para qué me dices si no te estoy preguntando?», juran que salió de boca de María del Refugio.

Al final de *Tacos al carbón*, las tres amantes y la esposa abandonan a Constancio, quien cae en la miseria y termina por volver a sus ventas ambulantes de tacos.

Doña Cuquita aún está allí. Tal vez encomendándose a la Virgen de Zapopan aguanta nuevos temporales, aunados a una peste en forma de una codicia sin mesura encarnada por uno de sus vástagos.

Quién le iba a decir a Cuquita que lo vivido en el pasado no tendría parangón con el presente.

Lucía y el Hijo del Pueblo

Cuando Lucía Méndez llegó al set de rodaje de *El hijo del pueblo*, tenía en mente justo el estereotipo del macho, para colmo vestido de charro y montado a caballo.

A sus 19 años y proveniente de una familia protectora de Guanajuato, Lucía contaba con algo de bagaje artístico, pero no había acumulado la suficiente experiencia de vida como para matar de una vez por todas la ingenuidad que se puede aún conservar a esa edad.

A pesar de que llegó a la filmación de *El hijo del pueblo* con una idea muy clara de quién era Vicente Fernández, la hermosísima y hasta cierto punto inexperta Lucía se llevó una sorpresa. El trato cercano, los monólogos de Fernández sobre su familia y su relación con Cuquita, el dolor que sentía por la pérdida de sus padres y las miserias vividas hasta hacía unos pocos años, contribuyeron a que la joven desmontase pieza por pieza, como si de una torre de Legos se tratase, aquella idea preconcebida del Charro de Huentitán.

Entre la actriz y cantante Lucía Méndez y Vicente Fernández se estrecharon lazos. Hicieron otro filme juntos,[7] cantó con él en programas de televisión y hasta lo nombró su padrino musical al realizar largas e intensas temporadas en el Million Dollar Theater, de Los Ángeles.

Méndez, quien siempre hizo despliegue de su talento artístico, se convertiría con el tiempo en una de las artistas más emblemáticas de México y de América Latina, puesto que lograría gracias a su andar todo terreno entre la música y la actuación, llevada además de la mano del medio *El Heraldo* y de importantes figuras que movían los hilos del espectáculo, tal como Emilio Azcárraga Milmo, de Televisa. Años más tarde, Lucía confesaría los detalles del romance apasionado que vivió con Luis Miguel, cuando el Sol de México tenía 17 años y ella le llevaba 13 años.

Ya con una vida plena y madura, abundante en experiencias de todo tipo, Lucía Méndez levantaba una suerte de minuta sobre Vicente Fernández en 2010: «Él y su esposa se enfrentaron a cosas muy duras, pero siempre tuvo su apoyo. Por eso quería a Cuca, porque lo había comprendido siempre en las buenas y en las malas; se refería a ella como una gran mujer».[8]

Ese hombre de familia, el esposo que tiene en un pedestal a su mujer, el de la apacible vida en el rancho, la estampa del artista sensible, del ser generoso que no deja a nadie con la mano extendida, del compañero de trabajo afable y considerado, colisiona con la imagen del mujeriego, del macho hipócrita y lascivo siempre presto a dejar claro quién lleva la voz cantante y los pantalones arriba o abajo. Esa otra cara de un mismo hombre culmina con el que ha ejercido su poder hasta llegar a consecuencias lamentables, como apuntan las acusaciones de abuso sexual en su contra.

«¿Quién soy para hablar de don Vicente, si yo lo adoro?», Yuri rebotaba la pregunta.[9] En todos los años que la rubia y talentosa veracruzana lleva en el mundo artístico, ha demostrado ser elocuente, transparente y sobre todo implacable de verbo y acción.

Desde que cantaran juntos «Cuatro vidas»,[10] de parte de Yuri se fortalecería una mezcla de admiración y respeto hacia el cantante de ranchero. A raíz de la trágica muerte de su hermano Carlos en 2013, Chente y su familia tuvieron un emblemático gesto hacia la cantante, estrechando la relación, aunque ella misma no los califica como íntimos amigos.

Yuridia *Yuri* Valenzuela Canseco conoce perfectamente dos cosas: lo que significa ser artista desde una tierna edad —y por ende estar constantemente en los focos de atención—, y las heridas que dejan el acoso sexual y el maltrato. A causa de esto último y aprovechando su alcance como respetada artista, Yuri asumió darles voz a las féminas que han sufrido violencia de género.

Cuando se le cuestionó con respecto a las acusaciones de violación hacia Vicente Fernández por parte de Lupita Castro, Yuri optó por la cautela. «De eso no voy a hablar nada, no soy juez de nadie, todo se tergiversa, todo se revuelve, para mí todos mis compañeros y se merecen respeto».[11]

Las palabras de María Félix retumban como un eco.

La venganza de Cuquita

Cuquita intentó hacer valer su voz. No pudo.

La belleza de Amparo Muñoz indudablemente era de otro mundo. Alta, ojos almendrados, frondosa cabellera, pómulos pronunciados lo justo para darle el ángulo majestuoso a quien coronaron como Miss Universo en 1974, representando a España.

Con un par de películas en su haber, como *La otra alcoba* (de Eloy de la Iglesia, 1976) o *Mamá cumple 100 años* (de Carlos Saura, 1979), donde hizo derroche de un talento interpretativo natural al que le había dedicado años de perfeccionamiento, la malagueña de 24 años desembarcó en México para participar en *El tahúr*.

En aquel entonces el Charro de Huentitán contaba con 13 filmes a cuestas, atesoraba una buena cantidad de discos de oro y platino en España, México, Colombia y Centroamérica, y había sido nombrado Míster Amigo en Texas, como el mexicano más prominente del momento. En poco más de una década, Chente consiguió fama, dinero, además de perfeccionar sus estrategias de galanteo. Tenía 39 años. ¡Ay, la eterna crisis de los 40!

Entre tanto, Cuquita y sus hijos llevaban una vida paralela en un rancho con piscina olímpica en las Colinas de San Javier de Guadalajara, mientras Chente ejercía de padre de forma intermitente. Sobre ella recaía por completo la crianza de los niños, con todo lo que esa tarea conlleva.

A su llegada, Amparo Muñoz causó revuelo, alborotando los sentidos y partes bajas de infinidad de hombres. El productor Gregorio Walerstein se interponía o facilitaba el acceso a la reina de belleza, vaya a saber cuáles eran los parámetros de selección aplicados a proceso de decantación.

Uno de los deslumbrados fue su coprotagonista Vicente Fernández, quien no escatimó al desplegar su artillería pesada y perfeccionada con los años. No faltaron serenatas con mariachis, ramos de flores, atenciones diversas para engalanar a la despampanante actriz ibérica.

Amparo Muñoz narra en primera persona que, durante una cena en un elegante restaurante, un joyero amigo del cantante se acercó a la mesa que compartía con Fernández.[12]

—Me gusta ese medallón, te pago lo que sea. —Chente fue al grano, fijándose en la joya que llevaba el conocido en cuestión. Su idea era regalársela a su hermosa Amparo.

El galanteo no parecía tener ni precio ni límites para Fernández.

El tahúr, filme en el que Fernández también era productor y asistente de dirección, se rodó en gran parte en la hacienda Santa Cruz del Valle, un caserón en Jalisco que desde que fuera construido en 1709 y aún hoy deja sin aliento a cualquier visitante. La locación se encontraba lo suficientemente cerca como para quebrar la intranquila calma de María del Refugio, quien un día se acercó al set de rodaje.

Décadas más tarde, Amparo Muñoz recordaría una escena que primero le pareció un acertijo, pero que luego, atando un par de cabos sueltos, adquirió sentido.

El día de la visita sorpresa de Cuquita, Amparo dejó en su camerino un abrigo de zorro.

Al volver del almuerzo, la prenda había cambiado de apariencia: yacía por doquier en jirones cortados con una tijera y pelos por todas partes. Poco quedaba de lo que algún día fue un exquisito abrigo de zorro aperlado.

Se trató de un abrupto intento de Cuquita por hacer sentir su voz. Con rabia y celos, concretó su pequeña venganza: destrozar a tijeretazos el carísimo abrigo de la ex Miss Universo.

«Un trabajo a conciencia, sí señor», concluye la anécdota Amparo Muñoz, que moriría de un tumor cerebral a los 56 años tras grandes éxitos y baches en su carrera, acarreando problemas de adicciones que terminaron de marcar sus pasos por este mundo.

Después de *El tahúr*, Amparo participó en dos cintas más con Vicente Fernández de protagonista y productor: *Como México no hay dos* (1981) y *Todo un hombre* (1983), ambas dirigidas por Rafael Villaseñor Kuri.

Nunca se pudo comprobar un romance entre la beldad española y Chente. Ella había puesto los ojos en otros galanes y se marchó, con el sabor amargo de la venganza de Cuquita.

MI CARNAL

En seis vidas de ficción, Vicente Fernández logró las querencias de Blanca Guerra, la bella actriz formada en teatro y con un puñado de películas de cine de autor bajo el brazo. Desde ese primer encuentro en pantalla grande, encarnando a la Bronca/María Trinidad, quedaría claro que la química entre Blanca y Chente era insuperable.

«Yo soy mucho para ti, cuatrero imbécil. Órale, con su música a otra parte, desgraciado robavacas». La fascinante Bronca, prostituta de oficio, desafía al desconocido desde lo alto de unas escaleras. Para convertirse en María Trinidad y mujer del Coyote/Juan Mireles (Vicente Fernández), tendrían que pasar varias vicisitudes y, por supuesto, un par de canciones.

Blanca Guerra, poseedora de un gran carisma y atractivo, tenía para ese entonces 27 años; en ella se conjugaban todas las condiciones para alzarse como una de las mejores actrices de su generación, objetivo que consiguió y hasta llegó a presidir de 2013 a 2015 la Academia Mexicana de Artes y Ciencias Cinematográficas.

La seguridad actoral y el talento de Guerra, aunado a la magnífica química junto a Vicente, llevaron a buen puerto esas seis cintas categorizadas como comerciales,[13] dando a conocer a Blanca entre el gran público.

A nivel profesional, delante y detrás de las cámaras, Guerra y Fernández lograron entenderse; el mundo intelectual de Blanca no entró en conflicto con los personajes e historias ligeras destinadas a un público de masas y familiar.

Conectados a través de sus personajes, fluyó entre ellos la cercanía y la camaradería. Se divertían en los rodajes, en los que prevalecía un ambiente de risas y buenas vibras. Su último filme juntos fue *Sinvergüenza… pero honrado* (1985). Sin embargo, la amistad ha perdurado a través del tiempo.

Durante aquellos años de trabajo en conjunto empezaron a llamarse recíprocamente «carnales». Quizá para espantar a manotazos el amor platónico —o no— que pudo haber brotado en el set de rodaje.

En la pantalla grande, Chente siempre logró conquistar a las mujeres interpretadas por Blanca, pero ¿acaso hubo una intención de traspasar la ficción?

«Le hubiera dicho que gracias y que siguiera su camino», la actriz sale del paso, con una expresión que denota el Dios-me-libre de no sucumbir ante los encantos de Chente. «Era muy coqueto», pone punto final a este diálogo revelador de alfombra roja, animando a su interlocutor a que verifique su última afirmación con doña Cuquita.

Convertida en primera actriz de éxito y acreedora de reconocimientos, cada cierto tiempo, como un cometa que orbita por la tierra, a Blanca Guerra le retorna fresco su pasado con Chente a pesar de las décadas transcurridas.

Y cada vez, Blanca y Vicente regalan frases nuevas que describen su amistad o más bien el momento en el que por mutuo acuerdo quisieron llamarse «carnales», asumiendo que otra opción no era viable ni posible.

Entre bromas, en un programa de farándula televisivo, la galardonada actriz, sentada en el sofá junto a sus anfitriones, entabla comunicación telefónica con Vicente Fernández, quien se encuentra en su Neverland jalisciense.[14]

Guerra le propone volver a rodar juntos, Chente se va por la tangente profesándole cariño y amor.

—Mi carnalito, eres mi carnal. —Blanca lo trae a tierra.

—Pues porque no quisiste... —Chente lanza sus flechas. Las risillas incómodas se confunden con las carcajadas. ¿Qué tanto de cierto tiene esta gracia?

—¡No! ¿Cómo crees? —Demostrando pericia y poniéndose al mismo tiempo invisibles guantes de seda, la actriz agrega—: Con todo mi respeto, falta de ganas no fueron. Lo que pasa es que soy respetuosa, yo respeto a doña Cuquita, yo respeto a mi Vicente. Y me gustan las relaciones largas y las de amistad son las más bonitas.

—Porque no me probaste —insiste la leyenda.

—Pues claro, yo soy precavida —lanza como pelota vasca dejando a Chente ya sin palabras.

Sin duda, Blanca Guerra dejó una huella indeleble en el Vicente Fernández hombre y artista, tal como la dejaría otra grande de la actuación: Ofelia Medina. Y es que ni el cine mexicano, ni Chente en su faceta de actor, se pueden concebir sin el magnetismo de Medina.

El cantante sabe que tuvo una inmensa suerte de tenerla como coprotagonista en *Uno y medio contra el mundo*, por lo que le ha agradecido las enseñanzas durante el rodaje, «pero sobre todo aprendí lo que es conocer una gran artista de cerca», reconocería Vicente.

Para este filme Chente necesitaba un sostén sólido que solamente alguien de la talla de Ofelia Medina podía dárselo, porque *Uno y medio contra el mundo* era un caramelito envenenado.

La cinta trata de dos ladronzuelos callejeros que se conocen desde la infancia, Lauro (Fernández) y Chava (Medina), una niña disfrazada de chico. Comparten aventuras criminales aunque terminan por perderse la pista. Ya de adultos terminan por reencontrarse y Chava le revela a Lauro que es mujer. Se enamoran, pero llegan a la conclusión de que es mejor que Chava siga haciéndose pasar por hombre. Una noche, mientras ella va ataviada como un chico, la pareja se besa en la calle. Una pandilla los ve y arremete contra ambos. «Si tuvieran vergüenza no lo hicieran en la calle, desgraciados», dice uno de los atacantes, mientras golpea a Lauro. Chava es apuñalada. Aquí no hay un final feliz.

Sin duda es una historia adelantada a su tiempo, revelando sin tapujos la homofobia imperante en la sociedad mexicana. Parafraseando a la escritora Fran Lebowitz: si ser homosexual en el Nueva York de 1972 equivalía a serlo en 1872, puede que la imaginación falle para concebir cómo habrá sido la vida de los gays en el México de los setenta.

Para el macho Vicente Fernández tal vez era una realidad que lo superaba. La pregunta concerniente a cómo habrán sido las conversaciones con Ofelia Medina tratando de entender (si es que lo hizo) aquella realidad tan al margen de la suya, queda flotando en el aire.

Cierto es que la homosexualidad, o por defecto todo lo que se salga de «lo binario», tambalea las bases de Chente, y por muchos esfuerzos que haga en ser tolerante en público, suele fallar.

Doña Cuquita, desde su rol de madre, la que había criado y que sigue protegiendo a sus hijos a como dé lugar, se enfrentaría reiteradamente al terror de su marido ante la posibilidad de que el más pequeño de sus hijos ampliase sus apetencias sexuales.

Al respecto, Cuca, acorralada, una vez más se quedaría sin voz.

AL REY LE SALIÓ UNA REINA

Cuando Ana Gabriel se refiere al Charro de Huentitán, habla de «los Fernández». Desde el principio de su carrera, Chente, tal como Joan Sebastian y Juan Gabriel, apoyó a María Guadalupe Araujo Yong, a quien un productor le puso el nombre artístico de Ana Gabriel.

Se ha extendido la leyenda de que Chente le dio el apodo de la Reina de México. Raya en lo mitológico la creencia de que le haya dado tal denominación y, además, compartir el trono con una artista que navega en diferentes aguas musicales.

Lo que no se pone en entredicho es que fue precisamente Chente quien le enseñó a esa reina a portar el traje de charro, al grado que hasta don Lucio le confeccionó algunos a la medida por órdenes del cantante.

De madre china y padre mexicano, una mezcla que acentúa sus fascinantes rasgos étnicos, es poseedora de una voz inconfundible y de una gran destreza a la hora de componer canciones. Cuando sube a un escenario, la sinaloense, perfeccionista y minuciosa, dobla la estatura de Vicente Fernández y de cualquiera.

En los noventa, y ya con dos décadas de carrera, Ana Gabriel había conquistado México y Latinoamérica, y junto a Vicente y Alejandro Fernández, Ricardo Arjona y el grupo juvenil Magneto formaba parte de los artistas punteros en ventas de Sony Music en 1995. Se diluye en una canasta de versiones cómo se conocieron Ana Gabriel y los Fernández, pero lo cierto es que fue ella la primera en acercarse al charro jalisciense para cantar juntos.

El tema que se escogió para la ocasión fue «Con un mismo corazón», mismo que le daría el título al disco ranchero y de corridos de la cantautora. Esta colaboración representaba la desembocadura de una admiración mutua, y desde ese momento se prometieron que Ana Gabriel sería una invitada en la próxima producción de Fernández.

No obstante, Ana Gabriel desaparecería de ese dueto en el álbum de Chente. Él se tomó como una afrenta que ella incluyera en *Con un mismo corazón* una versión en solitario.

«Entonces, ¿para qué me invitan?», reflexionó ante la grabadora de un reportero,[15] «se me hizo raro, una majadería». Ni siquiera contempló la posibilidad de que se tratase de una disposición del sello discográfico; de un machetazo, Chente borró la voz de Ana Gabriel para poner la de su hijo Alejandro.[16]

«Al fin que yo, con o sin, soy el mismo», remató. Sin embargo, el desencuentro fue superado, la amistad continuó aparentemente sin efectos colaterales.

Luego surgirían varias colaboraciones (tanto con Chente como con Alejandro), además de giras por Estados Unidos con llenos donde montaban su *show* a cuatro manos. Hacer duetos se convirtió en una moda que se propagó como fuego sobre gasolina en el mundo musical e hizo sonar las campanillas de las cajas registradoras, por lo que unos años más tarde grabarían juntos una composición de la autoría de Vicente: «Que Dios te bendiga».[17]

Los dueños de Los Tres Potrillos sabían de los reveses en la vida personal de la Diva de América, sobre todo cuando le anunciaron que no podía tener hijos.

Al menos desde finales de los noventa hasta bien entrado el nuevo milenio, Ana Gabriel era una amiga cercana del matrimonio Fernández Abarca. Estuvo hombro a hombro con doña Cuquita cuando Chente presentó el álbum *Se me hizo tarde la vida* (2004) y más de una vez la matriarca prefirió ir a un concierto de «la chaparra» —como la llama Chente— mientras su marido entonaba su repertorio en un escenario vecino.

Un cronista musical relata que, en uno de esos conciertos en conjunto, Cuquita se hallaba como espectadora en primera fila. Ante la profusión de caricias del Charro de Huentitán, una categórica Ana Gabriel le pidió no solamente que no se propasara, sino también que tuviera respeto por la dama que miraba el espectáculo en vivo y en directo.

Al menos una de esas divinas mujeres, y además amiga, intentó devolverle un poco de voz a Cuquita.

«TENGO UN HIJO CON OTRA MUJER»

María del Refugio se estremeció al enterarse de la noticia.

No era la primera vez que descubría que su marido le era infiel y tampoco sería la última. El experimentado periodista de espectáculos

Jesús *Chucho* Gallegos, amigo de Vicente, publicó la primicia en la revista *TVyNovelas* en 1988. «Vicente Fernández tiene un hijo con una actriz» era el título, y agregaba que Vicente había reconocido al niño y lo había registrado como propio.

Cuquita conocía al periodista y sabía que no publicaría una noticia de este tenor sin pruebas y sin haber consultado antes con su marido.

Era verdad, estaba segura, y no iba a aceptar mentiras como excusas.

Esa tarde de 1988, recostada en el sillón del *living* del rancho, sintió rabia por la humillación pública. Estaban a punto de cumplir 25 años de casados. Permaneció acurrucada en el sillón y agradeció ese momento de soledad para desahogarse. Lloró un largo rato, se dio un baño y esperó a Vicente.

La relación matrimonial, en ese tiempo, era inestable y estaba salpicada por discusiones. Las infidelidades de Vicente eran constantes, lo mismo que sus largas ausencias. Todos sabían de sus excesos.

La obsesión por la fama, el sexo y las mujeres devoraba sus días y sus noches.

Su carrera estaba primero, ella siempre lo supo y lo aceptó. Pero esta vez Chente había cruzado los límites. Quizá por primera vez, Cuquita sintió el impulso de huir de ese hombre al que adoraba, pero que la hacía sufrir hasta lo indecible.

La noticia se replicó en todos los programas de televisión, emisoras de radio y portadas de diarios y revistas. Vicente tenía un hijo secreto con su amante, la actriz Patricia Rivera, a la que había conocido en la película *El Arracadas*, en 1978.

Vicente llegó temprano a Los Tres Potrillos. Entró cabizbajo, con actitud culposa y buscó a Cuquita por la casa. Planeaba darle la noticia antes de que ella se enterase por los medios. Había sucedido otras veces, los runrunes de romances extramaritales llegaban a sus oídos y había desarrollado un método para salir airoso. Negaba todo y construía su propio relato. Ella le creía, o por lo menos eso le parecía.

Cuando la encontró de pie en un rincón de la sala a media luz, con un pocillo de café en la mano, se derrumbó. Cuquita no tenía la sonrisa de siempre y supo entonces que había llegado tarde.

—Tengo un hijo con otra mujer. Si quieres, me voy de casa, te dejo todo… —le dijo con un hilo de voz.

Ella no respondió; Chente se quebró y comenzó a llorar. Cuquita se acercó despacio y le respondió con dos gestos. Le secó las lágrimas con sus manos y preguntó:

—¿Te enciendo un cigarro?[18]

No exigió explicaciones, no hacían falta. Hacía tiempo que ella sabía del romance de su marido con Paty Rivera y que este no era un amorío como los demás. Le pidió que se confesara en la capilla y que se hiciera cargo del niño. Chente cumplió con ambas peticiones.

Pablo Rodrigo Fernández Rivera, con tres años, llegó tiempo más tarde a Los Tres Potrillos. Fue incorporado a la dinastía como uno más y Cuquita lo aceptó en silencio, con una sonrisa.[19]

ESA MUJER

Patricia Rivera era originaria de Saltillo, Coahuila, había participado en el concurso de Miss México de 1976 y soñaba con ser actriz. Cuerpo torneado y rostro perfecto, con rasgos suaves; bajo su abundante cabellera color miel y su piel canela, sus ojos oscuros se destacaban como faroles. Y a pesar de que no ganó el certamen de belleza, su nombre comenzó a tomar fuerza en el mundo del espectáculo. Tenía belleza, perseverancia y talento, y antes de concursar había tomado clases de actuación.

Desde el primer día de rodaje de *El Arracadas*, en 1978, Vicente quedó impactado apenas la vio. Era el debut de Paty y él ya venía de éxitos como *El hijo del pueblo* y *La ley del monte*. Juntos formaban una dupla explosiva y sexy.

Los que compartieron el set con la pareja en esos primeros días aseguran que Chente estaba hipnotizado con esa norteña sensual y rebosante de vida. Mientras Cuquita criaba a sus hijos confinada en el castillo ranchero, él daba rienda suelta a sus pasiones y sacaba a relucir su experiencia de galán maduro, que pisaba las cinco décadas. Que un tequilita, que vamos a repasar la letra, que mejor hagamos esta escena así, que te acompaño hasta tu casa, que me gustas mucho...

Y el romance explotó.

Vicente Fernández estaba en la cima de su carrera, era el cantante de rancheras más célebre de México. Y apenas la vio, cayó rendido a los encantos de Paty, una joven a la que le llevaba 20 años. Compartieron infinidad de noches y días de frenesí y él pudo realizar todas sus fantasías con la hermosa y desprejuiciada joven.

Amigos cercanos aseguran que este fue el romance extramarital más largo del Charro de Huentitán. Y van más allá, pues aseguran que Chente se enamoró perdidamente de la actriz. «Tenían una química muy fuerte. A veces, cuando Chente iba a visitar al niño, no podía contenerse y terminaban en la cama».

En los años ochenta, Patricia Rivera se había convertido en una de las actrices más solicitadas y filmaba sin descanso. *Un hombre llamado el Diablo*, *Misión sangrienta*, *El tren de la muerte*, *Verano salvaje*, *Dos de abajo* y *La cosecha de mujeres* se destacan entre las más de 40 películas que protagonizó, al mismo tiempo que el apasionado y tormentoso romance con el padre de su hijo continuaba sin pausas.[20]

Vicente Fernández tenía un código inquebrantable y lo exponía: jamás abandonaría a su esposa. Cuquita sabía de la lujuria incontrolable de su marido y acordaron un pacto mediante el cual ella reinaba puertas para adentro del rancho, y él, afuera de la casa, haría lo que quisiera, pero «con discreción», para no lastimarla a ella y a sus hijos.

El clásico y añejo lema de la casa grande y la casa chica, o de la catedral y las capillitas, dicho en lenguaje popular, se aplicó en el matrimonio de Vicente y Refugio. En la grande, la esposa y madre inmaculada, y en la otra, la concubina, el amor prohibido.

«Soy muy mujeriego, pero no las cuento. No son ganado, son mujeres. Yo sigo igual, sin ninguna ayuda farmacológica para tener sexo. Lo único es que, como cuando a la mujer le quitan la matriz, yo ya no puedo tener hijos, y qué bueno, porque ya no voy a tener problemas.

»Creo que cuando te entregas por completo en esos momentos, haces que la mujer disfrute. Si tú estás disfrutando, la mujer está disfrutando, y no hay secretos de punto G, ni nada de eso. Soy una persona que se entrega al sexo opuesto. Seduzco con los ojos. Mi parte más sensible es la que te estás imaginando... el corazón. Hacer el amor es más importante que el sexo».

Así lo confesó. La conductora Yovanka Sánchez no podía disimular el asombro que le provocaba el desparpajo de Vicente Fernández con sus respuestas, en una extensa entrevista que fue realizada en 2003, al interior de Los Tres Potrillos.

EL HIJO QUE NO FUE

El 16 de abril de 1987, en la Ciudad de México, nació Pablo Rodrigo, fruto del amor con la mujer que reinaba en la casa chica, un niño al que Vicente Fernández reconoció como propio y lo mantuvo económicamente largos años.

Cuando Rodrigo era pequeñito, las ausencias de Chente se hicieron cada vez más largas. Regresaba de madrugada y olía a otra mujer. A veces aparecía pasado de copas. Hastiada, Cuquita tomó una decisión que la define de cuerpo entero: le pidió a su marido que llevara a Rodrigo al rancho y lo integrara a la familia. Una vez más, cedía frente a la ofensa pública.

—¿Por qué no traes a ese niño? Así conoce a sus hermanos —le dijo a Vicente una tarde.

Chente la miró sorprendido. Nunca imaginó que su esposa le iba a proponer conocerlo. La actriz estuvo de acuerdo y el niño de dos años llegó por primera vez a la casa paterna.

Vicente lo esperaba con un pequeño y precioso traje de charro, que su sastre había hecho a medida especialmente para él. Rodrigo se integró al clan y fue bien recibido por sus hermanos, que le enseñaron a montar a caballo y a cantar. Al principio todo fue color de rosas en el clan y nadie hizo reproches, menos delante del niño.

Las descoloridas páginas de una revista *TVyNovelas*, fechada en 1990, traen al presente las imágenes de Pablo Rodrigo, con tres años, jugando y cantando frente a los fotógrafos en un rancho de las afueras de Monterrey; todo ello mientras su madre lo observaba encantada. Esta fue la presentación en sociedad de Rodrigo Fernández.

—Paty, ¿cuándo visita Vicente Fernández a su hijo? —preguntó el periodista.

—Cuando quiere. Por lo regular cada ocho días. Se lo lleva a los palenques o a los escenarios donde se presenta. Es un buen padre y le tenemos mucho respeto.

A sus tres años, Pablo era un niño curioso y adelantado: sabía leer, escribir, sumar y restar. Quería cantar como su padre. Vicente, entusiasmado, lo llevaba a los palenques, y el niño se quedaba observándolo cantar en el redondel, tomado de la mano de Cuquita.

Paradójicamente, el niño se ganó el cariño de Cuquita, y una vez por semana ella le pedía a Vicente que lo llevara al rancho. En vacaciones pasaba largas temporadas en Los Tres Potrillos; fue una compañía y una distracción para ella.

Pablo creció en estrecha relación con la familia Fernández mientras despuntaba su costado artístico. Desde el kínder cargaba una grabadora y entonaba la canción más icónica de su padre: «Por tu *mayito* amor».

A los cinco años debutó en el cine con la película *Un ángel para los diablillos*, bajo la dirección de Fernando Pérez Gavilán, interpretando «La ley del monte» con la banda Zacatecana. Dos años después, en el teatro del Instituto Mexicano del Seguro Social (IMSS) atiborrado por las mamás convocadas en su día por la ANDA, conmovió con la interpretación de «Amor eterno», de Juan Gabriel.

Por decisión de Vicente, quien se frotaba las manos con las cualidades del pequeño y su deseo por cantar, a los ocho años asistió al

Conservatorio de Música del Estado de México. Tomó clases de piano, sensibilización musical y coro de cámara hasta que culminó su formación a los 13 años. Chente, que siempre se arrepintió de haber abandonado sus estudios, también planificó que Pablo estudiara Finanzas.[21]

Para entonces, las sospechas sobre la paternidad del joven comenzaron a dar vueltas en la cabeza de Vicente, alimentadas en parte por Gerardo, que nunca quiso al niño y operaba en las sombras para aumentar las dudas paternas. A Gerardo lo atormentaba la idea de que ese niño fuera parte de la monumental herencia de su progenitor, y no estaba dispuesto aceptarlo. Vicente júnior tampoco aceptaba a Rodrigo por las mismas razones que Gerardo y tal vez, por celos. Comenzó a decirle a su padre que la actriz lo había engañado y que «Pablo era hijo de un político». Y las dudas se agigantaron y estallaron.

Vicente se había hecho cargo del niño sin mediar estudios de ADN. Le dio su apellido y aceptó públicamente que era fruto del romance con Patricia Rivera.

Curiosamente, existen dos versiones contrapuestas y contradictorias sobre los motivos que impulsaron a Vicente a realizarle una prueba de ADN a Pablo recién en 2003, cuando el joven ya tenía 16 años.

En ese año, durante la entrevista con Yovanka Sánchez, Chente relata en forma detallada y con palabras despectivas hacia Pablo y su madre, cómo fue que de pronto comenzó a dudar. Mientras recorrían el rancho a caballo, al llegar al establo, comparó al joven con sus caballos miniatura.

«¿Por qué tuve sospechas? Porque se estaba pareciendo a todos mis amigos, menos a mí. Estas yegüitas», dijo, señalando a los animales, «cuando se ve que están preñadas, se manda un reporte marcando desde qué tiempo a qué tiempo estuvieron con el caballo. Y cuando nacen, se manda el ADN del potrillo, de la yegua y del caballo para demostrar que son hijos suyos. Y que no estás vendiendo algo que no es original y que no estás engañando a nadie. Entonces pensé: "Si yo a los caballos miniatura les mando a hacer un estudio para demostrar que es hijo del caballo que estoy diciendo, ¿qué pasa con el chico...?". Apenas vi que no se parecía en nada a mí, le saqué sangre».

Y agregó que antes de esa prueba ya le habían realizado un exámen de saliva y de cabello, y ambos estudios señalaron que Pablo no era su hijo. Chente asegura que convocó a un notario para que presenciara la prueba de sangre, para que no se «crearan especulaciones».

«Lo hice así, con un testigo oficial, no sea cosa que uno me fuera a cambiar la muestra de sangre o la de él. Cuando vi en el informe que decía paternidad 0%, me dolió por el niño. Ella es una mujer casada y pese a todo le deseo que sea muy feliz, pero creo que no me merecía el dolor que le causó a mi familia, y sobre todo a mi esposa».

Con un menor en el medio y sin medir las consecuencias que esta confesión pública tendría sobre su salud mental, la casi brutal narración de Vicente Fernández carecía de un mínimo de respeto hacia los involucrados, de seriedad sobre quienes realizaron el examen de ADN, y hacia un chico al que durante 16 años consideró su hijo y le dio su apellido.

Con el resultado en la mano, Vicente le dio la noticia a Cuquita.

—¿Te acuerdas de que hace 15 años te di una pena muy grande?

Ella lo miró perpleja.

—Bueno, hija, quiero que me perdones, porque aquí está la respuesta. —Y le extendió el papel con la confirmación.

Cuquita leyó y comenzó a llorar. Estaba impactada. Como siempre, no tenía idea de lo que se gestaba a sus espaldas, y alejarse de golpe de ese jovencito al que su marido había traído al rancho en su niñez, tras revelarle que era su hijo gestado con otra mujer, significó otra pérdida, un golpe duro.

Para el resto de la familia —y según dichos de Vicente— no fue sorpresivo.

«Mis hijos pueden girar su dedo gordo de la mano para atrás o tienen mis cejas. Y él no tenía nada igual a mí».[22]

Con la prueba de ADN en su poder, Vicente dejó todo en manos de sus abogados y se sentó a contar su verdad a los medios.

Es decir, la segunda versión, porque la primera la desgranó con Yovanka Sánchez en 2003.

«Declaré ante el público porque me importaba que supieran que no era mi hijo. Así como tuve los calzones de reconocerlo, no era justo el sufrimiento que le causó a mi familia. Y el que menos tiene la culpa es el niño. No le quité el apellido, aunque recalco que no es hijo mío y no tendrá el derecho que tienen mis hijos. Pero lo sostendré después de que cumpla la mayoría la edad, cuando culmine la carrera, y le pondré un despacho y lo ayudaré económicamente para que empiece una vida decorosa», aseguró en 2004, en el programa *Tras la verdad*, de Televisa.

En esta entrevista, Vicente mintió sobre el vínculo que tenía con Pablo y responsabilizó a Patricia Rivera del enredo, con la que, por otra parte, no había dejado de verse. Según todos los testigos consultados, a mediados del año 2000, él continuó visitándola a escondidas de su familia.

«No conviví con él como todo el mundo cree. Lo vi unas 10 veces de chiquito y hace como tres años vino a tres aniversarios míos y mi misma esposa mandó a traérmelo. No es fácil tener un hijo fuera de tu matrimonio, porque si iba a ver al becerro, a lo mejor se me antojaba ordeñar la vaca, y ahí era donde estaba el peligro».

No son pocos los que sospechan que, después de estas declaraciones contradictorias, la muestra de ADN de Pablo Rodrigo haya sido adulterada, con el objetivo de quitarle al jovencito de la herencia de su padre. ¿Acaso Gerardo tiene alguna responsabilidad en este episodio? Todo puede ser posible.

El 6 de septiembre de 2004, el representante legal de Vicente Fernández, Víctor Manuel Rivera, anunció que el cantante y la actriz Patricia Rivera habían llegado a un acuerdo que ponía fin al pleito legal que enfrentaban.

Jamás se dieron a conocer los términos del acuerdo, pero desde ese momento Paty se alejó definitivamente de la actuación. En la actualidad, estaría al frente de un hotel ecológico en Cuernavaca, Morelos. Un cambio radical de vida, después de la altísima exposición, el fuerte daño psicológico a su hijo y la presión social.

Eso sí, dinero no les iba a faltar para tener una vida desahogada y, sobre todo, guardar silencio. Vicente habló de los millones de dólares que recibieron madre e hijo, aunque fuentes allegadas a la familia dicen que fue una cifra bastante más alta.

En 2008, durante el programa *Historias para contar*, de la cadena Telemundo, Vicente Fernández le contaría a Giselle Blondet que «se firmó un convenio que de no íbamos a hablar. Lo que puedo decir es que el día que cumplió 18 años, mi hijo me demandó por 5.5 millones de dólares y venían a embargarme el rancho, autos, caballos y todo. Entonces le dije: "Hijo, te voy a dar cinco millones de dólares para cuando te recibas de la carrera que quieras, y 200 mil dólares para que te montes una oficina y 50 mil dólares adelantados para tu manutención". No me puedo quedar callado, me callé por mucho tiempo».

Además, reveló cómo fue la primera vez que se comunicó con Paty Rivera, luego de que el test de paternidad diera negativo:

«Me habla casi a pegar por el Nextel y le dije: "Tú te callas el hocico porque a ti sí, voy hacia ti y tu marido". He llegado a pensar que él sí sabe quién es su verdadero padre. Al principio me enternecía, porque pensaba: "Pobre, él tiene que saber quién es su verdadero padre". Igual creo que él sabe, porque qué casualidad que ahora que cumple 18 años, tengo una demanda suya».

«A mí no me puede que ella me haya puesto los cuernos. No voy a ser ni el primero ni el último, pero me puede que a un niño se lo haya engañado por tantos años diciéndole yo era su padre, cuando el padre tal vez es el barrendero del edificio. Él venía y dormía en el rancho. Hace poco escuché que le preguntaron al niño sobre mí y dijo: "Quiero mucho a Alejandro. A Gerardo y a Vicente júnior a la distancia, pero por ninguno de los tres meto las manos en la lumbre". ¿Y a tu padre lo quieres?, le preguntaron, y él dijo: "Pues la verdad no me sale decirte que sí". Y bueno, si no me quiere, ya se murió para mí».

El 9 de marzo de 1996 Patricia Rivera se había casado con el empresario Edmundo Salas y lo celebró en una hacienda de Chimalpa, cerca de Toluca, en el Estado de México, a la que asistieron más de 200 invitados especiales, de la política y la farándula. «Es el segundo día más feliz de mi vida. El primero fue cuando nació mi hijo», expresó radiante. Hacía muy poco que había terminado de grabar su último trabajo, la telenovela *Con toda el alma*.[23]

La segunda versión sobre la realización del examen de ADN nada tiene que ver con la primera, lo que genera infinidad de dudas.

En una entrevista que Vicente Fernández le dio al periodista Gustavo Infante en 2007 —misma que luego repitió con otros medios—, aseguró que después del secuestro de Vicente júnior decidieron sacar un seguro antisecuestro para toda la familia. Al parecer, los especialistas pidieron muestras de sangre de todos sus hijos para tenerlas en caso de emergencia, por si alguna vez sufrían un plagio alguno resultaba mutilado. Ese estudio, según sus palabras, fue el que reveló que Pablo Rodrigo Fernández no era su hijo biológico.

¿Qué ocurrió en realidad? ¿Cuál de las dos versiones sobre el ADN es la verdadera? ¿Qué sucedió entre una y la otra? ¿Por qué Vicente Fernández le entregó al joven cuatro millones de dólares si no era su hijo, y además le permitió usar su apellido?

Estas son algunas de las tantas preguntas sin respuestas que aletean en el ambiente y que generan un mar de desconfianzas sobre la triste historia del hijo que no fue.

En septiembre de 2006, Pablo Rodrigo Fernández logró firmar contrato con EMI Music y editó su primer disco, *El pecado más bello*. Para esa fecha, la polémica de la paternidad fallida y el revuelo que se armó impactó en su carrera y el público se desquitó con él. El paso de los años aminoró el dolor y la humillación, el joven no se dobló y se dedica a cantar y no lo hace mal. Es experto en jaripeo y charrería, que aprendió con Vicente en el rancho. Se está abriendo camino desde abajo, en palenques y ferias de México y Estados Unidos.

Dicen los que lo conocen que su meta es triunfar por mérito propio y dejar atrás el brutal maltrato que recibió del hombre que consideró su padre y de sus hermanos, cuando era un adolescente inocente. La última vez que los periodistas le preguntaron por Vicente Fernández, dijo con cierta tristeza en la mirada: «Le estoy muy agradecido por todo lo que hizo por mí y siempre lo voy a querer. No le tengo resentimiento y jamás saldrá de mi boca una declaración en su contra».

DE ACOSOS Y ABUSOS

Vicente Fernández, quien desde hacía mucho tiempo había dejado de ser el centro de sus pesares, le prohibió terminantemente que mirara programas de farándula. Y aunque Cuquita creyera que sus últimas lágrimas las derramaría por la suerte de sus hijos y sus guerras interminables, la compulsión de su marido por las mujeres volvería a exponerla y humillarla en público. Vicente, que le recomendó no mirar las noticias para no afectar su salud por el riesgo de sufrir un pico diabético, estaría de nuevo en la boca del escándalo.

En la imagen que recorrió las redes, Vicente Fernández, de 81 años, posa con un grupo de seguidoras. De esas postales existen miles en sus más de 60 años de carrera. En esta, se lo ve a Chente con la mano abierta sobre el pecho de una joven de la edad de sus nietas, la cual visitaba el rancho y le pidió una foto para el recuerdo.

La primera noticia llegó desde una cuenta de TikTok y pronto se viralizó a través de las redes sociales, provocando una ola de indignación internacional.

«Realmente me sentí violentada. No me importa que sea Vicente Fernández, él no debió de haber tocado mi cuerpo sin mi permiso, sobre todo en esa área. Estoy segura de que muchas mujeres han experimentado lo mismo», confesó la joven.

De nuevo en el centro de la escena, Vicente tuvo que salir a declarar; incluso comentó sobre la tristeza que tenía Cuquita como consecuencia del escándalo.

«Acosar es que yo la haya llevado a una caballeriza y que le haya bajado la blusa, eso es acoso. Pero lo que pasó fue un accidente con ella», se defendió en una entrevista con Mara Patricia Castañeda para Televisa, tratando de restar importancia al incidente.

«Puse mi mano, primero en el estómago y dije: "En el estómago se va a sentir ofendida", y subí mi mano y toman la foto. Si algo tengo es respeto al público. También ellas me agarraban, me abrazaban y hasta me llegaron a decir que nos hiciéramos una foto dándonos un beso, y yo me dejaba, pero con la boca cerrada», añadió echando más leña al fuego. Las redes explotaron y Vicente lloró frente a las cámaras.

Nadie le creyó, la imagen no necesitaba explicaciones ni excusas.

Esta noticia impulsó a la cantante Lupita Castro a revelar en la plataforma TikTok un secreto que llevaba oculto hacía décadas. En un clip que dura unos segundos, la cantante revela: «Vicente Fernández me acosó por mucho tiempo, pero hizo algo más grave que eso. Lo importante no es el por qué callé tanto tiempo. Lo importante es el por qué lo hizo. Tengo datos y fechas».

Días después, se sentó en el programa *Chisme en vivo* y amplió su confesión, dejando a todos perplejos: «Vicente abusó sexualmente de mí. Es fuerte, pero es cierto. Fue a mis 17 años, era menor de edad y era virgen».

La artista conoció al cantante a sus 16 años en el programa *Siempre en domingo*, donde cantaba junto a su hermana Mercedes. En ese momento, el secretario de Vicente —que ya tenía 36 años— se les acercó. «El señor las invita a la primera fila», les dijo, y ellas, unas chavitas, se sintieron halagadas.

Según su relato, Vicente les ofreció formar parte de su gira. Ella era menor y la condición de sus padres fue que la acompañara alguien de la familia. Chente les había ofrecido buen dinero y para ellas significaba un despegue para sus carreras.

Al principio, Vicente y las hermanas hicieron buena amistad y alternaban cuartos para pasar tiempo juntos platicando. Cuando salían a cenar, Lupita advirtió que el cantante la miraba distinto. «Era muy coquetón, pero creí que era galantería», explicó.

Lupita cuenta que en una de esas ocasiones él le tomó la mano, luego quiso besarla. En ese momento, ella lo soltó.[24]

—Vicente, tú eres casado.

—Ese no es tu problema, yo tengo un arreglo con mi mujer, ella sabe que yo soy un artista y que por fuera de la casa tengo todo permitido —respondió el cantante.

—A mí me criaron distinto, tengo que respetar a las personas, especialmente a la familia, y tú tienes niños.

—A mí no me importa, yo estoy enamorado.

Cuando Lupita lo amenazaba con dejar de trabajar juntos, Chente se tranquilizaba un tiempo, pero después volvía al ataque.

«Decía que me amaba y que una de las cosas que más le gustaba de mí era que él podría ser el primero y quedarse con mi virginidad. Que así fue con Cuquita. Otras veces me decía cosas bonitas, me cantaba especialmente, quería conquistarme como si fuera un novio», recuerda Lupita.

Vicente tenía buena relación con la madre de las chicas, quien ignoraba lo que su hija estaba viviendo. Cuando la señora las acompañaba, Vicente entraba al cuarto y le contaba lo dura que había sido su infancia, que sus padres se habían muerto sin que él pudiera comprarles una casa, y lloraba en su regazo. Más de una vez el cantante le dedicó una canción desde el escenario a la madre de Lupita y le decía que la sentía como a su segunda madre.

En uno de los viajes en los que ni su madre ni su hermana pudieron acompañarla, Lupita fue con una amiga de la familia y viajaron a San Luis Potosí. Vicente la interceptó en un pasillo y le preguntó si esta vez había viajado sola. Ella respondió que sí. Esa noche sonó el teléfono de su habitación. Se trataba de Chente, que las invitó a una fiesta. Más tarde, le pidió a ella si podía quedarse a acompañarlo, porque no se sentía bien.

«Lo invité a mi habitación para cenar juntos, pero él me dijo que no podían verlo entrar a mi cuarto, que mejor fuera al suyo».

En la habitación, Vicente le dio cerveza. Lupita, que no tomaba alcohol, empezó a sentirse mal y fue perdiendo la conciencia. Él la llevó hasta el sillón, le acercó un vaso de agua y cuando sintió que estaba mejor, se le tiró encima y la empezó a besar.

«Sentí su aliento caliente, todo su calor encima de mi cuerpo y su peso y presión. Tenía la fuerza de un animal, me agarró de las muñecas y no me podía mover. Traté de defenderme, pero tenía mucho miedo, no sabía qué podía pasar. Por un momento me quedé quieta porque no sabía qué hacer y en ese instante sentí que me penetraba», recordó los detalles de aquella noche.

En ese instante, la joven sintió que su vida cambiaría para siempre. El trauma de la violación la marcó y sus sueños de vestirse de blanco y llegar virgen al matrimonio se esfumaron.

«Sentí asco y vergüenza, entonces le grité y le dije: "¿Qué has hecho?, me has destrozado, me has desgraciado". Él me dijo: "Perdóname, no me pude contener, pero no te preocupes, yo te amo, te voy a apoyar en todo, te voy a mantener y nunca te va a faltar nada". Salí corriendo, tratando de acomodarme el pelo, la ropa y cuando llegué a mi cuarto, lloré, recé y le pedí perdón a Dios. A los pocos minutos, me llamó y me preguntó cómo estaba. Le dije que muy mal, dolorida y sangrando. Él me respondió: "No puede ser, las mujeres no sangran tanto, ¿no estarías con la regla?". Le supliqué que no se lo dijera a nadie. Pero después me había transformado en su obsesión. Él era Vicente Fernández, y a mí ¿quién me iba a creer?».

Una noche, la familia de Lupita había llegado al hotel después de un *show* y todos conversaban en su habitación. Madre, padre, hermanos y cuñados celebraban el éxito de la presentación. Vicente quiso pasar a saludar, eran las tres de la mañana, y se notaba que había bebido demasiado. Lupita lo atajó en la puerta, él la ignoró y entró, saludó a todos y se paró ante su padre:

—Señor, yo quiero hablar con usted.

—Dime, muchacho, ¿de qué quieres hablar?

—Estoy enamorado de su hija y me quiero hacer cargo de ella —explicó Vicente.

—Pero mi hija es menor de edad y usted es casado. Señor, no quiero escuchar semejante babosada —le contestó el padre de Lupita y lo echó de la habitación.

En ese entonces, Lupita creyó que tal vez ella y Vicente podían formar una buena pareja, compartiendo amor y trabajo. Dos años estuvieron juntos. Una tarde, él la llevó a ver una casa y le preguntó si le gustaba, quería comprársela. Ella se negó y Vicente se ofendió. La relación terminó cuando Lupita lo descubrió con otras mujeres.

¿Por qué no habló antes? La cantante reveló que tuvo miedo y vergüenza, y porque nadie iba a creerle. No quería que su padre se enterara, porque hubiera buscado a Vicente Fernández para matarlo. Su madre —que aún vive— se enteró apenas dos semanas antes de que lo hiciera público.[25]

Corazón roto

«Yo estoy consciente de que un día me les voy a ir a los míos también. […] Ojalá que yo me vaya primero para no sentir ese dolor, creo que no soportaría un día sin mi mujer». Una década más tarde de que Chente verbalizara uno de sus mayores temores, Cuca atravesaría una de sus peores crisis de salud.

Un profundo malestar aquejaba a la matriarca. Fuertes dolores de estómago intermitentes siguieron a un diagnóstico que la llevó directo a la sala de operaciones. Cavidades en el estómago y formación de bolsas en las paredes del intestino, bajo la terminología de diverticulosis, se detectó como la causa de sus dolencias. Esto, aunado a la diabetes diagnosticada con anterioridad, representó un revés para la salud de Cuquita. Sucedió en 2017 y tenía 71 años.

Tras la intervención quirúrgica practicada en Estados Unidos, un tratamiento logró estabilizarla; sin embargo, al cabo de un año, Vicente pensó que la muerte se la llevaría. Al tambalearse Cuquita, el castillo de naipes parece venirse abajo y entró en pánico.

Regresaron los dolores de estómago. Cuquita era incapaz de tragar bocado y empezó a perder peso. La crisis llegó a su clímax. El intestino ya no daba para más, se había obstruido y a María del Refugio se la veía realmente mal.

—¡Nos vamos a Texas ya! —se apresuró Chente al constatar el deterioro de Cuquita. En el hospital estadounidense estaba el médico que trataba al matrimonio Fernández Abarca desde hacía ya varios años.

Vicente no se separó de Cuquita hasta que estuvo recuperada para retornar a Los Tres Potrillos bajo estricta vigilancia.

Con el tiempo, Cuca comprendería que su dolencia estaba íntimamente relacionada con sus estados emocionales. Años de dolores, disgustos y angustias repercutieron en su estado físico. La fortaleza de la que hacía alarde en silencio se resquebrajaba. Su muro de contención cedía. Una década antes Vicente Fernández había compuesto una canción para Cuquita, que cantó con Vicente júnior: *Vamos a cuidarla más / Ya no hay que hacerla llorar / Ha sufrido ya bastante / Merece vivir en paz / Vamos a cuidarla más / Ya no hay que hacerla llorar.*[26]

A esas alturas, la canción no solo llegaba tarde, sino que la letra sonaba a una burla. Hacía tiempo que Cuquita había bajado los brazos respecto de las costumbres de su marido. No le creía nada. Siempre supo de los romances que mantenía Chente y de su compulsión por las faldas. También sabía de la relación amorosa de Vicente con su cuñada, la mujer de su hermano Raúl, padres a su vez de Alba, su sobrina y esposa de Gerardo. Tampoco le convenció el resultado de ADN de Pablo Rodrigo que le trajo su marido. Según el relato de una amiga íntima, cree que el estudio fue manipulado, que algo se oculta detrás de esta historia. Vicente continuó visitando a Pablo Rodrigo y a Patricia Rivera hasta 2008. Cuquita se enteró, pero se cansó de tantas mentiras y guardó silencio.

—¿Lo sigues amando, Cuquita? —le preguntó la amiga.

—A estas alturas no sé si es amor o es costumbre. Pero si lo pienso bien, no —respondió.

En una casa en la que los hombres dan el do de pecho cuando cantan o dan órdenes, la matriarca es la mujer sin voz, la que sonríe mientras se despedaza por dentro. La que sigue por costumbre, no por amor. La que está cansada de tantas mentiras. La que no tiene nada, porque las propiedades que están a su nombre llevan una cláusula que dice: «Con el usufructo de Vicente Fernández». La que no pudo cultivarse ni estudiar como hubiera deseado porque su esposo no se lo permitió y ella fue incapaz de rebelarse.

La vida intrincada y sombría de los demás, unida a la suya, la superaba.

El primogénito dando tumbos en su vida, Alejandro y sus excesos, Gerardo perfilándose como un ser dominado por la codicia y la maldad, enfrentado todo el tiempo con sus hermanos; un hombre que mentía y manipulaba, y en el que a ella le costaba reconocer al hijo que había criado con amor y dedicación.

Y su marido, con 81 años y en el ocaso de la vida, de nuevo en medio de escándalos de acosos y denuncias por abusos de mujeres, volvieron a derrumbarla.

CINCO

El Potrillo, una vida al galope

Estaba allí, plantado al centro del escenario ante más de 10 mil personas en San Antonio, Texas. Lucía un traje de charro bordado con preciosos ornamentos, en el que cada detalle armonizaba brindándole una apariencia inmaculada. Deslumbraba como un ángel y mientras el mariachi tocaba sin cesar, su figura mantenía en éxtasis a todos los presentes.

Los músicos ofrecían como fondo las notas del vals «Alejandra», una pieza romántica para orquesta que fue compuesta, como un encargo de amor, por el mexicano Enrique Mora a principios del siglo XX.

En esta especie de altar donde iba a ofrecer su canto, tomó el micrófono con toda la seguridad posible y se aventuró a dejar salir lo mejor de su voz. Entonó un «¡Ya...!» muy melódico, y de repente... enmudeció de terror.

Así debutó Alejandro Fernández en el programa *Siempre en domingo* de Raúl Velasco. Era un chavito minúsculo, delgadito, de solo cinco años.

Durante el lapsus, el más pequeño de los Fernández Abarca sonreía nervioso, exponiendo su inocencia desde ese huequito rosado en su boca, donde hasta hacía poco había un diente de leche. Mientras trataba de recordar la letra de la canción, resuelta a esconderse en lo más profundo de su memoria, el niño y las cámaras vieron a Vicente correr en su rescate.

Su papá, que lucía inmenso, experimentado y vigoroso con un traje negro ébano, se mostraba antónimo a su figura pequeña y vestida de blanco: esa es la primera imagen pública de Chente y su Potrillo, la que quedó impresa en la memoria colectiva. Vicente se agachó a su lado, lo miró a los ojos y con su voz potente le cantó: «Déjame decirle que eres tú mi amor…». Y Alejandro continuó con su voz infantil: «Mi obsesión, mi ilusión. Tengo que decir que yo por ti…». ¡Y el olvido hizo de las suyas de nuevo!

Vicente lo ayudó a terminar, susurrándole la letra al oído y Alejandro inspiró profundo y remató con todas sus fuerzas: «¡Te quiero, Alejandra, con todo mi amoooorrrr!». Las lágrimas le corrían como un torrente por las mejillas, y lo acompañaron durante toda su interpretación siguiente, «La de la mochila azul», canción escrita por Bulmaro Bermúdez para el debut de Pedrito Fernández.

Así se ganó los aplausos del público, que, enternecido, comprendió lo difícil que pudo haber sido ese momento para el pequeño Alejandro. El niño se enfrentaba no solo a una masa feroz que tiene el poder de construir ídolos, sino también de sepultarlos, además de chocar desde su inocencia con la magnificencia colosal que Vicente ya había alcanzado tras años de arduo trabajo artístico.

La escena, profundamente conmovedora, marcó desde sus inicios una historia de fuertes contrastes para ambos personajes, que unidos por la misma sangre siguieron caminos diferentes dentro de la música popular. La historia de Alejandro y Vicente ha sido una danza continua entre los extremos del blanco y el negro, de la luz y la oscuridad, como aquellos trajes que ambos lucieron el día del debut del Potrillo en el ahora lejano 1976.[1]

EL MILAGRO DE NACER

El 24 de abril de 1971, en la Ciudad de México, y contra todos los pronósticos médicos que le aseguraban a la pareja que el bebé que llevaba Cuquita en el vientre estaba muerto, Alejandro, el menor de los potrillos, llegó al mundo. Su madre se empeñó en dejarles saber a todos que sentía que el bebé se movía y decidió ser fiel a sus instintos de madre, arriesgando su propia vida en el proceso.

180

«No le practicaron un legrado porque ella no se dejó», contó Chente. Él la motivó entonces a continuar su vida con normalidad, mientras el tiempo pasaba y esperaban el desenlace con ansiedad.

Felizmente nació Alejandro, un niño amado por sus padres y en el que Vicente vio, con el paso de los años, la prolongación de su grandeza y su éxito en los caminos de la música ranchera.

Alejandro debía ser como él, debía ser el heredero de su legado.

Los tres hermanos crecieron pegados a las faldas de Cuquita. Abnegada y de bajo perfil, ella cuidó de sus hijos, sacrificando su propia vida para que Vicente no solo pudiera traer el dinero para mantener a la familia, sino para darle la oportunidad a su marido de despegar como estrella de la canción mexicana.

Aunque Vicente estuvo pendiente de los niños en la distancia, llamándolos por teléfono o escribiéndoles cartas, privó a sus hijos de su presencia, porque siempre estaba trabajando. Los llevaba ocasionalmente en sus giras, pero la ausencia paterna en la vida de los niños Fernández Abarca es un reclamo constante en las declaraciones de Alejandro.

El Potrillo coincide con sus hermanos en que les hubiera gustado gozar más de la compañía de su papá en sus años de infancia; sin embargo, a él se le nota en el discurso un dejo de molestia por ese pasado que ya no ofrece la oportunidad de enmienda.

Alejandro, el más pequeño, siempre vivió bajo el éxito de Chente. Vicente júnior y Gerardo habían nacido durante la etapa en la que su padre dejaba el anonimato y crecieron a medida que la fama de Vicente también lo hacía. En aquellos años, si bien ya había compromisos que cumplir, no eran tan intensos y extensos como cuando se convirtió en ídolo, justo en la época en la que nació el menor de los hermanos.

SU PRIMER SUELDO A LOS SEIS AÑOS

A pesar de sus nacimientos accidentados, los tres potrillos resultaron fuertes, rebeldes, alebrestados, haciéndole honor al apodo. Con ese nombre, y en tributo a sus vástagos, Vicente bautizaría su famoso rancho y buena parte de los negocios posteriores de la familia.

Cuando se mudaron allí, Vicente júnior tenía 15 años, Gerardo 13 y Alejandro solo ocho. Era 1980 y Vicente Fernández ya disfrutaba de un éxito colosal, tanto en la música como en el cine, y no perdió la oportunidad de involucrar a Alejandro en las lides artísticas.

Alejandro debutó en la pantalla grande unos años después, en 1978 con *Picardía Mexicana*, una película de Abel Salazar basada en el libro homónimo de Armando Jiménez. Allí compartió créditos como actor con su padre y con Jaqueline Andere, Héctor Suárez y Adalberto Martínez, conocido popularmente como Resortes. Además, con ese filme el Potrillo —quien recibió su apodo gracias un tío que lo llamaba el Pony— cobró su primer sueldo.

Aparentemente el pequeño Alejandro cautivó a los realizadores cinematográficos, porque ese mismo año le dieron la oportunidad de participar en *El Arracadas*, cinta protagonizada por Vicente y en la que sostuvo aquel tórrido romance extramarital con su compañera de reparto, Patricia Rivera. Esta relación desembocó en el polémico nacimiento de Rodrigo, quien años después, cuando había pasado largas temporadas en el rancho, resultó no ser hijo de Vicente Fernández según una prueba de ADN.

En 1991 Rafael Villaseñor le ofreció a Chente filmar una película llamada *Mi querido viejo*, en donde haría el papel de un cantante popular que debe enfrentarse a la relación incómoda con su hijo, un muchacho producto de un matrimonio fallido que había sido educado bajo los caprichos de la alta sociedad. Para el papel del hijo habían fichado en principio a Eduardo Capetillo, Pedro Fernández y Alejandro Ibarra, pero Vicente se empeñó en que le dieran la oportunidad a Alejandro, que ya estaba listo para iniciar formalmente su carrera musical.

Esta historia puso punto final a la carrera cinematográfica de Vicente, que se veía viejo. Sea como fuese, a los Fernández les cayó como anillo al dedo. Alejandro hizo el papel que sabía hacer, el de hijo de Chente, y aunque actuaba muy mal sí sabía cantar. Así, en una escena edulcorada, Alejandro se presenta ante su padre diciendo: «He venido esta noche a decirle a un gran hombre, a un gran artista que se entregó siempre por amor a su profesión, que lo quiero, lo admiro, lo respeto, que una vez cuando era muy pequeño me comentó que a mi abuelo le gustaba esa canción. Ahora, siendo yo un hombre, quiero dedicarle con las mismas palabras la canción que a mi abuelo le gustaba. Para ti, papá. Para ti, mi querido viejo».

Y un Alejandro veinteañero se lanza a cantar «Cuando yo quería ser grande», un tema emotivo, dedicado especialmente para Chente: *Ya no me lleva mi padre la mano, solamente sus consejos / Viven en mí los recuerdos de niño cuando una estrella deseaba...*

Y ya como un dúo, culminarían mirándose a los ojos: *Cuando se cansen un día tus pasos / yo quiero ser quien los cuide / mientras tanto dame el brazo y vamos a ver qué vas a decirme...*

Esa misma canción le cantó Alejandro a su padre, entre lágrimas, el 30 de septiembre de 2002 en la última presentación de Vicente antes de someterse a una intervención quirúrgica por un cáncer que le habían detectado en la próstata. Y Vicente cuenta que «¡se le rodaban los lagrimones! Yo le agarraba la lonjita y le decía: "No llore, mijo, no llore, cabrón. No va a pasar nada, que se lo digo yo"».

Más de una década después, Alejandro volvió a la gran pantalla, haciéndose cargo de la reinterpretación que el director Alfonso Arau, el mismo de *Como agua para chocolate*, hizo del gran revolucionario mexicano Emiliano Zapata. La película, que se estrenó en 2004 bajo el nombre *Zapata, el sueño del héroe*, contó con la participación de estrellas como Lucero, Jaime Camil, Patricia Velásquez y Angélica Aragón. Sin embargo, a pesar de haber sido la cinta más costosa en la historia del cine mexicano, ambiciosa en su arte e incluso en ofrecer una versión casi mágica del héroe de la Revolución, fue un rotundo fracaso en taquilla. La crítica fue implacable.

Alejandro había echado mano de todo lo que había aprendido de la charrería que aún practica, de montar caballo y de los ademanes del campo; también aprendió náhuatl para expresar adecuadamente algunos diálogos de la película que así lo requerían. Pero ni el esfuerzo, ni el bigote, ni las balas, ni los machetes, ni la fama de todos los involucrados en el filme capturaron la atención de los mexicanos, y por supuesto ningún empresario se arriesgó a apostar por la película en el ámbito internacional.

Con *Zapata*, Alejandro decidió no seguir los pasos de Vicente en el cine. Fue así como puso un punto final a su carrera como actor y entregó todo su talento en el arte de cantar.

EL GERMEN DEL HEREDERO

Doce cascabeles lleva mi caballo por la carretera / Un par de claveles al pelo prendío lleva mi romera.

Así cantaba contento Alejandro, tratando de imitar la voz de Juan Legido Díaz en aquel paso doble que Los Churumbeles de España popularizaron en los años cincuenta. La canción, que incluye una instrumentación que por momentos coquetea con un jazz de sonido muy cinematográfico, suponía para la época una chispa diferencial importante.

En ese momento tenía seis años y su dicción al cantar era complicada: le faltaban los dientes de adelante y no tenía soporte para apoyar la lengua y pronunciar bien ciertas letras. Cantaba como podía, mientras su padre sonreía divertido y le enseñaba las variaciones tonales que debía practicar. Alejandro profesaba desde niño un amor indiscutible por el canto y por las canciones complejas y los ritmos alternativos que iban más allá de lo tradicional. Creció escuchando mariachis y rancheras, la música que su padre realizaba y cantaba, y que él amaba. Pero, sin duda, su oído fue seducido por estas otras melodías y por las voces más bellas del mundo hispano, que incluían también la de su padre.

Tal vez por eso a los 14 años ya cantaba magníficamente. Así se evidencia en un video de 1985, en el que acompañado por ocho músicos interpreta una versión de «Alejandra» en un *tempo* distinto, más lento al que utilizó el día que se le olvidó la letra ante 10 mil personas. Ahora su voz sonaba melódica, poderosa, aunque su postura escénica aún lo mostraba como un chico inseguro y temeroso.

Fue más o menos durante esa época cuando Vicente lo llevó de sorpresa a *Mala noche ¡No!*, un programa que conducía Verónica Castro en el Canal 2 de Televisa. «Lloraba de vergüenza [...] se me olvidó la canción, me puse nervioso con tanta gente», le explicó con mucha timidez a la conductora. Por si fuera poco, ese episodio grabado en video con los años se convertiría en un *loop* en muchos encuentros con los medios.

Verónica continúa interrogando a Alejandro, pero es Vicente quien toma la palabra:

—A él no le gusta cantar.

—Pero ¿cómo que no te gusta cantar? —replica la conductora.

—Sí me gusta, pero poquito —afirma Alejandro con una sonrisa. Entonces Vicente le pega por la cabeza y Alejandro rectifica:

—¡Sí! ¡Sí me gusta!

Verónica se da cuenta del gesto que, aunque familiar, fue irrespetuoso, y solicita amablemente y entre risas nerviosas que «sin nalgadas» en cámara.

Entonces los Fernández cantan a dúo «Te lo juro por Dios». Alejandro destaca con una voz tersa, que complementa a la perfección la potencia vocal del Charro de Huentitán.

Durante la interpretación Vicente le arregla el micrófono a su hijo, va buscando el ajuste más adecuado para el registro —especialmente para el suyo— e intercambia los micrófonos. Cantan muy cerca, cara a cara, como en un reto que enfrenta a dos generaciones, a dos experticias, a dos talentos.

Allí están ambos, en un duelo, amándose y odiándose, listos para la estocada final. Un beso en la boca lo sella todo, como es costumbre en la casa de los Fernández.

Aquí no hay malicia, solo cariño paternal.

«Que empiece de abajo, como todos»

Aunque Alejandro afirma que nunca tomó clases de canto, sino que se hizo cantando, lo cierto es que su padre fungió como el más exigente de los maestros y gracias a él aprendió a sacarle el provecho a su voz. Vicente Fernández, al darse cuenta de que su hijo pequeño había heredado la belleza de su voz, se propuso dirigirlo por la senda musical. Aunque en ese momento el Potrillo no tenía ni un poquito de ganas de dedicarse a la música.

«Si Alejandro quiere algún día cantar, que empiece de abajo, como todos. Lo que pasa es que es una carrera muy difícil y muy dura. Yo trabajé tanto para darles a mis hijos lo que yo no tuve de joven, ¿para qué dejar que haga una cosa que a mí me costó mucha lágrima? Se siente muy triste estar lejos de lo que uno más quiere. Es tan duro tener un hijo y no poder tenerlos en los brazos, pero en esta carrera es así»,[2] afirmaba Chente con nostalgia.

Tal vez Fernández quería evitar que su hijo se equivocara y sufriera lo que él padeció en el medio artístico, y no quería ponérselo todo en bandeja de plata. No obstante, también quería ayudarlo a crecer y desarrollarse como artista. Y aunque con el tiempo se convirtió en un incómodo control para su hijo, le enseñó sus secretos para sacarle provecho a su privilegiado registro vocal.

Ambos se paraban frente a frente, usaban sus manos para escuchar el registro de sus voces, jugaban con todas las posibilidades vocales individuales, intercambiaban lugar entre primera y segunda voz para destacar esas sutilezas que tanto embellecen la pieza final.

A pesar del encanto estético del juego maestro-aprendiz, Vicente ha mantenido una relación con su hijo tan tirante y filosa como un elástico de acero. Se aman, pero a ratos parecen odiarse. Alejandro seguramente no le perdona a su padre su ausencia en la niñez y la adolescencia, porque además, cuando regresaba a casa, ejercía toda su dureza ante los tres hermanitos y les llamaba la atención con la potencia de un antiguo patriarca.

«Mi padre siempre ha tenido una personalidad muy fuerte, con la pura mirada sabías lo que quería decirte, pero le agradezco mucho que haya sido así con nosotros, porque todo lo hizo por nuestro bien», rememora el Potrillo.

Pero tal parece que, en el fondo, a Vicente le cuesta ver que Alejandro se hizo adulto y que a diferencia de sus hermanos tiene una vida solvente, exitosa, y es independiente de la fortuna paterna.

Un episodio lo demuestra con claridad meridiana. Después de un accidente que tuvo esquiando con sus hijos en Aspen, Estados Unidos, en 2014, y por el que necesitó cirugía de urgencia para arreglarle una fractura compleja en la rodilla, Alejandro se presentó una noche en muletas en el rancho para cantarle a su padre «Las mañanitas» como un homenaje a su cumpleaños. El Potrillo estaba emocionado con la serenata que iba a darle y que sería una sorpresa.

Vicente Fernández ya se había acostado cuando su hijo empezó a cantar con los mariachis. Abrió la puerta de un golpe y en lugar de darle las gracias, dejó salir al caballo desbocado que tiene dentro y a los gritos le preguntó si le cantaba «porque estaba borracho».

La casa estaba llena de gente que había sido invitada a la celebración. Según el relato de un testigo, la escena fue muy triste para todos, pero especialmente para su hijo, que se fue de allí, cabizbajo y llorando.

Chente no duda en levantarle la voz a Alejandro, regañarlo y, a veces, hacerlo quedar en ridículo incluso frente a las visitas. Seguramente no lo hace por maldad, tan solo es una pieza de su carácter. Y a pesar de las continuas reprimendas, mandó construir una cabaña a su hijo menor en los terrenos de Los Tres Potrillos para que viviera allí con su familia. Decorada en un estilo rústico, incluye detalles en madera y fotografías familiares, además de un jacuzzi en piedra ideado por el mismo Chente, con vista a un pequeño lago.[3]

El rey quería tenerlo cerca y ver crecer a sus nietos. No obstante, Alejandro huyó despavorido y se mudó bien lejos, donde los tentáculos paternos y todas las intrigas familiares que derrumban el mito de ejemplaridad de la dinastía Fernández no pudieran alcanzarlo. Eso le dolió mucho a Vicente, que siempre había soñado con tener un rancho y que sus descendientes disfrutaran de esa vida de campo que a él tanto le fascina.

El otro agravante de la relación es que Alejandro heredó el mismo carácter de su padre y chocan muchísimo;[4] ambos son como la pirotecnia: esperan combustible para explotar. Por eso están como en una competencia continua que, con la fama de ambos, se ha convertido en un enfrentamiento de titanes. En una ocasión, cantando karaoke en el rancho como tanto les gusta, Alejandro y Chente se pusieron de tú a tú a pelearse el micrófono para ver quien cantaba mejor. Fue una situación incómoda entre ambas estrellas, pues indudablemente no pueden competir entre sí, no solo por el talento inmenso de ambos, sino por lo más importante: porque son, simplemente, padre e hijo.

Alejandro había nacido en la Ciudad de México justo cuando en la radio sonaba «My Sweet Lord» del ex-Beatle George Harrison, «Mi corazón es un gitano» de la tijuanense Lupita D'Alessio y «Nasty Sex» de La Revolución de Emiliano Zapata, un grupo psicodélico nacido en Guadalajara. En esos años despegaban las carreras de Juan Gabriel y José José, y también se hicieron famosos cantantes y grupos extranjeros como Julio Iglesias, Raphael, Los Ángeles Negros y Los Terrícolas. Por su parte, Vicente cimentaba su carrera en el cine con la película *Tacos al carbón*, y en 1972, se consagraba como uno de los artistas más importantes de la canción mexicana con su gran himno «Volver, volver».

Muy pronto el Potrillo se convirtió en ciudadano adoptivo de Guadalajara, en donde vivió gran parte de su niñez y su adolescencia. En ese momento Vicente disfrutaba de su internacionalización y congregaba a miles de personas en sus conciertos, pero también experimentaba en su disco *15 grandes con el número uno*, versionando con mariachi temas emblemáticos de otros famosos hispanoamericanos como «Jamás», de Camilo Sesto, «Me basta», de José José, «Y cómo es él», de José Luis Perales y «Todo se derrumbó dentro de mí», de Emmanuel.

En esa época, otro germen alternativo a lo tradicional nacía en Guadalajara: un pequeño grupo de rock en español llamado Sombrero Verde, liderado por Fher Olvera y Juan Diego Calleros. Posteriormente, por allá de 1987, terminaría convirtiéndose en la popular agrupación Maná. Años después, Alejandro y Fher han compartido reuniones con amigos en común y han trabajado juntos apoyando al presidente estadounidense Joe Biden en diferentes campañas para defender los derechos de los inmigrantes y motivar a la comunidad latina a vacunarse contra la COVID-19.[5]

Gracias al estatus social que había alcanzado Vicente Fernández en Jalisco, Alejandro trabó amistad con otros jóvenes pertenecientes a familias poderosas de la región; se hizo adulto escuchando ritmos alternativos al mariachi, la ranchera y los corridos, que ya formaban parte de su vida familiar. Todo ello a pesar de que en paralelo crecía su negativa a dedicarse al canto, en parte por su timidez, pero también porque conocía bien las consecuencias traumáticas que esa vida dejaba en los hijos.

Vicente, mientras tanto, lo presionaba para que se rindiera a la seducción de dedicarse a la música.

Un día dio su brazo a torcer. Grabó un dúo con su papá para el disco *México, voz y sentimiento* (1990), el cual reunía a grandes voces como Ana Gabriel, Tania Libertad y Pedro Fernández.

Chente lo llevaba a las giras. Él mismo recuerda que Alejandro se enconchaba en su propio cuerpo cuando cantaba, y él le decía: «Pero levanta la cara y da vueltas mirando al público, ¡muestra esa dentadura tan bonita que tienes, estúpido!».[6]

A la par que sentía las duras reprimendas públicas de su progenitor, Alejandro acumulaba por dentro el hartazgo y las ganas de liberarse del peso de una relación que rayaba la frontera con lo tóxico.

Sony Music grabó su primer disco, un álbum de título homónimo que vio la luz en 1992 y en el que su padre le daba su espaldarazo por partida doble: deseándole en la portada y a puño y letra «Suerte, hijo», y con una canción a dúo titulada «Qué pregunta, muchacho».

Para apoyar el lanzamiento, el equipo de Raúl Velasco se trasladó hasta Los Tres Potrillos y allí Chente se hizo cargo de todo. El rey se estresaba tanto que le levantaba la voz a Alejandro, lo sermoneaba y le hacía sentirse incómodo ante los presentes. Dicen que en esa época Vicente hasta le hacía algunas fotos, mismas que luego usarían para promocionarlo.

Contaba el Charro de Huentitán que hasta de lejos le ponía el ojo y el oído a su hijo.

«Me la pasaba por teléfono, no quería que fuera al estudio porque él se ponía nervioso. Y le decía a Pedro [Ramírez]: "A ver, pónmela. No, grábale de aquí a acá". [...] Y un día me dijo: "Ay, papá, ya no quiero cantar contigo, sino solo. Es que cuando canto contigo pues me quieren porque soy tu hijo, pero cuando ya llevo cinco o seis canciones veo que me la están rayando los de la primera fila". Y lo entendí. Entonces le dije: "Ya no vas a ganar lo que ganas, te vas a ir a ganar 20 mil pesos, con un mariachi baratito y un sonido que no te cueste caro". Y así lo empezamos a manejar. Después él siguió solo», confesó años más tarde en una entrevista con Adela Micha.

El siguiente disco fue *Piel de niña* (1993), con una portada inquietante en la que el cantante aparece sin camisa luciendo un sombrero de charro y un pañuelo anudado al cuello. Siguieron los álbumes *Grandes éxitos a la manera de Alejandro Fernández* (1994), *Que seas muy feliz* (1995) y *Muy dentro de mi corazón* (1996). Todos estos discos de sus inicios en la ranchera y el mariachi fueron producidos por el ya desaparecido director y arreglista Pedro Ramírez, y llevaron a Alejandro al éxito cantando temas como «Es la mujer» y «Como quien pierde una estrella».

Sobre esa etapa, Alejandro afirma que «sobresalir en el ámbito internacional como solista fue muy difícil, sobre todo cantando solo música ranchera. Yo quería dar un brinco y no podía. Me sentía como pegado a una silla».[7]

Vicente Fernández quería seguir llevando las riendas de la carrera de su hijo. No se rendía. Permanecía vigilante de cada detalle. Debía asegurar que su legado continuara intacto. No lo había logrado con

Vicente júnior, pero creía que iba en camino a alcanzar su sueño consagrando al Potrillo. Y se salió de sus cabales con la portada de una revista en la que Alejandro estaba sentado en una pose sugerente. Miró a Cuquita sentada a su lado en el rancho y, enfurecido, reclamó: «¡Este no es nuestro hijo!». En realidad, según relato de amigos presentes, expresó palabras más duras y despectivas. Y se juró a sí mismo que no le iban a comprometer la sexualidad a su hijo.[8]

Alejandro cantaba, apoyado en un árbol del rancho. Lo hacía para las cámaras que acompañan a Chábeli Iglesias, la hija de Julio, que lo entrevistó en el rancho. Mientras él entonaba su canción caminando entre la maleza, el director se atrevió a mostrar el detrás de cámaras. Y allí se ve a su padre dando órdenes. Toma por la cintura a un camarógrafo para moverlo en torno a su vástago, revisa los encuadres de las cámaras... controlándolo todo, como siempre.

EL INDOMABLE

Era el año 1985 y «Conga», el superéxito de Miami Sound Machine, sonaba en la radio y en las fiestas del continente. Se trataba de un tema que fusionaba salsa con pop y que incluía el atrevimiento de una letra en inglés. No por nada fue la canción que puso en la palestra a los Estefan. Alejandro tenía entonces 14 años, una edad en la que los hijos comienzan a luchar por tomar sus decisiones y a desligarse de la vida familiar.

Tiempo después, el más chico de los hijos de Vicente Fernández tendría el gusto de conocer a los Estefan. Alejandro, que había quedado locamente prendado del álbum *Mi tierra* (1993), de Gloria Estefan, ya se había hecho un nombre dentro de la música. Fue así como tuvo la oportunidad de participar junto a ella, Roberto Carlos, José Luis Rodríguez, Jon Secada, Ricky Martin, Julio Iglesias, Carlos Vives, Patricia Sosa y Plácido Domingo en la grabación de la canción «Puedes llegar», la cual se incluía en el álbum *Voces unidas*: un trabajo que Emilio preparó para los Juegos Olímpicos de Atlanta 1996.

Con ellos entablaría una gran amistad, especialmente con Lili, sobrina de Emilio, y además encontraría el camino para alcanzar esas puertas del cielo que, con su padre al lado, no había podido abrir. No obstante, Vicente asegura que fue Emilio quien le calentó la oreja a Alejandro. Pero el Potrillo, que quería hacer un disco con ritmos distintos a los rancheros, se atrevió a consultarle a Emilio, un buen amigo de la familia, la posibilidad de que se lo produjera. Así llegó en 1997 *Me estoy enamorando*. Lo apadrinaban en la producción no solo Emilio Estefan, sino también Kike Santander: una dupla poderosa. Además, apoyaban en la interpretación musical Luis Enrique y la Orquesta Sinfónica de Londres.

En el álbum Alejandro exploró su propio estilo al cantar con esos ritmos que tanto le atraían, como la balada, el bolero y el pop romántico, todo sin dejar de lado sonidos que remitían a la música con la que había iniciado su carrera. En *Me estoy enamorando* se incluían un dueto con Gloria Estefan titulado «En el jardín» y canciones como «Yo nací para amarte» y «Si tú supieras», que rápidamente se convirtieron en éxitos en América y Europa.

Vicente Fernández se puso furioso cuando se enteró de que Alejandro se había acomodado a los encantos de los Estefan, porque además de ver que su herencia musical corría hacia un destino distinto al que él había trazado, perdía la posibilidad de manejar la carrera de su hijo a su antojo. Lo consideró una traición a su entrega incondicional, a su cuidado desmedido, a su carácter de mentor sobreprotector, a su garbo ranchero, a su investidura como máximo exponente de la tradición musical mexicana. Y el conflicto creció tanto que Alejandro se marchó de la casa.

Vicente no olvida esos días. «Me enojé tanto que le dije: "Hijo, ¡tú y yo somos México! Somos como el ixtle, como las tunas, como los nopales, como los magueyes, ¿y quieres cantar pop? ¿Después de tanto que batallé?"».[9] Sin embargo, después reflexionó y le entregó a Alejandro una servilleta en la que había escrito: «Vale para que grabes con Emilio Estefan. Suerte. Te amo. Vicente».

Las cosas no se calmaron tan fácilmente.

Durante el lanzamiento del disco, Alejandro cambió de *look*. Se deshizo de las corbatas de moño y las botas de espuelas para lograr una apariencia que reflejara más su personalidad y que, además, estuviera acorde con ese momento romántico-pop al que se había inclinado. Ante los ojos de la familia, tan apegada a la ranchería, resultó toda una provocación.

Vicente no pudo morderse la lengua ante tal atrevimiento. En cierto momento explotó y dijo que no le gustaban esas modas de los muchachos jóvenes. Que así como no estaba de acuerdo con el cambio musical de su hijo, tampoco estaba contento con los aretes, el cabello largo, los tatuajes, ni con los desnudos sugerentes en los videos. «No creo que una imagen así sea masculina. A veces no sabe uno quién es hombre y quién es mujer […] Ahora a los hombres que hacen eso les llaman metrosexuales y para mí no son tal». Añadió que, aun así, respetaba mucho a su hijo.[10]

Alejandro no le prestó atención y defendió su nueva propuesta, porque le gustaba estar guapo para sus fans. «Lo que pasa es que mi papá es de otras ideas, de otros tiempos. Pero nos respetamos y nos amamos. Sé que en el fondo él dice esas cosas en buena onda y no para molestarme».[11]

La relación entre padre e hijo transitaba su peor momento.

Alejandro se ganaba los corazones de su generación, no solo en México, sino en gran parte del mundo; le daba un nuevo aire a la tradición de su país de origen, mostrando que era posible actualizarlo desde lo musical pero también desde la moda y el estilo de vida.

Con Vicente, la relación llegó al punto de dejarse de hablar: «Él puso esa gran distancia entre nosotros», dijo Alejandro en una entrevista con *Los Angeles Times*.

En ese tiempo, era el gran centro de atención. Enloquecía a las mujeres de todas las edades, se manejaba entre lo tradicional y lo contemporáneo, vendía millones de discos y llenaba auditorios enteros. Era respetuoso y discreto, rompía con todo aquel paradigma del charro, el del hombre de pistola en la cintura. «Es un mito, porque para ser un buen charro no es necesario ser pobre», sentenciaba Alejandro, refutando un concepto muy arraigado en Vicente.

Tras el éxito de *Me estoy enamorando*, Alejandro regresó a la ranchera con la placa *Mi verdad* (1999), con la que ganó un premio Grammy Latino. Posteriormente trabajaría nuevamente con Emilio Estefan y Kike Santander para el álbum de pop latino titulado *Entre tus brazos* (2000); en él se incluiría un tema del mismo título, que resultó ser su primera composición, aunque comparte créditos con la colombiana Ximena Díaz (quien posiblemente era su pareja en ese momento) y Jorge Estrada.

De ahí en adelante, todo su trabajo fluctuaría entre lo tradicional y lo pop, alcanzando un estilo propio que lo consagraría como uno de los grandes exponentes de la música mexicana en el ámbito internacional.

EL PRIMER AMOR

El control del patriarca, como un ente devorador, se había expandido desde siempre sobre la vida de su hijo menor. Por supuesto, iba mucho más allá de lo profesional. Alejandro ya no era un niño, pero Chente apretaba más y más la tuerca incluso en las facetas más personales de su hijo.

Había que casarse temprano, ley de charro, irrevocable, inviolable. Así que Vicente siempre estaba buscando emparejarlo. A tal extremo llegó la intromisión en la vida amorosa de Alejandro, que le preguntó a la actriz Angélica María si no podía presentarle su hija Angélica Vale a Alejandro, que Cupido después podría hacer lo suyo. Alejandra Guzmán también fue una de las posibles candidatas a novia. Con ese entusiasmo, Chente empezó a presionar a Alejandro, un jovencito que soñaba disfrutar de la vida universitaria, con su novia, América Guinart.

La madre de la joven, la hermosa cantante Amelia Martínez, ya tenía su historia con Vicente Fernández. La misma América lo relató en su cuenta de Instagram, cuando publicó varias fotos antiguas. Allí se les ve a ambos, a Chente y a Amelia, muy jóvenes junto a unos mariachis, compartiendo un set de televisión que probablemente corresponda a los años en que coincidieron en el canal 6 de Guadalajara.

«En su juventud cantaban juntos en la televisión… eran buenos compañeros… mi mamá biológica (Amelia) y mi papá postizo (Vicente). El destino lo llevó a él a presentarle a ella a quien sería su esposo… mi papá biológico (Roberto). Hasta la fecha tienen un lindo matrimonio. Ahora, mis hijos pueden ver fotos de sus abuelos cantando juntos en su juventud cuando seguramente jamás imaginaron que en el futuro sus hijos se casarían (Alejandro y yo) y que ellos compartirían los mismos nietos (Alex, Camila y América). Destino, historias, coincidencias…», escribió América en ese *post*.

El papá de América es Roberto Guinar, el Centauro (Guinar sin «t» porque es su nombre artístico), un reconocido cantante de música ranchera, multiinstrumentista, actor de cine y charro, que enamoró a mucha gente gracias a sus espectáculos ecuestres sin precedentes. De este modo, Vicente fue el celestino entre sus amigos Amelia y Roberto, sin saber que años después se convertirían en consuegros.

Alejandro, que en ese entonces aún no quería ser cantante, era amante del diseño y el arte, especialmente el contemporáneo y el impresionismo. Se fue a estudiar arquitectura con América, su amor de la adolescencia, a la Universidad del Valle de Atemajac (Univa), en Jalisco. Allí, mientras América le ayudaba a pasar las tareas, Alejandro aprovechó para cortar el cordón umbilical y ganar independencia.

«Mi papá me hizo mucho daño. Estaba muy enamorado, pero tenía mucha presión de mi papá, que se preocupaba mucho por nosotros […] Tal vez fue una de las cosas que a mí me influenció, para que yo tomara la decisión de casarme a una edad temprana», reflexiona Alejandro con pesadumbre.[12] Y a pesar de que durante su época universitaria él y su novia ya tenían ofertas profesionales, finalmente cedió ante las presiones de Vicente y aceptó darse la oportunidad en el medio artístico.

A América la idea la dejó pasmada, y se dio el lujo de decirle no a la posibilidad de casarse con Alejandro. «Cuando me dijo que iba a comenzar a cantar yo le dije: *"Okey, bye!* Yo no me caso, no quiero eso en mi vida". Pero mira cómo es el destino, eso me hizo reflexionar… y un día dije: "Pero qué egoísta, tal vez le estoy quitando a él la oportunidad de hacer con su vida lo que quiere y al mundo la oportunidad de que lo tengan como artista". ¡Maldita la hora!».[13] América lo apoyó, él dejó Arquitectura para dedicarse a la música y en 1992 se casaron. Él tenía 20 años y ella apenas tenía 19.

Quiero ver jugueteando / por las piezas y patios / un muñeco de carne, mitad tú mitad yo / Que lleve en sus cabellos el color de tu pelo / y en sus ojos de cielo / la mirada piadosa que Dios me regaló.

Así le cantaba Alejandro a América durante su primer embarazo. Las notas de «Mitad tú, mitad yo» se convirtieron en símbolo de la emoción que sentían ante el nacimiento del bebé. El 4 de noviembre de 1993 nació el pequeño Alejandro (Alex), el primogénito del Potrillo, que en la actualidad refresca el legado de la dinastía Fernández con su incursión musical.

América se graduó de arquitecta y, aunque era muy joven, se dedicó a cuidar de su familia. Seguía fielmente las «sugerencias» que le habían hecho sus suegros tras el matrimonio: no acompañar a su esposo al trabajo y mantenerse bien alejada de la prensa. Cuquita le decía que siguiera su ejemplo, ella no acompañaba a su esposo a nada, había que mantener un perfil bajo para beneficio de todos.[14]

Sin embargo, entre los planes de Alejandro y América estaba tener más hijos, aunque ya se habían distanciado por algunos momentos. El segundo embarazo de la pareja traería felicidad, pero también angustias por partida doble. América esperaba gemelas y estaba feliz, pero la gestación sucedió a la sombra de la posibilidad de perder a las bebés. Tuvo desprendimiento de placenta y debió permanecer cuatro meses recostada. ¡Fue tan complicado que hasta la bañaban en la cama! «Alejandro estuvo todo el tiempo conmigo, y la verdad era difícil».[15]

Luego de que pasó el peligro y logró hacer su vida, a los dos meses regresaron las malas noticias. América recuerda que a su casa llegaron sus padres, sus hermanas y por último Alejandro, quien poco antes había salido con unos amigos y había decidido regresar tras una llamada del médico. La reunión era para notificarle que tenía pree-clampsia, que podía complicarse con suma facilidad y que nuevamente enfrentaba la posibilidad de perder a sus hijas. «Fue una pesadilla», admite.

Las gemelas Camila y América nacieron el 30 de noviembre de 1997, en ese orden, y con un minuto de diferencia.

Lo que parecía una familia perfecta no lo era tanto. América des-de el principio se había dedicado a ser madre y, mientras eso ocurría, Alejandro estaba muy enfocado en su carrera. Entre conciertos, entre-vistas, promociones y fiestas, comenzaron a atravesarse otras mujeres y los chismes.

América no estaba dispuesta a ser la esposa sumisa que aguanta-ba las infidelidades del charro. No daría pie a repetir la historia de Cuquita y Vicente. Ella era una mujer hermosa, inteligente y profe-sional, y exigió respeto a su integridad. Podía dejar pasar cualquier cosa, excepto la infidelidad. Y la ruptura fue inevitable.

«Estábamos muy chicos, muy inmaduros. Yo no voy con las in-fidelidades, creo que soy una mujer que merezco respeto, el matri-monio merece respeto, y los hijos merecen respeto. Pues la manera de pensar de Alejandro, por lo menos en ese entonces, era que el ma-trimonio dura porque la mujer aguanta y permite que él tenga otras mujeres. Yo ni entonces, ni ahora, ni nunca voy a ir con esa idea», aclaró América.[16]

En 1998 llegó la separación y luego el divorcio, que no fue com-plejo porque se habían casado con separación de bienes y porque América decidió no tener un abogado que la representara. Así que del proceso que culminó en 2002 se encargó solamente el aboga-do del Potrillo. Ella solo pidió que lo que ambos habían logrado como pareja asegurara económicamente a sus tres hijos. Para ella no quería nada, pero Alejandro la apoyó económicamente en su primer em-prendimiento: un gimnasio que inauguró en Guadalajara.

En el ámbito personal, el divorcio fue difícil para ambos, especial-mente para América, que quedó devastada. Alejandro, aunque también estaba dolido por haber perdido a su novia de la adolescencia y a la madre de sus hijos, nunca perdió el tiempo. Le había sido infiel a América con la modelo y actriz colombiana Ximena Díaz Arango, y tras separarse corrió a presentarla como su nueva novia, en 1999. Con Ximena, hermana de la actriz Vicky Díaz (María Victoria Díaz Arango), rápidamente tuvo dos hijos: Emiliano, nacido el 20 de marzo de 2000, y Valentina, que vio la luz el 8 de febrero de 2002.

Alejandro nunca dejó de lado su responsabilidad de padre. Incluso cuando ya estaba separado de su exesposa y estaba de novio con Ximena, pasaba las tardes en la casa de América y disfrutaba con sus tres primeros hijos, hasta que ellos se dormían.

Actualmente lleva una excelente relación con América y con Ximena. Tiene buenas palabras para sus exparejas y ellas siempre lo han halagado como padre: hace visitas y establece una comunicación continua con sus hijos, los lleva a sus giras, planifica vacaciones con todos, los apoya en sus emprendimientos y comparte mucho tiempo con ellos. De hecho, durante la pandemia se encerró con sus cinco hijos en su casa frente al mar en Puerto Vallarta, y aprovechó la oportunidad para fortalecer esos lazos de sangre que los unen.

El Potrillo se ha asegurado de que a sus hijos nunca les falte nada. Su hija Camila, quien lo hizo abuelo por primera vez, declaró que su padre la ha amado a ella y a sus hermanos hasta la sobreprotección. A este respecto trascendió que cuando Alex y Camila se casaron con sus respectivas parejas, él se oponía rotundamente a las bodas porque consideraba que sus vástagos estaban muy jóvenes para enfrentarse a tal compromiso. No quería que repitieran su propia historia. Los hijos del Potrillo tienen un vínculo muy estrecho entre ellos. Incluso América y Valentina, las hijas más pequeñas de cada una de las relaciones del Potrillo, comparten el mismo tatuaje de *emoji* feliz en sus brazos.

ROMANCES DE VERANO

Dicen que «de tal palo, tal astilla» y Alejandro heredó de Vicente no solo el amor que siente por las mujeres, sino su pasión casi compulsiva por la infidelidad. La diferencia entre ellos radica en que mientras el padre siempre fue muy «discreto», al hijo sí que lo han agarrado en muchas ocasiones con las manos en la masa. «Uno puede ser cualquier cosa en la vida, menos descarado y hacer sufrir a su familia», expresó Vicente sin reservas.[17]

En 2004 Alejandro disfrutaba del sol de Miami en la piscina de un hotel, sentado sobre un salvavidas blanco. Acariciaba el abdomen a Lidia Alarcón, una seguidora muy esbelta que había conocido en el palenque de la Feria de Guadalupe el año anterior.[18] Entre besos y caricias, alguien tomó fotos y videos, y la nueva aventura del Potrillo trascendió. Pese a que había tenido sus altibajos con Lidia —con lujosos regalos de por medio, como un automóvil de alta gama—, no quería afectar la relación con la madre de sus dos hijos más pequeños.

Ximena, furiosa ante las evidencias que exponían a Alejandro siéndole infiel sin pudor alguno, no dudó en ponerle sus maletas en la puerta y separarse de él. El Potrillo lo había hecho otra vez.

La colombiana se encontró de repente sola, con dos niños. Vivió momentos amargos, pero continuó con su carrera profesional y logró mantener una relación amable con Vicente, Cuquita y toda la familia, a quienes afirma querer mucho, como si nunca se hubiera separado de Alejandro.[19]

«No me considero sensual, pero sí sexual», reía el Potrillo.[20] «Siempre he tratado de llevar mi vida al día, de vivir el momento, como si mañana me fuera a morir. Trato de vivirla cada segundo, cada minuto». Y aunque Alejandro jura y perjura que sigue creyendo en el matrimonio, no se ha vuelto a casar.

Lo que sí es un patrón en su comportamiento son sus relaciones con mujeres muy bellas, pero también muy jóvenes, al grado que podría protagonizar perfectamente aquella famosa canción de José José titulada «40 y 20».

Apenas Ximena lo abandonó, él comenzó a salir con la modelo Ayari Anaya, 20 años más joven y con la que estuvo ocho años. En este periodo se le relacionó también con la actriz Eiza González, la presentadora Érika Holstein, la española Marta Sáenz y hasta con Paris Hilton.

Sin embargo, la relación con Ayari empezó a debilitarse cuando entró al juego Karla Laveaga, integrante del círculo cercano de la pareja; incluso parece que ambas jóvenes eran amigas. Alejandro y Ayari tuvieron algunas pausas en su relación y nunca formalizaron públicamente su ruptura. Hace poco, cuando Ayari anunció su embarazo, Alejandro corrió a felicitarla por Instagram.

Con Karla Laveaga la historia no fue diferente. Juntos como luces intermitentes, con pausas entre 2011 y 2019, también tenían más de 20 años de diferencia.

En 2016 se desató un gran escándalo, cuando lo descubrieron muy feliz en una fiesta sin límites, a bordo de un yate en Puerto Vallarta.[21] A la fiesta salvaje, en la que presuntamente hubo «de todo», asistieron, además de algunos amigos de Alejandro, seis mujeres que, según distintos medios de comunicación, recibieron diariamente 10 mil pesos mexicanos por la «compañía».

El romance con Karla Laveaga terminó, no solo por las infidelidades de Alejandro, sino también por el alcoholismo que él desarrolló durante los últimos años de su carrera y por su negativa a asistir a rehabilitación. Karla, siempre a su lado, lo acompañaba en aquel desafortunado viaje en el que la tripulación bajó al Potrillo de un avión por no querer abrocharse el cinturón y por perturbar a los pasajeros mostrando imágenes de un accidente aeronáutico.

LIVING LA VIDA LOCA

Alejandro es enamoradizo y se ha dejado ver con infinidad de mujeres bellas. Ya no se preocupa mucho de los embarazos, porque hace tiempo se hizo la vasectomía. Se le ha relacionado con la diseñadora colombiana Marsella Acosta y también con las exnovias de Luis Miguel: la venezolana Desiree Ortiz y la mexicana Genoveva Casanova, excondesa de Salavarrieta.

Después del estreno del video de «Caballero», los rumores no tardaron en enredarlo con Ana Paula Valle, la guapa modelo que lo acompañó en el rodaje y que, por su edad, podría ser su propia hija. Ni hablar de las fanáticas que lo acosan y por las que él, sin ningún problema, se deja seducir. «Toda la ropa interior que me lanzan las fans la guardo en unos costales, tenemos unos cuatro o cinco», declara con picardía.[22]

Además de sus interminables enredos de faldas, circulan rumores que sugieren que está feliz navegando en otras latitudes. Los cuestionamientos hacia algunas de sus elecciones de estilo, como usar camisetas rosas con escotes pronunciados, chamarras blancas tipo parka, botas de aires femeninos o que su nuevo corte de cabello carré se asemeje a un *look* antiguo de Justin Bieber se incrementaron.

Al Potrillo le encanta lucir bien, a la moda, y ese es su estilo. Puede vestir como un hombre contemporáneo o enfundarse en un traje de charro hecho a medida y pagar por ello sumas que giran alrededor de los 350 mil pesos mexicanos.[23]

Pero hay información que añade dudas a esa canasta sin fondo que recoge las preguntas en torno a su sexualidad: que si un chico le preguntó en Instagram que si le regalaba el bolso con el que posaba en una foto y él respondió que mejor le regalaba un beso, que si les da apapachos a sus amigos y les habla al oído mientras les da palmaditas en el rostro, que si existió un escándalo con *escorts* después de un concierto en Costa Rica, que si un periodista le preguntó si era gay y él respondió que solo «cuando está borracho»…

Alejandro nunca desmintió las historias que circulan sobre él en el mundo de la farándula.

Más allá de los rumores que existen sobre su sexualidad, y que corresponden a un ámbito privado, lo que sí es público y preocupante es que la mayoría de los desbarajustes siempre están ligados a la bebida, sin medida ni contención. Como personalidad pública se había mostrado sobrio, elegante, perfecto. Sin embargo, en el año 2015 algo se quebró en él. Los escándalos iban y venían como en cadena.

«El tequila sirve para aclarar la voz, pero no he sabido controlarlo muy bien. Tengo otro licorcito un poquito más fuerte para la garganta que es el coñac. Se me quita un poquito el nervio», afirma.[24] Pero todo fue más allá del uso prudente para calentar la voz. Las borracheras se convirtieron en una constante y comenzaron a afectar su desempeño durante sus presentaciones en vivo: como en Los Ángeles, Monterrey y León, en donde cayó de espaldas al tropezar con el equipo en el escenario, e incluso en California, donde se equivocó cantando y además se frotó la nariz con extrema frecuencia, aclarando posteriormente que solo tenía una alergia.

Su padre, amargado y preocupado, conversó con su hijo. Declaró que Alejandro le había dicho que se había cortado los pelitos de la nariz, que le picaban muchísimo.

En mayo de 2017, en un palenque en Puebla, alguien le ofreció un tequila rosa y Alejandro, que ya estaba ebrio, no pudo evitar las arcadas después de probar el licor. Tuvo que darle la espalda al público, taparse la boca con un pañuelo y secarse el sudor del rostro, porque no podía contenerse. Esto ocurrió ante seis mil personas, incluyendo al gobernador del estado e importantes empresarios, quienes fueron testigos de cómo olvidó la letra de la canción en algún momento del espectáculo.

Triste, porque no fue una vez, sino varias y una detrás de otra.

Años después, en la boda de su amigo Juan Carlos Valladares con Ximena Navarrete, Alejandro protagonizó una de las borracheras más penosas que se filtraron al público. Al salir de la lujosa recepción en el Colegio de las Vizcaínas en la Ciudad de México, ya a media mañana del día siguiente, debió caminar hasta el auto ayudado por uno de sus escoltas. Cuando ya iban adelantados en el camino, decidió bajarse del vehículo para gritar y bailotear su ebriedad en la mitad de la calle.

Estos episodios, que se extendieron aproximadamente hasta 2020, encendieron las alarmas en la familia Fernández. Comenzaron entonces a presionar a Alejandro para que se alejara de los excesos: no solo estaban afectando su carrera, también significaban un dolor muy profundo para su madre, doña Cuquita, que estaba delicada de salud.

«Tengo miedo de que a Cuquita le dé un coma diabético y le prohibí ver programas de espectáculos», conversó Vicente con un amigo. Paradójicamente, Chente, con sus infidelidades, también contribuyó con el resentimiento físico de la madre de sus hijos.

«Él tiene la culpa, pero me duele, por más que le decimos y que lo regaño», dice el patriarca, quien ya tiene lista su reacción si Alejandro prueba algo más allá del alcohol: «¡No, hombre! ¡Lo mato!».[25] En otra ocasión, añadió que «cuando salen tantas cosas de Alejandro, ¿tú crees que no me duelen? ¡Me duele mucho! [...] Yo conozco a mis hijos y hasta dónde llegan [...] No volvería a pisar mi casa si hiciera eso. Yo nunca probé eso, nunca».[26]

La situación comenzó a preocupar también a los amigos de Alejandro. En 2018 su exmánager y amigo de infancia, Carlos de la Torre, estuvo solicitando información en algunas clínicas de rehabilitación en México.[27] El famoso boxeador mexicano Julio César Chávez, muy amigo de Vicente Fernández y de Alejandro, declaró en 2019 durante la presentación de su libro *Julio César Chávez, la verdadera historia* que había sostenido conversaciones para que el Potrillo ingresara en una de sus clínicas de rehabilitación. No obstante, agregó que él no podía develar nada y que las decisiones del Potrillo eran un tema privado.

Hasta ahora, Alejandro no se ha internado en ningún centro de rehabilitación, pero sí se impuso recientemente un largo autorretiro en su residencia: cambió la dieta, retomó el ejercicio —en especial el gimnasio y las pesas—, y además procedió a reconectarse con su lado espiritual y a «pensar en el futuro, retomando sus planes B, C y D». Así arribó a sus 50 años, sereno y en excelente estado físico, como jamás se le había visto antes.

«Lo último que quieres es que el público se entere de tu tristeza. En el escenario me desahogo y me desquito de todo [...] también sirve ponerle caritas o nombres al costal en el gimnasio y le das con todo»,[28] expresa en referencia a sus rutinas deportivas. Parece feliz, no solo con los resultados de su ejercicio de autocuidado, sino especialmente con el nacimiento de su primera nieta, Cayetana, hija de su hija Camila, a la que adora.

LAS GUERRAS INTERNAS

Alejandro prefiere mantener con sus padres y sus hermanos una distancia sana y libre de disputas.

Con una vista preciosa hacia la Bahía de Banderas en su casa en Puerto Vallarta, se entrega a cultivar su paz; para ello necesita estar lejos de los enmarañados conflictos que rodean a su peculiar familia.

Vicente se queja de que Alejandro y Vicente júnior no lo visitan, mientras que Gerardo almuerza con él a diario. «Es un sentimiento que tengo que asimilar y ellos sabrán por qué no vienen», espeta el patriarca. Gran parte de la razón de este alejamiento se debe a que Alejandro y Vicente júnior no quieren cruzarse con Gerardo, para llevar la fiesta en paz. Entre ellos existe una extraña rivalidad, relacionada con los celos, los negocios y el dinero.

Gerardo, que siempre se ha encargado de administrar las empresas de su padre, comenzó a manejar también a Alejandro. No obstante, a la hora de las cuentas, los números no le cuadraron al Potrillo y cortó la relación. Entre palenques y conciertos, eran muchos los millones que se esfumaban en el camino entre Alejandro y Gerardo, a quien la codicia parece haberlo atrapado en sus redes desde hacía años.

La hermana menor de los Fernández Abarca, quien lleva el nombre de la primera canción que Alejandro cantó en público, prefiere mantenerse al margen de las desbocadas diferencias entre sus hermanos, las cuales desembocaron no pocas veces en fuertes peleas frente a sus padres. Aunque es adoptada, está unida a ellos por un lazo adicional de sangre: es sobrina de Cuquita, lo que la convierte en prima-hermana para los potrillos.

El Potrillo siempre recuerda el episodio del secuestro de su hermano mayor con pesadumbre. A veces hasta se le corta la voz o dice que prefiere no hablar del tema. Fueron casi seis meses en los que apeló a su fe y en las que sintió que la paranoia se apoderaba de su vida: «Se dio la noticia de que habían encontrado el cadáver de una persona que llevaba unos pantalones más o menos del color que llevaba mi hermano, y más o menos de su edad, pero que no llevaba identificación. En ese momento sí pensé lo peor», comentó.

Entre los varones del clan Fernández Abarca, penosamente, existe un hilo de conflictos que matan.

La espina venenosa, según confiesa Alejandro a sus amigos, no es Vicente, con el que mantiene una buena relación, sino su hermano de en medio, y con el que no lo une el amor, sino lo contrario.

AMIGOS DEL ALMA

«Lo que pasa en Las Vegas, se queda en Las Vegas», excepto si eres guapo y famoso. Por eso, aunque se trataba de una fiesta privada, Alejandro no se salvó de que se filtrara aquella fotografía en la que los estragos de la bebida estaban en su rostro, y en la que abrazaba a dos compañeros de farra con el torso desnudo. Una imagen que ni él ni nadie olvidará.

Corrió como pólvora el rumor de que Alejandro se había *desmadrado* en un bar gay, que andaba con dos tipos, que se había «soltado el moño». Todos creían tener la prueba de que Alejandro estaba saliendo del clóset.

Pero luego se supo que las fotos fueron tomadas durante el Night Swim, un fastuoso evento con piscina, pirotecnia y DJ en vivo, que celebra regularmente el XS Las Vegas, un ostentoso club nocturno construido bajo la inspiración sexy de las curvas naturales del cuerpo humano.

Alejandro disfrutaba allí de uno de los múltiples eventos realizados en la Ciudad del Pecado, como parte de una semana de festejos junto a su círculo más cercano. La ocasión para celebrar era doble: el cumpleaños y la despedida de soltero de su íntimo amigo, el empresario Alejandro Valladares Eichelmann, quien se había comprometido con su novia de los últimos ocho años, Miriam Huber.

El grupo de amigos no dudó en entregarse a la fiesta en cuerpo y alma. Entre los festejos que incluyeron paseos por el Encore Las Vegas y el Omnia Nightclub estuvieron los hermanos del agasajado, Miguel Valladares, fotógrafo profesional, y Juan Carlos Valladares júnior, empresario y uno de los prospectos más importantes del Partido Revolucionario Institucional (PRI) en San Luis Potosí, además de su entonces novia, ahora esposa, la ex Miss Universo Ximena Navarrete.

Los Valladares Eichelmann pertenecen a una familia poderosa de San Luis Potosí que ha estado involucrada activamente en la política y en los negocios relacionados con el acero, la gasolina, la construcción y las comunicaciones.

Prima de estos es la modelo Tania Ruiz Eichelmann, amiga de Alejandro, mejor conocida por ser la hermosa rubia que se pasea por el mundo con el expresidente mexicano Enrique Peña Nieto. El exmandatario es íntimo amigo de la familia, quienes fueron señalados por recibir privilegios en Petróleos Mexicanos según una investigación de *Proceso*.

En la desaforada despedida de soltero de Alejandro Valladares que puso al Potrillo en el ojo del huracán, también estuvieron celebrando a lo grande otros integrantes del círculo de amistades de Alejandro: el piloto de Fórmula 1, Sergio *Checo* Pérez; el empresario joyero Alejandro Litchi; Jorge *Barro* Rosales Jaramillo y Karla Laveaga, quien en ese entonces era pareja del Potrillo. Puro *jet set*.

«¡Vas a matar a tu madre de disgustos!», le reclamó Vicente después de que Cuquita escuchara lo que la prensa y las redes sociales decían sobre su hijo menor. El escándalo en Las Vegas había tocado las puertas de la mujer más amada por Alejandro y le había destrozado el corazón.

Golpeado, el Potrillo dijo al público sentirse «profundamente avergonzado», pero a la vez agregó estar sorprendido por cómo algo «tan pequeño y personal» se había convertido en un escándalo.

Este desafortunado retrato que dio la vuelta al mundo, y que daba lugar a elucubraciones sobre su vida sexual, se convirtió en la imagen icónica de los excesos del Potrillo. No solo se viralizó en forma de meme, sino que también inspiró a Dayton Javier Ávalos Ramírez, la mente creativa detrás de la famosa Piñatería Ramírez de Reynosa, Tamaulipas, a inmortalizar al astro en una piñata que se vendió como pan caliente a 650 pesos mexicanos (en aquel entonces unos 36 dólares estadounidenses). El objeto, por supuesto, reflejaba su rostro de aquella noche.

La gente colgaba la piñata como detalle divertido en sus celebraciones, pero también aprovechaban para darse gusto apaleando al personaje, mientras cantaban la tradicional tonada infantil «Dale, dale, dale, no pierdas el tino, porque si lo pierdes, pierdes el camino». Lamentablemente, medios y redes sociales también lo apalearon, con palabras, letras y pensamientos.

Ese fin de semana también se tomó una foto con el luchador Henry Cejudo y con algunos fans que se cruzaron con él durante esa noche loca. Hay imágenes suyas divirtiéndose como niño con sus entrañables amigos, tras una ventana panorámica del paisaje urbano de Las Vegas y, en el suelo, un vaso de licor. Despedida de soltero al fin.

«¡Me gusta la parranda!», exclamó sin tapujos en varias entrevistas.

No perdía la oportunidad para celebrar donde estuviera: en su casa, en casa de los amigos, en discotecas y restaurantes, en clubes nocturnos. Se hizo normal en su vida que, al finalizar sus conciertos, lo siguiente fuese asistir a una fiesta u organizar una él mismo para descargar toda la adrenalina. El espíritu de la cantina vive en él.

Incluso se decía que, por parrandero, Vicente había decidido desheredarlo, lo que no es real. Lo cierto es que hace años que el patriarca repartió su herencia con el propósito de evitar peleas entre sus hijos. A cada uno le entregó lo suyo, todo a partes iguales entre los cuatro.

Alejandro llegó a los 50 años y, por supuesto, armó una celebración; no tan grande como hubiera querido, porque coincidió con el confinamiento mundial debido a la COVID-19. Reunió a sus familiares y amigos en Guadalajara, hubo mucho vino y tequila y un pastel enorme color índigo, música a todo pulmón y muy pocas mascarillas. Por allí estuvieron Juan Carlos Valladares, Martha Sáenz, Karla Buenfil, Andrés Canales Leaño, Sara Galindo y Juan Bernardo Covarrubias, entre otros. Para continuar con la celebración, su amiga Lili Stefan también le organizó una fiesta adicional.

Relaciones peligrosas

Ciertos personajes que revolotean alrededor del Potrillo cargan historias sombrías.

Uno de ellos es Juan Collado Mocejo, uno de los abogados más célebres de la estirpe política mexicana, que trabajó también con Carlos Salinas de Gortari y Enrique Peña Nieto. A Collado se le relacionó con Óscar Rodríguez Borgio, uno de los productores ejecutivos de la película *Zapata, el sueño del héroe*, protagonizada por Alejandro.

Juan Collado, casado con la actriz Yadhira Carrillo, es amigo del expresidente Enrique Peña Nieto y de los padres de su novia, Tania Ruiz Eichelmann. Antes de su detención, Alejandro asistió a la boda de Mar, la hija del letrado, uno de los eventos más sonados del *jet set* mexicano en 2019. Ahí estuvieron presentes también Carlos Salinas de Gortari y familia, Raúl Salinas, el hermano incómodo, Enrique Peña Nieto, sus hijos y su novia Tania, los gobernadores Alfredo del Mazo y Miguel Velasco, y Julio Iglesias, quien les cantó a los novios. Collado fue detenido poco después, el 9 de julio de 2019, por presunto lavado de dinero y delincuencia organizada: presuntamente se beneficiaría de un desvío de 13.7 millones de pesos provenientes del erario público a través de una simulación de contratos por servicios profesionales.

El escándalo salpicó a Alejandro y a su amigo Jaime Camil, porque en 2003 ambos habían iniciado un negocio para producir cine mexicano, inversión de donde saldría la película *Zapata*. Vicente júnior salió en defensa de su hermano y aclaró que Alejandro había hecho un trabajo artístico y se le había pagado por ello. Hasta el momento, Juan Collado sigue bajo arresto.[29] Alejandro y Jaime aparentemente lograron mantenerse alejados del delicado enredo.

Ambos mantienen una sólida amistad, especialmente porque Jaime Camil Garza, el papá de Jaime y de Isabela Camil —quien fuera uno de los grandes amores de Luis Miguel— y uno de los empresarios más ricos de México, fue como un padre para Alejandro, sobre todo en los momentos en los que estuvo distanciado de Vicente.

Cuando Camil Garza falleció, Alejandro dijo apesadumbrado: «Este dolor es una reflexión del profundo amor que sentía por él».

El Potrillo dijo varias veces que jamás cantaría narcocorridos, que no se prestaría para enaltecer a narcotraficantes, ni a quienes hacen negocios con ellos. Sin embargo, algunos de sus amigos fueron acusados de tener vínculos con el mundo del narcotráfico y del lavado de dinero.[30]

Desde 2004 el nombre de Joan Sebastian aparecía y desaparecía de investigaciones relacionadas con los negocios del narco. El Rey del Jaripeo, ganador de 12 premios Grammys, quien tenía estrecha relación profesional y personal con los Fernández —no solo por ser amigo de Vicente, sino también por ser mentor de Alejandro—, fue vinculado a acciones que incluían el almacenamiento y tráfico de mercancía ilícita, además del contrato de mujeres, algunas menores de edad, que eran víctimas de trata; esta última acusación saldría a la luz según una profunda investigación realizada por la Fiscalía de México. Dos de los hijos del autor de «Tatuajes», Trigo Figueroa y Juan Sebastián, fueron asesinados, el primero en 2006 en Texas y el segundo después de dejar un bar en Cuernavaca.

Tras la muerte de Joan Sebastian por un cáncer de médula, Alejandro continuó en contacto con su hijo mayor, José Manuel Figueroa, quien, además de cantautor como su padre, es actor. Se les vio juntos divirtiéndose en clubes nocturnos y en la residencia de Alejandro. En 2020 la casa ubicada en la colonia Delicias, en Cuernavaca, perteneciente a José Manuel, fue baleada por un comando armado.

Un año antes, su sobrino Hugo Figueroa había sido secuestrado y asesinado por un grupo armado, que subió el video a las redes al más puro estilo de la mafia.

Un sino de tragedia y oscuridad recorre a Joan Sebastian y su familia.

Las amistades de Alejandro parecen llevar trajes de amianto.

Su gran amigo, y célebre futbolista, Rafa Márquez y el cantante Julión Álvarez fueron incluidos en una lista de presuntos testaferros de Raúl Flores Hernández, alias el Tío, operador del Cártel de Sinaloa y Jalisco Nueva Generación, según investigaciones de la DEA y del Departamento del Tesoro de Estados Unidos. Alejandro manifestó en sus redes su apoyo moral a Rafa, Julión y a sus familias, deseando que todo se aclarara a la brevedad posible.[31]

Alejandro y Rafa son amigos desde 2002. Su amistad se intensificó con el tiempo y se volvió tan estrecha que hasta quisieron comprar juntos un equipo de futbol: el Atlas de Guadalajara. Además, la esposa de Rafael, la modelo Jaydy Michel, fue protagonista del video de la canción «Te voy a perder» de Alejandro.

Vale aclarar que después de cuatro años de permanecer bajo la lupa, el 22 de septiembre de 2021, el Departamento del Tesoro de Estados Unidos eliminó de la lista negra a Rafa Márquez y a sus empresas y fundaciones.

Otra relación misteriosa es la que Alejandro mantiene con su entrañable amiga, la bellísima Karla Buenfil, a la que le dedicó la canción «Esta noche voy a verla» en 2013. Quien fuera coronada como Nuestra Belleza Campeche en 2011 aparece constantemente fotografiada con el Potrillo en fiestas, conciertos y compartiendo cocteles en la piscina de la residencia del cantante. Dicen que mantiene una relación amorosa con él, aunque ella lo trata abiertamente de «compa».

Karla publica fotos con Alejandro en sus redes sociales y casi ninguna con otro hombre, a menos que sean famosos como Maluma, Ricky Martin, Julión Álvarez y J Balvin. Fue pareja del asesinado exgobernador de Jalisco por el PRI, Aristóteles Sandoval; distintas investigaciones, por cierto, apuntaban a que el político mantenía presuntos vínculos con personajes ligados a Ignacio *Nacho* Coronel (a quien, testigos dicen, le encantaba ir a comer a uno de los restaurantes de los Fernández), Ismael *el Mayo* Zambada y otros miembros del Cártel de Sinaloa.

La relación entre Karla y Aristóteles se hizo pública después del brutal asesinato del exgobernador, quien fue ejecutado a sangre fría dentro del baño de un bar de Puerto Vallarta, en 2020. Seis meses después del crimen, su abogado José Luis *Tony* Duarte, del que se decía fungía como defensor de algunos miembros del Cártel de Sinaloa, también fue asesinado de 40 balazos en un estacionamiento de Zapopan, en Guadalajara.

Los Fernández tenían una excelente relación con Aristóteles Sandoval. Vicente Fernández asistió a su toma de protesta como gobernador en 2013, y, tras su muerte, Alejandro lo despidió desde sus redes con la frase «Una vida corta pero llena de luz. Que en paz descanses, amigo».[32]

ALEJANDRO Y LUIS MIGUEL, DUELO DE TITANES

El 18 de febrero de 2017 Alejandro publicó en su Instagram una foto a contraluz. Su silueta con el cabello largo y desordenado de entonces lo mostraba en perspectiva desde un balcón como si sostuviera al sol entre sus dedos. Y remató la estampa con la siguiente frase: «Me encanta tener al Sol en mis manos». Adornan la cita un trío de emojis, uno de ellos con lentes de sol.

Alejandro escribió «Sol», con mayúscula y una cascada de *likes* y comentarios tanto de apoyo como de detracción llevaron la publicación hasta la estratósfera. Eran los días de una disputa a «todo vale», en la que el ring estaba ocupado en una esquina por Alejandro y en la opuesta por Luis Miguel. En el centro, los abogados de ambos discutían ante el réferi.

Todo empezó en 2015, cuando con bombos y platillos se anunciaba la gira del siglo. Alejandro Fernández y Luis Miguel, los dos ídolos de México, ese par de guapos que alborotaban hormonas solo con mencionar sus nombres, se lanzaban en una aventura sin precedentes por Estados Unidos, México y otros países de América Latina. Después de que se filtrara la información que anunciaba el ambicioso Pasión Tour, el cual llevaría a los astros por 50 escenarios entre el 15 de abril y el 15 de noviembre de 2016, todo quedó en el papel. Específicamente en un documento de noviembre de 2015, en el que se declaraba la intención de ambos artistas de realizar una gira en conjunto. No obstante, no hubo después contratos firmados, ni intención por parte de Luis Miguel y su equipo de llevar a cabo la gira.

Vicente Fernández apareció en escena para echarle más leña al fuego.

«Alejandro Fernández comienza a cantar boleros y Luis Miguel se vuelca a las rancheras, y sale el padre [Vicente] a decir que Luis Miguel no las sabía cantar», contó Polo Martínez, exmánager y amigo de Luis Miguel.[33] «Estábamos en la puerta y vamos caminando y un periodista le pregunta a Luis Miguel y él no contesta, y yo le digo:

—Mire, él estaba diciendo que Luis Miguel no sabe cantar, ¿le puede decir una cosita?

—Sí, yo también le voy a hacer una nota a él.

—¡Dígale que le va a enseñar a vender rancheras Luis Miguel!

Allí había un problema, porque él avanzaba sobre lo que era Luis en México. Después ya la cosa vino mal, iban a hacer un *show* juntos y bueno…», agregó.

La oficina de Alejandro notificó a todas las personas involucradas, incluyendo a los fans, que, a pesar de ya tener muchas fechas reservadas, las condiciones para la gira eran desfavorables, y que de hecho no existía el tour. En junio de 2016 Alejandro todavía intentaba arreglar la relación con Luis Miguel para poder hacer la gira, aunque el Sol debió solicitar previamente un amparo para no ser detenido en Jalisco por incumplir el negocio que tenía con el Potrillo y su empresa Star Productions. Le habían pagado casi siete millones de dólares como adelanto y de repente todo se paró.

En mayo de 2016, cuando Alex, el hijo de Alejandro, inauguraba La Donitería, su tienda de dulces en Jalisco, los periodistas le pidieron al Potrillo detalles sobre los *shows*: «La gira de la que se está hablando todavía no tiene pies ni cabeza, entonces no podemos vender boletos, no hay forma», aclaró.

Luis Miguel se sumergía en la oscuridad de la ruina, atravesando por una cascada de demandas y deudas que no lograba solventar por sus desatinos económicos y un estilo de vida desbocado.

Alejandro, enterado de que la gira no iba a darse, pidió que le reintegraran el adelanto; sus representantes dijeron que Luis Miguel y los empresarios con los que trabajaba no devolvían anticipos.

Según el libro biográfico de Luis Miguel, el periodista Gil Barrera relató que Alejandro le realizó varios pagos a este. El primero fue de un millón 950 mil dólares para financiar la gira, ya que el empresario que gestionaba la agenda de conciertos del Sol, Óscar Raúl Montes, se declaró insolvente después de firmar el 15 de noviembre de 2015 el primer convenio de los eventos.

Después se realizaron dos consignaciones más por un millón 200 mil dólares y por 700 mil dólares, respectivamente. Alejandro, Luis Miguel y sus respectivos mánagers, Carlos de la Torre y Daniel González Hartman, se reunieron el 13 de noviembre de ese mismo año en Punta Mita para afinar detalles sobre el evento, pero ni el Sol ni su representante firmaron el contrato. Sin embargo, Alejandro siguió cumpliendo con los adelantos exigidos por la otra parte y pagó tres millones 95 mil 750 dólares adicionales. Luis Miguel siguió sin firmar el contrato y desapareció junto con sus representantes.[34]

Alejandro, furioso, introdujo la demanda a Luis Miguel en la Procuraduría de la Ciudad de México, solicitando el reembolso del dinero cancelado. Dejó todo en manos de sus abogados, se fue de gira en solitario y respondía con una sonrisa irónica a las preguntas que la prensa le hacía sobre el altercado.

En enero de 2016 Luis Miguel no se presentó a una cita judicial que le expidieron. Sin embargo, sus abogados se sentaron con los del Potrillo para negociar y tratar de hacer que desistiera de la demanda.

En diciembre de 2017, después de dos años de conflicto, uno de los más sonados del mundo del espectáculo hispanoamericano, un comunicado de la oficina de Alejandro Fernández notificaba que había llegado a un acuerdo «pacífico» con Lion Productions Inc., empresa que representaba a Luis Miguel. Unos días antes, la periodista Mara Patricia Castañeda, exesposa de Vicente Fernández júnior, confirmaba en Twitter que su excuñado, Alejandro, había puesto final al pleito con Luis Miguel.[35]

Un par de años después de resuelto el asunto, Carlos Bremer, director del Grupo Value y uno de los artífices del plan de rescate financiero de Luis Miguel junto a Miguel Alemán Magnani y Carlos Soberón, que incluía la producción de *Luis Miguel: La serie* y la realización de varios conciertos, comentó que el Sol le fue pagando por partes a Alejandro, a medida que realizaba sus presentaciones en vivo. Destacó que Alejandro Fernández se «portó como un caballero» y esperó a que Luis Miguel pudiera reunir el dinero que debía devolverle. Alejandro lo confirmó: «Si le hubiera querido hacer daño a Luis Miguel, se hubiera notado».[36]

La gloria

Granada, tierra soñada por mi cantar se vuelve gitano cuando es para ti mi cantar hecho de fantasía / mi cantar, flor de melancolía que yo te vengo a dar...

Esos versos escritos por Agustín Lara en 1932 fueron la prueba de fuego. Alejandro hizo gala de su voz de barítono en el teatro de Bellas Artes de México para la grabación de un disco en vivo que dejó impactados incluso a sus detractores. *Un canto de México: Alejandro Fernández en vivo desde Bellas Artes* fue un homenaje a las grandes figuras de la canción mexicana. Alabado por expertos de diferentes culturas, «Granada» fue su *ticket* dorado para ingresar al Olimpo de la música mexicana.

Después del acierto logrado con «Me estoy enamorando», y tras torcer el destino que su padre había trazado, pasó por una decena de discos más con los que demostró, a lo largo de dos décadas, que podía lograr magia y excelencia, alternando entre dos géneros, cimientos de su liderazgo.

Después de *Mi verdad* y *Entre tus brazos* llegó *Orígenes* (2001), álbum con el que mostró su capacidad de hacer música mexicana a su antojo. El disco fue tan aclamado que fue nominado al Grammy Latino, pero perdió frente a su padre en la categoría de Mejor álbum ranchero. Allí están su célebre «Tantita pena» y una versión de «Las mañanitas» como *bonus track*.

El siguiente fue *Niña amada mía* (2003) en el que incluye la canción «Mátalas», la cual causó rechazo entre las filas feministas. Lo tildaron de machista y misógino, porque la letra justificaba la violencia contra las mujeres. No estaban equivocadas.

Amigo, ¿qué te pasa?, ¿estás llorando? / Seguro es por desdenes de mujeres / no hay golpe más mortal para los hombres / que el llanto y el desprecio de esos seres / Amigo, voy a darte un buen consejo si quieres disfrutar de sus placeres / consigue una pistola si es que quieres / o cómprate una daga si prefieres / y vuélvete asesino de mujeres / Mátalas con una sobredosis de ternura, asfíxialas con besos y dulzuras, contágialas de todas tus locuras…

La letra no da lugar para malos entendidos o confusiones. Gravísimo en un México ensangrentado por el machismo y la misoginia, con miles de mujeres y niñas asesinadas en todo el país.

Angélica Aragón, hija de Ferrusquilla, se molestó con razón y le pidió al Potrillo que dejara de cantar el tema, compuesto por Manuel Eduardo Toscán. «Está tan naturalizada la violencia hacia las mujeres que no nos damos cuenta. Esta canción promueve la violencia de género». Alejandro respondió: «Hay que saber escuchar y entender». Y agregó, a modo de justificación, que «no toleraba las agresiones contra las mujeres», porque tiene hijas y también «mucha madre». Sin embargo, tras el escándalo, evidentemente entendió y escuchó, porque decidió no interpretarla en su concierto en el Auditorio Nacional.

Años después, la polémica se reavivaría con «Unas nalgadas», tema que incluyó en su placa doble, *Dos mundos: Evolución + Tradición*

(2009), y que tiene una letra directa, que aludía a esa «picardía» machista que ha lastimado y humillado a tantas mujeres a lo largo de la historia.

Previo a ese álbum doble, vieron la luz *A corazón abierto* (2004) que contiene uno de los temas más emblemáticos de Alejandro en su faceta pop: «Me dediqué a perderte», de Leonel García; luego, en 2007, llegó *Viento a favor*, en el que se incluye «Amor gitano», a dúo con Beyoncé.

En 2013 Alejandro publicó *Confidencias*, álbum en el que se dio el lujo de trabajar en dos temas distintos con Christina Aguilera y Rod Stewart, además de incluir una versión de «Me olvidé de vivir» con su padre. En 2017 grabó *Rompiendo fronteras*, producción que colocó en el tapete el *hit* «Sé que te duele», una canción urbana, de aires tropipop, que grabó con la banda colombiana Morat.

Su aventura más reciente, *Hecho en México* (2020), fue un trabajo en el que retomó sus días de charro, recuperando esos sonidos que lo enlazan al corazón de su padre. Con él grabó «Mentí», un tema escrito por Oliver Ochoa López, el cual cuenta con un video animado que muestra a ambos como protagonistas de un cómic. En este álbum, por el que el Potrillo ganó su segundo Grammy Latino como Mejor Álbum Ranchero, también está «Caballero», canción que escaló a los primeros lugares de los *charts*.

Alejandro Fernández se acerca a celebrar 30 años de fructífera carrera, con 15 millones de álbumes vendidos, dos premios Grammy Latino (2002 y 2004), seis Billboard y otros galardones como Lo Nuestro, TV y Novelas, Oye, Cadena Dial España y Tu Música. Este año recibió el premio Ícono en los Latin American Music Awards. En 2004 recibió las llaves de la ciudad de Las Vegas y el 15 de septiembre de ese mismo año fue proclamado el Día de Alejandro Fernández en Estados Unidos. Desde 2005 cuenta, como su padre, con su estrella en el Paseo de la Fama en Hollywood.

Alejandro, el de la voz operística que lleva un mariachi en el corazón, inició su carrera bajo el ojo celoso y controlador de su padre, pero consiguió labrar su presente y su futuro a través del camino del amor, el desamor, el dolor, los desencuentros familiares, los escándalos y muchas salpicadas de cantina. Dueño de una inmensa fortuna que se supo ganar a pulmón, es uno de los cantantes latinos más cotizados, una máquina productora de dinero incluso en otros negocios; tal es el caso del inmobiliario, que incluye proyectos de hotelería ecológica de lujo y *malls* como el Unicenter de Guadalajara, además de un negocio de taxis aéreos en sociedad con su papá. Por otro lado, se ha enfocado en la filantropía y ha realizado donaciones para los músicos que quedaron desprotegidos durante la pandemia.

Su coqueteo con el pop y la balada lo llevó a reinventar la vocalidad de la ranchera, haciéndola accesible a las generaciones jóvenes. Tras él vienen no solo su hijo Alex —acompañado de las herederas de las voces de oro de México: Ángela Aguilar, hija de Pepe Aguilar, y Lupita Infante, nieta de Pedro Infante—, sino también sus hijas, a quienes no deja de apoyar, a pesar de que se sienten atraídas por otros ritmos distintos a los tradicionales: Valentina canta en inglés y tiene la intención de salir al ruedo, y Camila ya ha publicado distintos sencillos desde el año 2017. Esta última tuvo que hacer una pausa en su carrera: después de un embarazo complicado se estrenó como mamá, dándole a Alejandro su primera y única nieta hasta el momento, Cayetana, con la que el Potrillo comparte fotos en sus redes, totalmente embobado de amor.

Alejandro siempre quiso para sus hijos una niñez y una juventud distintas a las que él vivió. Aunque es estricto con ellos, cultiva una cercanía con sus vástagos que ha derivado en una bella complicidad.

«A mí me gusta crear esa relación entre padre e hijo para que los niños desde pequeños me puedan dar su confianza, que en mí no vean a un padre, sino a un gran amigo»,[37] comentó cuando sus hijos aún eran unos niños. Ahora que ya son adultos, su hijo Alex asegura que su papá es quien «es por dentro un niño». Alejandro siente que hay que ser fuerte, pero cariñoso, y a veces le pide ayuda a Vicente, cuando los muchachos se ponen rebeldes, para que los llame y los aconseje. Vicente no se niega, dice que le ha dado todo lo que su hijo le pidió, incluso canciones que habían sido escritas originalmente para su hijo menor, entre ellas «El monstruo» y «Como quien pierde una estrella».

El Potrillo saltó a la fama con un gran peso sobre la espalda: el deber de perpetuar la imagen poderosa de charro, del macho que da fuete a las potrancas, del legado de una construcción que le costó mucho trabajo a su padre. «Te acostumbras. De alguna forma lo viví desde pequeño, vi cómo se fue haciendo la carrera de mi padre, entonces no fue algo extraño. Sabía lo que me iba a tocar, si me dedicaba a esto y tenía éxito, sabía lo que venía con todo esto».[38]

Y paradójicamente, aunque no ve con frecuencia a su papá, sí se ha refrescado la relación entre ambos. Alejandro está agradecido por su esfuerzo y sus enseñanzas, dice comprender todo lo que hizo aunque fue doloroso para él crecer sin su presencia. «Él es un buen padre, un buen hijo y un gran cantante», declaró recientemente Vicente sobre su hijo.

En ocasiones, Alejandro le pide a Chente que le haga el copete de Elvis Presley, tal y como pasaba cuando era pequeño. Con sus 81 años, su padre toma la pistola de aire y se divierte estilizando el cabello canoso de Alejandro. A veces disfrutan de la calma después de la tempestad y Alejandro se dedica a rendir tributo a su padre, con una promesa que le hizo el día de su retiro de los escenarios: «No dejar que la música mexicana muera y proyectarla a todo el mundo donde me abran las puertas, así como él lo hizo». Chente, por su parte, menciona con emoción, como si fuera un epitafio para su carrera: «Cuando escuchas la voz de quien lleva tu sangre, te sientes inmortal».

SEIS

El ocaso de un patriarca

A sus 81 años y en el último tramo de una vida intensa y apasionada, con latigazos de pobreza, hambre y frustraciones, ese tiempo de retiro apacible y de puro disfrute de hijos y nietos que había imaginado para su vejez estaba hostigado por la amargura.

No se resignaba a las brutales batallas que se desataban entre sus hijos, a los escándalos y a las constantes grescas.

Miraba a Cuquita y veía en su rostro las marcas del desasosiego y el cansancio, y temía por su salud.

Alejado de los excesos amorosos que marcaron su juventud y madurez, y recostado ahora en el crepúsculo de la vida, Vicente Fernández cayó en la convicción de que amaba profundamente a María del Refugio. No pocas veces, en la soledad del rancho, recordaba a la bella adolescente que descubrió en el lejano Huentitán, cuando llegó desde la Ciudad de México, amargado por el abandono de una mujer. Sin preguntar por su pasado, ella lo siguió y creyó en él, cuando era un nadie. De grandes ojos castaños, facciones delicadas, reservada y con la ingenuidad propia de una muchachita de pueblo, Refugio impactó en su corazón y él decidió en un segundo que sería la señora de la casa y la madre de sus hijos.

Desde aquella postal sepia de antaño, pasaron varias décadas.

Cuquita era su «casa»; su amparo; la serenidad después de las tempestades; la que soportó las desdichas y las frustraciones; los maltratos y humillaciones públicas; la que siempre supo de las «otras» y le perdonó; la amiga y la compañera fiel.

Infiel por naturaleza, egocéntrico y provocador, Vicente, sin embargo, nunca se cansó de pedir perdón por los años de sufrimiento que vivió su esposa por su culpa. Lo hacía en público y, también, en privado.

El 27 de diciembre de 2013, con la bendición de la Virgen de Zapopan y el sonido de los mariachis, Chente y Cuquita celebraron sus bodas de oro y renovaron sus votos matrimoniales. La arena VFG se vistió de gala con familiares y amigos especiales que cantaban, bailaban y brindaron con champán hasta finalizar la noche.[1]

«Si volviera a nacer buscaría a Cuquita para casarme con ella, porque ha sido mi mujer, mi hermana, mi madre… La verdad, ser esposa de Vicente Fernández está cañón», dijo Chente.

«Nuestro matrimonio ha sido como todo, sube y baja, pero bien. Lo mejor es tener una belleza de hijos», expresó Cuquita, más discreta y realista.

De aquel 2013 de puro festejo y brillo pasaron ocho años, con luces y tinieblas.

De carácter fuerte, pero sensible, y envuelto por las brumas del ocaso, Vicente veía a su esposa angustiada y el pánico lo invadía. En una entrevista, cuando su esposa enfermó, dijo: «Le ruego a Dios que cuando lo decida, me lleve a mí primero. No podría soportar la vida sin mi Cuquita».

Y en este tiempo de turbulencias familiares, temía y no creía justo este espectáculo casi obsceno en la intimidad de la dinastía. No entendía cuándo y cómo, el odio y la codicia se había instalado entre sus vástagos, casi de manera irremediable.

Gerardo se había transformado en un ser que desconocía y lo acometían pensamientos sombríos que no se atrevía a decir en voz alta. Ni siquiera a Cuquita. A fin de cuentas, Gerardo era su hijo, tenía su misma sangre y lo quería como a los demás, pero anidaba en él un costado sombrío; un comportamiento que detestaba, porque lastimaba a sus hermanos; sobre todo, la inquina era con el mayor de sus potrillos, su hijo más vulnerable, el que según él mismo decía: «tuvo la maldita desgracia de ser secuestrado».

No pocas veces trataba de imaginar cómo sería el futuro de ellos, sin él y sin Cuca. Había repartido entre sus descendientes casi todo lo que había ganado en décadas de trabajo con inmensos sacrificios, para evitar pleitos horribles después de su muerte, pero ahí seguían, embarcados en una guerra sin cuartel por su dinero.

¿Qué pasaría cuando ya no estuviera en este mundo? ¿Se matarían los unos a los otros como bestias?

No tenía respuestas y sus conjeturas lo llevaban a un callejón sin salida.

La gota que derramó el vaso

Una noche de abril, Vicente reunió a sus hijos en el rancho para platicar sobre lo que restaba de la herencia. Quedaban varios terrenos y se propuso ser lo más equitativo posible. Por las dudas, necesitaba dejar todo ordenado y dar por cerrados estos temas. Tenía más de 80 años y una salud quebrantada; intuía, con razón, que no le quedaba mucho más por delante.

De pronto, en medio del cónclave, todo estalló por el aire. Alejandro no estuvo de acuerdo con una propuesta de su padre, chocaron como sucedía siempre que se juntaban, y el Potrillo se levantó y se fue dando un portazo. Gerardo trató de detenerlo y Alejandro, encolerizado, le dijo a su hermano:

—¡Que chingue a su madre mi papá, Gerardo! ¡Me voy!

Lo que viene, casi se adivina. Gerardo aprovechó el insulto lanzado por su hermano y le dijo a su padre con mala intención y a sabiendas de que este se pondría furioso:

—Se fue, pero verás lo que dijo de ti: te mentó la madre.

—Vicente, ¿es verdad lo que dijo tu hermano? —preguntó Chente a júnior.

—No, papá, no es así —respondió el mayor, y protegió a Alejandro del enojo paterno, mientras Gerardo lo observaba con expresión agria.[2]

Esa noche, la reunión se canceló abruptamente.

En bata, desvelado y apesadumbrado, Chente contemplaba en silencio la vastedad del paisaje nocturno desde la terraza, mientras las lágrimas inundaban sus ojos. Entró al dormitorio y un mareo repentino lo llevó a recostarse en la cama. Se sentía cansado y harto; la vejez se había apoderado completamente de su cuerpo, pero su instinto de gravedad parecía intacto.

—Mis hijos así… qué tristeza —murmuró.

Como un absurdo contrasentido, recordaba la construcción de la finca Los Tres Potrillos, en los años ochenta. Se había inspirado en la lujosa mansión rural de *Dallas* —la exitosísima serie de la CBS—, que albergaba al clan Ewing, una familia millonaria cuyos integrantes se destacaban por la maldad, la falta de escrúpulos, los crímenes y la avaricia.

Chente juró que tendría un rancho idéntico al de los Ewing.

«Cuca, mira, hija, vamos a tener un rancho igualito a ese», le decía a su esposa y señalaba la pantalla del televisor donde veía su serie favorita.[3]

El Southfork Ranch, lugar donde se desarrollaba la historia de los Ewing, ubicado a 40 kilómetros al norte de Dallas, se veía espléndido y lujoso en medio de un entorno idílico, con piscina, lago y río. Aunque las escenas de interiores en realidad fueron grabadas en los estudios de la CBS, en California, Vicente estudió cada detalle del mobiliario y de la exquisita decoración; los óleos de sus dueños en las paredes le fascinaban y disfrutaba como un niño con cada episodio, mientras imaginaba sus días en un sitio similar. Definitivamente, tendría uno igualito, se prometió a sí mismo.

En la actualidad, Los Tres Potrillos, inspirado en *Dallas*, es un lugar mágico y un punto de atracción turístico para los viajeros que anhelan conocer el mundo charro del gran Vicente Fernández.

Dueño y señor de esas tierras, es feliz desde el primer día que habitó su rancho de ensueño y nunca ha pensado en abandonarlo. En este lugar construyó una casa para cada uno de sus hijos, con la ilusión de tenerlos cerca. Disfruta de sus caballos y yeguas, de sus caminatas matinales, y de los cielos y los aromas de su bella Guadalajara.

«Me gusta vivir aquí, me costó mucho trabajo y muchas lágrimas tener este rancho», dice. Aquí recibe a sus poquísimos amigos, los que aún quedan vivos, graba canciones en su propia sala, pinta caballos en cascarones de huevos de todos los tamaños, que regala a sus visitas, y se deleita jugando con sus nietos por los inmensos jardines. En esta finca está lo mejor de su vida, el sitio que eligió para morir y en el que cada noche de desvelo observa en silencio el cielo trasparente o enciende el televisor y mira películas viejas.[4] Cuando la tristeza o la angustia lo azotan, se desahoga con Cuquita, que lo escucha y lo contiene.

En Los Tres Potrillos lloró, enfureció, desesperó, esperó y se fundió en un abrazo con su hijo secuestrado, que regresó vivo después de 121 días de terror. En esa casa piensa en sus padres ausentes y sus ansias de volver a verlos, si es que «Dios me recoge para allá». Aquí recita una y otra vez una de sus tantas frases estandarte: «Nunca fui un santo, lo que pasa es que no me vieron».

Sin embargo, *Dallas*, aquella historia de malvados, es mera ficción; y en el interior de Los Tres Potrillos, el ansia de destrucción que anida en Gerardo y que ha descargado sobre sus hermanos durante años, son parte del paisaje cotidiano. No es una novela, es la triste realidad; la marca de ser un Fernández.

Ahora, cuando las luces de los escenarios se han apagado y Vicente acaricia a ratos una paz doméstica que en realidad nunca tuvo, una adversidad impensada y tortuosa se instala justo en el centro de su lugar en el mundo.

Las relaciones en el seno de la dinastía Fernández siempre estuvieron atravesadas por disturbios de variable intensidad. Muchos públicos; unos cuantos, absolutamente privados. Pero nunca antes habían alcanzado el nivel de virulencia.

Vicente Fernández no se cansaba de recordar en cada entrevista los sacrificios tremendos que había realizado para que a su familia nunca le faltara nada y para que sus descendientes no tuvieran que pasar por las carencias que él sufrió de niño. Y aunque estuvo ausente cuando ellos eran chiquitos, se define como un padre severo que puso límites, que nunca los castigó físicamente, que los impulsó a labrarse una carrera propia, a ganar su dinero y a no depender de los demás. Pero, sobre todo, los inculcó para ser buenas personas.

«Con Alejandro chocamos; con Gerardo estamos más cerca, porque él anda por la Arena y come conmigo; con Vicente, que anda con los caballos, también estamos cerca y es una miel de cariñoso, y Alejandra siempre está presente, igual que yo con ella. Pero los hijos se quieren a todos por igual y he trabajado mucho por ellos», dice y agrega que le hubiera gustado «disfrutarlos más, pero no pude».[5]

La realidad le demostraba ahora que quizá se había equivocado, que les había dado mucho y, tal vez, les hizo la vida muy fácil. Herederos de muchos defectos, pero no de todas las virtudes de sus progenitores, sus hijos iban de un extremo al otro, generando un clima interno de permanentes y violentos desatinos, cuyo único fin parecía ser el maldito dinero.

En el nombre del padre

Vicente júnior nunca pudo recuperarse del secuestro que vivió. Tiene 58 años, una vida amorosa inestable después de tres matrimonios y tres divorcios e innumerables amoríos, problemas psicológicos complejos, resabios seguros de los cuatro meses que permaneció en cautiverio y un calamitoso manejo del dinero; condiciones que lo arrastraron a confiar en vulgares estafadores que supuestamente —según él mismo le confió a una amiga— le vendieron unos bonos que se capitalizarían, pero al final le terminaron «robando» cerca de nueve millones de dólares; una gran parte de la herencia que le había entregado su padre. Estaba inundado de deudas y la angustia no lo dejaba dormir.

Con algunas secuelas en la visión y en su capacidad motriz por su nacimiento prematuro, creció a la sombra de su progenitor, mientras trataba de prosperar artísticamente. Pero a pesar de los esfuerzos que realizó Chente, la suerte no lo alumbró. Los cuatro meses que pasó secuestrado en aquella casa de seguridad de Guadalajara donde le mutilaron dos dedos fueron un karma del que nunca pudo despegar.

Sissi Penichet Reynaga —madre de sus cuatro hijos— y la periodista Mara Patricia Castañeda, con la que contrajo matrimonio en 2007 —unión que celebraron con un fiestón al que asistieron celebridades de la política y de la farándula como Silvia Pinal, Gloria Trevi, Ana Gabriel, Verónica Castro y el entonces gobernador del estado de México Enrique Peña Nieto, entre otros— fueron las dos relaciones más largas y sólidas; las que le brindaron años de estabilidad.[6] Esperanza Rendón y la célebre priista Paola Arsof pasaron por su vida como un suspiro, hasta que nuevamente contrajo nupcias con la empresaria Karina Ortegón en 2017 y a los dos años se separaron en medio de un gran escándalo de denuncias de ella por acoso y violencia física y psicológica por parte de Vicente.

Sin embargo y a pesar de sus infortunios, Vicente hijo, como lo describen quienes lo conocen, es un hombre con buenos sentimientos, «incapaz de hacerle daño a nadie».

Gerardo, el hijo de en medio o «el indefinido», como lo califican los psicoanalistas, tiene 55 años y de los tres descendientes del Charro de Huentitán, es del que menos se sabe. Circula entre borrascas y su perfil es inexistente.

Carece de una profesión, nunca trabajó por su cuenta y se dedicó a lo más fácil: desde joven comenzó a manejar la carrera de su padre y todos los negocios relacionados con Los Tres Potrillos y la marca Vicente Fernández, ambas registradas a su nombre y para todas las categorías, según consta en el sitio trademarks.justia.com, de Estados Unidos, y también en el Registro Público de la Propiedad Industrial en México.

La pregunta que se hacen muchos es si Gerardo participó a sus hermanos del registro de las marcas a su nombre, la de su padre y Los Tres Potrillos, que quizá debería compartir también con Vicente júnior y Alejandro.

Sin talento para el canto, asunto que tampoco le importa demasiado, intervino en los primeros tiempos de la carrera de Alejandro, sobre todo en sus actuaciones en los palenques, lugares preciados por las estrellas de la música popular por las altas remuneraciones en efectivo que reciben, pero la relación terminó a golpes cuando el Potrillo descubrió que Gerardo le ocultaba gran parte de sus ganancias. Pero no solo timó a su hermano, también a su padre. El patriarca nunca se interesó por los negocios y el dinero, como él mismo dice, y no se dio cuenta o simplemente lo dejó pasar.

Con Ana Gabriel y el desaparecido Juan Gabriel, Gerardo repitió el engaño. Con la bella sinaloense, la Luna de América, la relación simplemente se acabó, pero la profunda y larga amistad de la cantante con Chente y Cuquita alivianó el pillaje del vástago. Con el Divo de Juárez terminó a lo gánster. Discutieron por el dinero y Gerardo, hombre de armas tomar, le propinó varios golpes en el rostro a Juanga, con la cacha de su pistola.[7]

Reservado en extremo respecto a su vida privada, Gerardo detesta las cámaras; no obstante, tuvo sus 15 minutos de fama cuando protagonizó un altercado en un bar de Polanco en el que, visiblemente borracho, se puso impertinente con los comensales y fue expulsado del lugar. Ambicioso, inescrupuloso y obsesivo por la acumulación de efectivo, los poquísimos que lo frecuentan revelan que practica charrería, cría caballos de raza, colecciona autos de alta gama, tequilas con serpientes en su interior y sofisticadas, inmensas y misteriosas cajas de seguridad, que presume ante amigos, amantes y parientes.

En 2011 incursionó fugazmente en la política, cuando se candidateó como diputado del Partido Verde Ecologista, un apéndice del Tricolor que alberga a los despojos de la política, pero no le fue bien. El apellido no lo ayudó para conseguir votos; sin embargo, la frustración por la derrota pasó rápido, y se dedicó con ahínco a acrecentar su fortuna.

Practicante de la máxima «El fin justifica los medios» y dueño de una enmarañada personalidad, Gerardo tiene un problema: es adicto al juego. No fueron pocas las veces en que Chente se vio obligado a llamarle la atención por sus viajes a Las Vegas, donde jugaba fuerte en un salón privado y perdía miles de dólares, según relató el patriarca en varias entrevistas.

«Las Vegas o tu padre», le dijo un día, cuando Gerardo cruzó todos los límites de los gastos familiares. Y Gerardo, enfrentado a una segura debacle económica, le juró al patriarca que no iría más a Las Vegas. Los amigos dicen que cumplió. Por lo menos con esta promesa, porque otra de las adicciones de Gerardo, la que mantiene oculta de sus padres y de su familia, es el espionaje a los suyos.[8] A través de contactos policiales, militares y con elementos de agencias de seguridad de Guadalajara, sigue los pasos de cada uno de los miembros de la dinastía, incluida su esposa, con el objetivo de acumular información para utilizarla cuando considere conveniente. De sus ansias por saber y controlar vidas ajenas tampoco se salva el resto de los parientes y cualquier incauto atraído por los negocios.

Estos manejos sinuosos y casi delictivos, y sus nexos con el poder de todos los ámbitos, legales e ilegales, convirtieron a Gerardo Fernández Abarca en un personaje nebuloso. Tan poderoso, como odiado y temido.

Casado con Alba Abarca, su prima hermana, tiene dos hijos, Albita y Gerardo, y un nieto de parte de su hija, de nombre Cristóbal, cuyos padrinos de bautizo son Vicente padre y Cuquita. Curiosamente, eligió contraer matrimonio el 27 de diciembre de 1988, el mismo día que sus padres celebraron sus bodas de plata. Chente le regaló una lujosa fiesta, que se realizó en el rancho Los Tres Potrillos.

Con Alba —hija de un hermano de Cuquita—, la relación sentimental está acabada desde hace años, pero continúan juntos, para «mantener las formas».

Digno hijo de su padre, es un obsesivo de las féminas, sobre todo de las jovencitas. No fueron pocas las veces que su esposa lo descubrió *in fraganti* incluso con prostitutas, pero ella, por consejo de Cuquita, miró hacia el costado y preservó su acomodada existencia.

¿Sabría Cuquita que su hijo Gerardo fue cómplice de muchas de las infidelidades de Vicente que sucedieron dentro y fuera del rancho? Es la pregunta que se hacen los allegados a la familia, conocedores de todos los entuertos.

Con una majestuosa casona ubicada a dos kilómetros de la de su padre en Los Tres Potrillos, una mansión en Guadalajara y varias en San Antonio, Texas, Gerardo pasa largas horas pegado a su progenitor. Algunas de sus funciones han incluido solucionar las mínimas dificultades y necesidades de Chente. Por ejemplo, esa irrefrenable pasión por las mujeres, asunto que Gerardo gestionó, por lo menos, hasta que Chente fue operado por un cáncer de próstata.

Algunos confidentes de la familia y de los trabajadores del rancho cuentan con detalles las innumerables visitas femeninas que ingresaban a Los Tres Potrillos de la mano de Gerardo, para visitar a su padre, así como el largo *affaire* que Chente mantuvo con Alba, cuñada de Cuca y suegra de Gerardo.

Además de varios negocios inmobiliarios, Gerardo se encarga del restaurante Los Tres Potrillos, de la Arena VFG, de la crianza y venta de los caballos, y durante años fue el mánager de su papá, hasta que este se retiró definitivamente. De cualquier manera, todo interés comercial relacionado con el patriarca debe pasar, de forma inevitable, el filtro del hijo de en medio, quien levanta o baja el pulgar.

A sus ocho décadas, a Vicente Fernández Gómez no le queda otra opción que confiar en su hijo, que no solo se encarga de los negocios familiares, sino que conoce los entresijos y secretos de todos.

No pocos se preguntan las razones de Gerardo para temer a los reflectores y vivir entre las sombras. Son mínimas las imágenes suyas que se conocen y no hay entrevistas. ¿A qué le tiene miedo? ¿Acaso las relaciones peligrosas que establece salpican sus negocios de un mar de sospechas y brumas?

LOS CABALLOS DE MI VECINO

El 29 de agosto de 2010, en un enfrentamiento con el ejército en su mansión de la elegante colonia Colinas de San Javier en Zapopan, Jalisco, cayó fulminado por 12 balazos Ignacio Coronel Villareal, capo del Cártel de Sinaloa, socio del Mayo Zambada, del Chapo Guzmán y de Juan José Esparragoza, el Azul. Fuentes policiales y de la DEA adjudican a Coronel inmuebles vinculados con empresarios tapatíos a través de los cuales lavaba millones de dólares, lo que no suena extraño.[9]

Nacho Coronel, también conocido como el Ingeniero o el Rey del cristal, según investigaciones oficiales, era una persona culta, educada y tenía fuertes inversiones en el rubro inmobiliario y turístico de Jalisco. Desde 1990 era el jefe de jefes de Jalisco y desde Guadalajara controlaba Colima, Nayarit y Michoacán. Dueño del rancho Las Majaditas, ubicado en las inmediaciones de Los Tres Potrillos, y otro en Colima, donde pasaba sus vacaciones, tenía pasión por los caballos y pagaba buen dinero por ellos. Varios testigos aseguran que a Coronel le gustaba comer en el restaurante Los Tres Potrillos, donde reservaba temprano a nombre de Carlos Lamadrid y se movía con discreción, acompañado de un solo guardaespaldas, y los caballos para sus ranchos los compraba directamente a Gerardo Fernández. Por otra parte, los entonces socios de Coronel, Óscar Nava Valencia, el Lobo, y Juan Carlos Nava Valencia, del Cártel del Milenio, dueños de un rancho en Tlajomulco de Zúñiga, antes de ser detenidos en 2009 y 2010, también tenían vínculos con su vecino, el ambicioso hijo de en medio de la dinastía Fernández. Estas relaciones le permitieron zanjar, con facilidad y por vías ilegales, algunos problemas enmarañosos de los negocios del clan.[10]

Con Vicente júnior, el hermano mayor, la relación es un coctel en el que predomina el ensañamiento y la violencia. Todo el tiempo. Por alguna razón, Gerardo guarda resentimientos hacia su hermano. El vínculo va y viene como la marea, pero ensombrecido por la maldad.

—Mira, Vicente, esa Mariana debe traer un jovencito y tú no vales nada. Mírate, cabrón, estás viejo, no tienes lana, y no tienes edad para esa vieja, ni para el sexo —le lanzaba a su hermano, con una sonrisa torcida.

Gerardo se refería así a Mariana González Padilla, la bellísima y joven novia del primogénito.

Vicente júnior, para evitar una pelea frente a sus padres, optaba por callar.

Otro día le dijo: «Oye, cabrón, te falta litio».

Vicente júnior, preocupado, acudió a un reconocido psiquiatra de Guadalajara y le manifestó su preocupación. La contundencia con la que su hermano le habló del litio le generó mucha inquietud. Chente, enterado, se preocupó. El galeno lo escuchó y le indicó la realización de varios estudios. Con los resultados en la mano, Vicente hijo regresó aliviado al rancho y habló con su progenitor.

—Papá, aquí están los exámenes que me hicieron, no me falta litio. Mira lo que dice el médico.

El Charro de Huentitán revisó los estudios y dijo:

—Ay, hijo, que no esté chingando este pendejo de Gerardo, que tiene el hocico tan suelto. Yo sé que tú estás bien, quédate tranquilo.[11]

Sin embargo, al otro día Gerardo regresaba con la misma historia y convencía a su padre de lo contrario y este nuevamente se angustiaba y lloraba por la salud de su hijo.

Un círculo infernal e interminable.

Estas historias, que enseñan una moral sin límites por parte de Gerardo, el vástago que maneja los hilos del clan, y que se abren en infinitos pliegues y revelaciones, algunas escalofriantes, infectadas de odios, traiciones e intrigas, develan la complejidad de los vínculos familiares, pero más que nada, los que existen entre Gerardo y sus hermanos.

Con Alejandro fue distinto. El Potrillo nació bajo el influjo de las estrellas, se hizo solo, tiene un enorme talento y es dueño de su propia fortuna. No tiene un contacto frecuente con su familia, porque desde hace tiempo decidió alejarse de los descalabros tóxicos que le provocaron mucho daño. Como él mismo expresa: «Hay tres cosas que nunca vuelven atrás: una bala disparada, una palabra dicha y una oportunidad perdida».

Lo que preocupaba a sus padres eran sus problemas con el alcohol. Sin embargo, en sus cinco décadas, el Potrillo está sereno y maduro, vinculado a una vida zen y dedicado a su carrera, sus hijos y su adorada nieta. Las desmesuras que le dieron fama son parte del pasado.

La cruel paradoja para Chente y Cuquita es convertirse, a esta altura de su historia, en testigos de los estallidos de sus vástagos, que generan situaciones alejadas de la discreción, el pudor y los valores familiares, que le trasmitieron desde que eran niños.

Desde su origen, el mundo está lleno de ejemplos de hermanos enfrentados hasta la muerte. «Ni Dios pudo evitarlo», dicen. Esta no sería la primera ni la última historia que los refleja con crudeza. También abundan en la mitología y en la literatura. El libro del Génesis relata la historia de Caín y Abel, cuando el primero, muerto de celos porque Dios prefirió la ofrenda de Abel, asesinó a su hermano.

COMO CAÍN Y ABEL

—Papá, hay que internar a Vicente, tiene muchas deudas, hipotecó todas las casas. Toma alcohol y juega, y la «vieja» con la que sale se gasta el dinero. Son pocos días, lo ve un psicólogo y se regresa al rancho, te lo prometo— planteó Gerardo a su padre, días después de la trifulca con sus hermanos.

Le detalló el desastre económico en el que estaba sumergido su hermano mayor y le aseguró que este era el único camino, que si no lo hacían «todos nos quedaremos sin nada».

Chente escuchó en silencio. Le dolía su hijo y le preocupaba mucho su futuro, pero abrumado por la catastrófica realidad, aceptó la sugerencia de Gerardo.

Quizá porque creía desde hacía años que su primogénito necesitaba contención psicológica, una persona preparada que lo ayudara a superar los tormentos y lo encaminara en la vida. Lo que nunca imaginó el patriarca es que a Gerardo no le interesaba la salud mental de su hermano, sino quitarlo de en medio por un tiempo, mientras su padre repartía lo que restaba de la herencia, y él aplicaba el látigo de la venganza.

El único pedido que Vicente Fernández le hizo a Gerardo fue que el lugar donde internaran a su hijo fuera de excelencia, que tuviera la mejor atención y que se sintiera cómodo. Gerardo le juró que había conseguido «la mejor clínica de México» y que lo estaban esperando.

Vicente, Cuquita y Gerardo se reunieron con Vicente júnior en el rancho y le pidieron que se internara, que su hermano había conseguido una clínica «de lujo», que era lo mejor para su salud mental y para la familia.

Era la primera vez que sucedía un pedido de estas características, casi como un ruego.

—Hijo, por favor, quiero que vayas a ese lugar, te vas dos días y te regresas.

—¡No, papá, a mí no me encierran otra vez! Me voy a la chingada y veré cómo me arreglo. Me estafaron, es verdad, ¡pero no me van a meter en una clínica por eso!

Vicente, aterrado, ansiaba escapar del rancho. Cuando estaba a punto de subir al auto, su madre lo tomó del brazo.

—Por favor, hijo, no te vayas, hazlo por tus hijos y tus nietos.

—¡Mamá, me quieren privar de mi libertad! No se vale, ¡no quiero revivir otra vez mi secuestro!

—No, hijo, te va a checar un buen psicólogo que consiguió Gerardo, es como un hotel de lujo. Hazlo por mí, hijo, porfa, hazlo por tu madre.[12]

Vicente miró a Cuquita y sus ojos estaban mojados. No pudo soportarlo. La abrazó y aceptó hacer lo que le pedían.

El 12 de abril de 2021, Vicente júnior desapareció sin dejar rastros. Se especuló mucho sobre esta ausencia y el silencio de la familia alimentó los peores pensamientos. Durante los días que estuvo ausente, se llegó a sospechar que nuevamente había sido víctima de otro secuestro, como ocurrió aquel 13 de mayo de 1998.

Unas semanas más tarde, el 6 de mayo, el sitio *Chisme No Like* dio la primera noticia. Entrevistaron a Jaime García, el Charro de Toluquilla, amigo cercano de Vicente júnior, quien contó que el primogénito lo había buscado desesperado para pedirle dinero. «Pero después vino Gerardo y me regañó porque le presté unos centavos. Ahora lo tienen con un psicólogo en un centro de rehabilitación, porque no está bien».

El 28 de junio de ese mismo año, la revista *TVNotas* publicó un extenso reportaje sobre la internación de Vicente júnior, con fotografías suyas en el interior de la clínica y abundante información, evidentemente suministrada por algún integrante del clan.

El artículo de seis páginas asegura que fue internado «por orden de su madre Cuquita», por sus adicciones al alcohol, al juego y a las drogas». Los que conocen bien al hijo mayor de los Fernández Abarca —por ejemplo, sus exmujeres y sus hijas— juran que este jamás tuvo problemas con el alcohol, las drogas o el juego. Que sus conflictos están relacionados con sus descalabros económicos, su frustración como cantante y las derivaciones psicológicas del plagio que sufrió hace 23 años.

Las fuentes consultadas responsabilizan a Gerardo por el contenido de esa publicación, que nada tenía que ver con lo que en realidad sucedió, de acuerdo con lo que Vicente júnior le relató a uno de sus amigos más cercanos apenas fue liberado.

Dice que lo fueron a buscar a la casa con cinco guardias y un chofer. Que los custodios tenían esposas metálicas, que no usaron porque él no se dejó, y que llevaban bastones retráctiles de acero para golpearlo, pero tampoco fueron necesarios. Apenas llegó a la clínica, lo llevaron a una habitación y lo encerraron con llave desde afuera.

Vicente recuerda que se encontró de pronto en un anexo de la clínica, un lugar sucio, sin comodidades, destinado a personas con adicciones graves. No era su caso. No le permitieron hablar por teléfono con su familia, ni recibir llamadas de nadie. Durante los 66 días que permaneció en el anexo, vivió un infierno que él mismo relató: «Un baño para ochenta cabrones y la comida parecía hecha para ratas o tenía ratas».

En esta reconstrucción, Vicente júnior dice:

Mi papá y mi mamá me pidieron que fuera a ver a un psicólogo, que solo serían dos días y que regresaba. Que Gerardo había conseguido un lugar que se parecía a un hotel de lujo. Yo les dije que no volvía a pasar lo que pasé en el secuestro. Me dijeron que no iba a pasar, que eran dos días. Pero me dejaron 66 días incomunicado, encerrado en una habitación con llave desde afuera, sin derecho a visitas, ni a llamadas telefónicas. Me hicieron lo mismo que cuando estuve secuestrado. Viví lo mismo. Vi cosas horribles. Golpeaban a la gente con tablas en el culo. Me golpearon y no me violaron de casualidad. Había menores de edad mezclados con adultos, hay abusos de menores, ellos me contaron.

Fue horrible. No soy adicto al juego, ni al alcohol, ni a las drogas. Gerardo les calentó la oreja a mis papás después de unos problemas económicos que tuve. Tenía propiedades hipotecadas y me habían estafado con muchos millones. Esto es verdad, pero no merecía lo que viví, una tortura. Gerardo se reviró, el muy cabrón planificó mi encierro. Justo en ese momento, mi papá estaba repartiendo terrenos, como parte de la herencia, y Alejandro se molestó con mi papá y con él. Yo salí a defender a mi hermano y Gerardo se vengó y me mandó encerrar.

Lloré los 66 días, lloré y lloré como nunca antes. Creí que me iba a morir ahí adentro. Recordé cada uno de los días que estuve secuestrado. Pero esto fue peor. Ahora se acabó, no me callo más, «le rascaron los huevos al tigre» y este hijo de la chingada de Gerardo me la va a pagar. Se acabó: «Sí, mamá; sí, papá; sí, Gerardo», basta de andar calladito y guardarme todo lo que hace Gerardo. ¡Basta!

Curiosamente, 23 años después de mi secuestro, Gerardo elige el lugar y me vuelve a encerrar, con control absoluto sobre cuándo entraba, con quién hablaba y cuándo salía. ¿Qué puedo pensar de él? Cuando el secuestro, lo llamaban a él para negociar y ahora, igual. La directora de la clínica, que ni siquiera es psicóloga sino contadora, seguía las instrucciones de Gerardo y ella dijo que el plan era tenerme guardado 90 días.

A través de un interno que fue dado de alta y regresaba a su casa en Monterrey, Vicente le pidió que se comunicara con Mariana González Padilla, su novia, más conocida como la Kardashian mexicana por sus impactantes curvas, y que le dijera dónde se encontraba y en qué condiciones. Inmediatamente, Mariana se comunicó con Ramón y Fernanda, los hijos de Vicente, y les hizo escuchar los mensajes que enviaba su padre.

Ramón y Fernanda, hundidos en la angustia y la incertidumbre por la situación de su padre, se reunieron en el rancho con sus abuelos y les relataron lo que escucharon.

—¡Esto no es lo que dijo Gerardo! Esto es una porquería y queremos a nuestro papá de regreso —dijo Ramón a Vicente y Cuquita, que no podían creer lo que había pasado con su hijo.

Una brisa negra los envolvió. Otra vez.

El patriarca estaba cansado de tantos combates.

Cuquita y los cuatro hijos de Vicente júnior fueron en el avión privado a visitarlo para el Día del Padre y constataron que las instalaciones de aquella clínica distaban muchísimo del «hotel cinco estrellas» que había prometido Gerardo. Diego Arias, el psicólogo que atendía a Vicente en el lugar, les confirmó que él no necesitaba una internación en ese sitio y que su hijo decía la verdad. Que su caso ameritaba otro tratamiento. Cuquita lloró abrazada a su Vis. Estaba deshecha.

Luego de algunas gestiones, Vicente júnior regresó con su madre y sus hijos a Los Tres Potrillos. Chente se enteró por Cuquita y sus nietos de los pormenores que vivió su hijo en aquel lugar. Imaginó la crueldad del encierro y el regreso de las pesadillas del pasado. La rabia y la indignación se apoderaron de él.

Se preguntaba una y otra vez por qué Gerardo actuaba de forma tan despiadada con su hermano. Cuáles eran las razones que lo empujaban a tener un comportamiento desalmado. Evocó por un momento la ahora lejana infancia de sus hijos. Los tres habían sido criados de la misma manera y con un único objetivo: ser buenas personas. No tenía respuestas.

La guerra entre sus dos hijos, una historia de dos hermanos hostiles como la de Caín y Abel en la que se mezclaban la destrucción del otro con las mentiras y las traiciones, lo carcomía por dentro. Una cosa era clara: su hijo Vicente acababa de vivir un segundo secuestro, esta vez provocado por su hermano.

Trató de evadirse y, acompañado por Ramón y Vicente, sus nietos, se dispuso a ver la pelea de su amigo Julio César Chávez con Héctor Camacho júnior, que se realizaba en el Estadio Jalisco, de Guadalajara. Se sentaron en la sala frente a la pantalla del televisor. Platicar con ellos le hacía bien y le despejaba la mente.

De pronto, sonó su celular y atendió.

—Hola, papi, feliz Día del Padre —dijo Gerardo, como si nada, del otro lado de la línea.

—¡Hijo de la chingada, tú sabías dónde metiste a tu hermano!

—No, papá, yo no sabía, te juro que no —respondió Gerardo.

—¡Hijo de la chingada! ¡Sí lo sabías y nos engañaste a todos! —respondió enardecido y cortó la comunicación.

Vicente Fernández le daba vueltas a lo sucedido y frente a él se abría el silencio infinito de la noche. ¿Qué pasaba con sus hijos?, era la pregunta que no tendría respuesta. Cuquita conversó largamente con su hijo Vicente y le explicó que Gerardo les había contado algo muy distinto sobre ese lugar, y le juró que ellos no eran responsables, que no sabían. Le pidió perdón a su hijo y le rogó que no guardara rencor.

—No te preocupes, mamá, lo hice por ti, ya no te preocupes —respondió Vicente.

Trató de calmar a su madre que se encontraba muy angustiada y la cobijó en sus brazos.

El 22 de junio de 2021, Vicente júnior regresó al rancho después de 66 días de encierro en una clínica de rehabilitación de adicciones, en San Luis Potosí.

Llegó acompañado por su madre y sus hijos. Apenas lo vio entrar, demacrado, con barba, varios kilos menos y el desconsuelo clavado en los ojos, Chente sintió que el abismo del pasado lo volvía a abrazar. Regresó de nuevo al funesto año 98, cuando su hijo fue plagiado y él creyó que nunca lo volvería a ver. Evocó otra vez aquella noche de septiembre cuando Vicente júnior, después de cuatro meses de cautiverio, reapareció en el rancho como un espectro, casi como ahora, consumido y martirizado.

Lo abrazó fuerte y lo sintió temblar.

Tal vez la culpa lo asaltaba una vez más. Los remordimientos de aquel pasado negro estaban vinculados con él y con su dinero. Creía, y lo dijo varias veces, que si él no fuera Vicente Fernández, no habrían secuestrado a su hijo. Quizá tenía razón. Esta vez, el calvario que atravesaba su hijo después de 66 días de confinamiento no estaba relacionado con una banda de criminales salvajes, era peor: tenía connotaciones malsanas, truculentas y el responsable estaba dentro de la familia.

La idea de ingresar a Vicente júnior en esa clínica de rehabilitación había sido de Gerardo y él confió cuando este le dijo que se trataba de un lugar «cinco estrellas, casi un hotel de lujo», y que «regresaría pronto».

Confió a ciegas y ahora no sabía cómo reparar el daño. Cuquita lloraba y sus nietos estaban furiosos por el estado deplorable en el que encontraron a su padre.

—Tata, es muy grave la situación. Ese lugar donde estuvo papá es una porquería, ¡es el infierno! —exclamó su nieta Sisita, llorando desconsolada.

Chente abrazó a su nieta y secó sus lágrimas. Por dentro, el coraje aumentaba y se sentía a punto de estallar. Nada lo encolerizaba más que ver sufrir a los suyos. Esta vez, se dijo, Gerardo lo iba a escuchar.

—¿Cuca, por qué nos mintió? —le preguntó a su esposa, pero no tuvo respuesta.

En medio de aquella tristeza, ella no sabía qué decir. Lo que había escuchado y lo que vio en la clínica 13 de febrero de San Luis Potosí la espantó.

Que el primogénito cargaba con una catarata de problemas de todo tipo no era una novedad para sus padres. Vicente padre convivía con las desdichas de su hijo mayor desde hacía muchos años, pero agradecía al cielo tenerlo a su lado, después de lo que pasó y, sobre todo, se sentía orgulloso de sus buenos sentimientos.

Hizo todo lo que estuvo a su alcance para ayudarlo a salir adelante, pero no dio resultado y se resignó al fracaso con tristeza. Eso sí, jamás se le hubiera ocurrido encerrar a su hijo en un lugar de mala muerte, como ese sitio de San Luis Potosí.

Le dolía el corazón de amargura y rabia de solo imaginar la pesadilla que vivió su primogénito durante 66 días, mientras ellos estaban tranquilos en el rancho, porque Gerardo les juraba que Vicente se encontraba bien.

«Está protegido, está solo en un área especial, come bien, no le falta nada, es un lugar de lujo», decía Gerardo, imperturbable. Ahora venía a descubrir que todo fue mentira. Y la certeza del engaño cegaba sus pensamientos.

—¿Cuca, qué será de nuestro Vis cuando ya no estemos, cuando se quede solo? No tiene nada, no le queda nada, perdió todo —le preguntaba Chente a Cuquita. Ella no decía nada, sufría como él por la misma incertidumbre.

Alejandro se encontraba de gira en España. Se enteró de la «internación» por su hermano mayor, y lloró desconsolado en el teléfono. De coraje y de impotencia. Le preguntó a Vicente:

—¿Por qué razón Gerardo actuó de esta manera tan cruel?

—Alejandro, porque a este hijo de la chingada lo único que le interesa es el dinero y quiere sacarte del testamento. No seas ingenuo, ya no eres un niño. La única razón que tiene es el dinero —respondió Vicente.

A la distancia, el Potrillo le manifestó a su hermano que regresaría muy pronto y que contara con él «incondicionalmente».

Lo peor de todo para Vicente hijo fue encontrarse con la desagradable sorpresa de que mientras estuvo encerrado en la clínica, Gerardo despidió a la custodia que lo acompañaba desde que fue liberado en septiembre de 1998. Su hermano lo dejó a la intemperie, desprotegido. Al principio sintió oleadas de pánico, los viejos temores regresaban para atormentarlo. Lo pensó mejor, respiró profundo y cierta tranquilidad lo embargó.

«No importa, todos me conocen y no creo que me secuestren de nuevo. Se armaría un gran desmadre. Pero si me vienen a buscar otra vez para llevarme, llevo mi pistola y una ametralladora. Y verá

Gerardo que no será tan fácil como cree», le confió a uno de sus amigos más cercanos, que lo observó preocupado.

Vicente júnior se caracteriza por ser buen tirador. Su padre les había enseñado desde niños a no tenerles temor a las armas y él alardeaba de su buena puntería. A partir de este momento, a la pistola que lo acompañaba siempre sumó una ametralladora.

—Eres tan hijo de la chingada, Vicente, que seguro debes haber sobornado al psicólogo para que diga lo que le dijo a mamá —atacó Gerardo apenas se encontraron en el rancho.

Estaban solos. Frente a frente, como dos fieras.

—No te equivoques, Gerardo. No sientas que me conoces. Si yo fuera un hijo de la chingada ya estaría en esa silla donde estás tú y tú en la mía, cabrón.

Gerardo lanzó una carcajada y le dijo con tono de provocación:

—Ay, no te agüites.

Vicente no pudo contenerse y se acercó a Gerardo, con el rostro transformado por la ira. Le escupió en la cara una historia que llevaba atragantada desde hacía muchos años, y que el encierro en la clínica había hecho llegar a la superficie. Pensaba en ella y sentía la hoja de un puñal clavado en su corazón. Se había prometido a sí mismo que nunca más iba a callar y decidió colocarla sobre la mesa.

—Mira, Gerardo, te digo algo, para que sepas que no soy pendejo. ¿Así que tú le dijiste a la directora de la clínica que yo estaba loco y que mi hijo se quiso suicidar? Hablemos, cabrón, porque también lo sé. Yo sé todo y no espío a nadie como tú.

Gerardo, pálido, se alejó sin responder. Sabía bien de qué hablaba su hermano.

—¡No te escapes, cobarde! Cuéntame por qué le robaste la novia a tu sobrino y le provocaste un daño terrible. ¡Cuéntame que le pusiste casa y carro! Fue por tu culpa, hijo de la chingada, y un día lo vas a pagar.

Después de decirle a Gerardo lo que sabía y había guardado durante tanto tiempo, Vicente sintió nauseas. Salió de la casa y se recostó bajo un árbol a llorar en silencio.

Amigos y familiares de la dinastía Fernández relatan en voz baja que Gerardo se fijó en la jovencísima novia de su sobrino y comenzó a cortejarla hasta que logró su objetivo, y la muchachita abandonó abruptamente al hijo de Vicente. Para el joven, la separación de su novia fue un golpe durísimo que le generó una crisis emocional grave; por respeto a la familia no entraré en detalles. Antes del episodio, Vicente júnior y su esposa de entonces se encontraron con Gerardo, quien estaba comiendo con la jovencita en un elegante restaurante del lujoso centro comercial Andares de Guadalajara. Su hermano lo miró con una sonrisa cínica y en ese momento Vicente júnior no comprendió la dimensión de aquel gesto, pero presintió que algo estaba sucediendo entre ellos.

¿Qué hacía su hermano en un restaurante con la novia de su hijo, a la que triplicaba en edad?, se preguntó. Ni siquiera se animó a manifestar en voz alta lo que intuía y borró de un manotazo aquellos pensamientos de su mente, hasta que sucedió lo inevitable: la jovencita dejó a su hijo de un momento a otro y este quedó deshecho por el dolor.

Seguro vomitar lo que tenía atorado lo alivió. Pero como le expresó a su amigo al regresar de San Luis Potosí, la relación con su hermano estaba definitivamente rota.

—Papá, esto que pasó, comparado con el secuestro… no es así, ¿verdad? —le preguntó su hija Fernanda.

—No, hija, esto es peor. Hubiera preferido que me secuestraran o irme a la cárcel, porque allí tienes derecho a llamadas, a visitas, y en esa pinche clínica estaba incomunicado de ustedes. Hay menores de edad que son abusados, viví un infierno, hija.

Después de un tiempo, el mayor de los potrillos decidió pensar en él y recomponer su vida. Reapareció en público, anunciando una versión del tema «Se me va la voz» de su hermano Alejandro, a dúo con la bellísima Lupita Infante, nieta de Pedro Infante. Y corrió a refugiarse de sus desdichas con su novia Mariana González Padilla. Originaria de Teotitlán de Morelos, separada y madre de dos hijos, Mariana se autodefine como empresaria, es dueña de Dashans, una tienda de ropa en su ciudad natal. Hija de una familia de buen pasar, vive y reina en las redes sociales, donde muestra su impactante anatomía, según ella «80% artificial».

Como nada es gratis en la vida, estas demenciales batallas familiares afectaron la salud del Charro de Huentitán.

El miércoles 7 de julio de 2021 fue internado de urgencia en el Hospital de Guadalajara con un cuadro de deshidratación como consecuencia de continuas diarreas y una infección urinaria. Con el rostro pálido y un hilo de voz, envió un mensaje a su público, sus incondicionales de siempre, y les aseguró que se encontraba mejor y que «había Chente para rato».

LAS TRISTEZAS SE OCULTAN

Seguramente en ese lejano 2002, cuando escuchó de nuevo la palabra *cáncer*, Vicente Fernández se estremeció, pero ocultó su pavor y se mostró «cojonudo», porque era un charro de pies a cabeza y así debía ser. Las tristezas no eran para el público, para ellos solo las alegrías. Sin embargo, no le debe haber resultado fácil. El cáncer le había quitado a su madre en 1964, oír de nuevo esa palabra lo arrastraba inevitablemente a revivir el dolor de una pérdida de la que nunca se repuso y a la que jamás se resignó.

La mala noticia llegó en diciembre de 2002, en medio de la celebración de sus 35 años de carrera. Vicente debía someterse a una operación de cáncer de próstata, y aunque en la intimidad bromeaba con los problemas sexuales que podía ocasionarle la enfermedad, mantuvo la información en reserva y se las arregló para preservar su ego y su orgullo, y por qué no, su fama de mujeriego; esa obsesión por las féminas, médula de la leyenda.

Chente estaba convencido de que, después de 35 años de andar derrochando historias de amor en los escenarios del mundo y cuando se encontraba a dos meses de cumplir los 63, se sentía como en sus mejores tiempos. Lo demostraba en cada *show*. Sonriente y sudoroso,

241

impactaba con la potencia de su voz, enfrentando como un coloso a sus fanáticos, que cantaban, lloraban y reían con sus canciones.

El abandono, el olvido, el dolor, la infidelidad, los celos y las traiciones, la angustia del amor que duele, la esperanza y la alegría eran temáticas universales que poblaban su frondoso universo, y encontraron desde el inicio de su carrera un público que se sintió representado en sus sentimientos y lo siguió sin condiciones. A estas alturas, podía presumir tranquilo que se había ganado en buena ley la corona del cuarto gallo, que lo colocaba junto a Pedro Infante, Jorge Negrete y Javier Solís.

Su existencia, antes y durante su reinado, estuvo jalonada de esfuerzos, tropiezos fuertes, escándalos y episodios traumáticos que lo marcaron en lo personal y profesional, pero que nunca interrumpieron su camino.

Chente ocultaba sus penas y continuaba cantando.

Dos meses antes, en el Palenque de Fiestas de Octubre de Guadalajara, su tierra natal, había protagonizado una velada maratónica y el episodio de color lo dio una muchacha que se lanzó al escenario para abrazarlo y por poco lo derriba. Acostumbrado a las desmesuras de sus seguidoras, el Charro de Huentitán trastabilló, pero se repuso, ayudado por sus hombres de seguridad, acomodó su traje verde musgo y lanzó un grito: «¡Viva Guadalajara! ¡Arriba las Chivas!».

Conmovido, observó al público y dirigió una mirada especial a Cuquita y a su hija Alejandra, sentadas en primera fila. Esa noche recorrió un repertorio que provocó alaridos en miles de tapatíos, que agitaban las manos y cantaban a la par suya. Empezó con «La ley del Monte», pasó por «Hermoso cariño», continuó con «Acá entre nos», «La potranca», «Aléjate de mí», «Nos estorbó la ropa», «De un rancho a otro», «Mi viejo» y «Volver, volver».

A las dos horas de concierto y sin señales de cansancio, invitó a su hijo Vicente al redondel, mientras Cuquita observaba la escena conmovida.

—El mayor de mis hijos aprovechó lo que le pasó para dedicarse a cantar, me pidió el apoyo y tengo que brindarle el respaldo que le di a Alejandro. ¿Quieren que les cante una canción el mayor de mis potrillos? No quiero que vayan a pensar que soy más egoísta con Vicente que con Alejandro —le dijo a su gente, que lo aplaudió de pie.[13]

Esa noche de palenque, Vicente Fernández confesó a su público, entre líneas, cierta frustración por ese hijo que adoraba, pero al que veía perdido y al que trataba de sacar adelante. Lo hizo así, entre canciones, de la única manera que conocía y que había aprendido.

Habían pasado cuatro años del secuestro y Vicente júnior intentaba rehacer su vida con tremendos esfuerzos. El tajo que el macabro cautiverio había abierto en su interior era demasiado profundo y continuaba abierto. Las pesadillas iban y venían y sus intentos por superar lo que le había pasado fracasaban.

Vivía en el rancho, cerca de sus padres, porque allí se sentía seguro y contenido. Desde que había sido liberado, nunca tomó terapia y la familia tampoco. El trauma profundo que permanecía en la víctima de un plagio, según los especialistas, debía ser tratado a tiempo y la familia no podía permanecer al margen. En casa de los Fernández, por temor o subestimación, ocurrió todo lo contrario. Consecuencia de esto, los conflictos internos del clan aumentaron como un río subterráneo cuyo cauce crecía a un ritmo acelerado y peligroso.

Esa noche en el palenque, Vicente hijo arrancó con «Ánimas, que no amanezca» y después con «Tatuajes», y su padre se apresuró a apoyarlo y terminaron cantando juntos. «¡Este es mi hijo!», gritó Chente, mientras Cuquita miraba la escena con las mejillas inundadas de lágrimas.

Aquel diciembre de 2002, el médico que apenas hablaba español, pero que lo atendía desde hacía tiempo, le dijo: «I have bad news for you». Chente se le adelantó y le respondió: «Mire doctor, lo difícil es nacer y, como a todos, un día nos va a llevar la chingada. Dime cuándo me operas; yo encantado de la vida, y si no me muero en la cirugía, mucho mejor».

Antes de reunirse con el médico, le advirtió a su familia: «No quiero llantos, ni chillidos». Sin embargo, cuando el doctor pronunció la palabra *cáncer*, su esposa se tapó la boca con una mano para no exhalar un grito y él la detuvo con un: «¿Qué te dije, hija?». Cuquita obedeció a su marido, como toda la vida. «Está bien, está bien; perdón, perdón», respondió con un hilo de voz y lo dejó a solas con el médico.

«Mira, Marc, nacer es bonito y morir debe ser igual de bonito. Ya viví 62 años, no es que quiera morir, todavía podría vivir más, así que cuando tú digas...».[14]

El Charro de Huentitán se armó de valor, espantó sus miedos y los de su familia, les prohibió llorar a su lado y enfrentó la cirugía el 7 de diciembre de 2002. La operación resultó exitosa y se recuperó rápidamente.

«El cáncer es como una gripe, si te agarra débil no la haces, pero yo siempre he sido un hombre de mucha fortaleza», afirmó en una entrevista con la revista *People*, cuando ya se había recuperado. Y remarcó desafiante: «Mírenme, ¿notan acaso que pasé por un cáncer? Soy un hombre fuerte, tengo guerra para rato y agradezco a Dios por esto...».

Por intuición o por lo que fuera, Vicente tenía la certeza de que aún no había llegado su hora final.

DE HOSPITAL EN HOSPITAL

—Don Vicente, ¿pensó alguna vez en retirarse? —preguntó la periodista colombiana.

—¿Sabe qué, hija? ¡Le tomo la palabra! Pero «con dinero y sin dinero sigo siendo el rey».

Así respondió para salir del paso a la pregunta de una reportera y cayó en cuenta de que sí, que este era el momento de retirarse y de hacerlo con dignidad.

Ocurrió en febrero de 2012, en una conferencia de prensa en Guadalajara.

Vicente Fernández pensó en «su pueblo»: a los que le dedicó cada uno de los 75 millones de discos vendidos; a quienes homenajeó en sus miles de conciertos en estadios, palenques y ferias; a los que alegró con su treintena de películas y sus papeles de hombre pobre, bueno y trabajador; y a quienes dedicó todas sus condecoraciones y la estrella que brillaba en el Paseo de la Fama. Y lo decidió: no se iba a mostrar decrépito o algo peor, con la voz deshecha. No frente a ellos, que lo amaban incondicionalmente y perdonaron todos sus pecados.

Así como un día de 1991 decidió retirarse del cine, ahora anunciaba un adiós definitivo a los escenarios, testigos silenciosos de décadas de éxitos y pasiones desaforadas de su gente. Si bien era admirado por hombres y mujeres, admitía, entre risas, que eran muchas más las jovencitas que procuraban acercársele, especialmente durante los conciertos.

Una muestra de cuánto enloquecía Vicente al público femenino lo grafica una anécdota que tuvo lugar en 2010, en uno de sus conciertos en el teatro Gibson de Los Ángeles, siendo ya un veterano. Mientras cantaba «No me sé rajar», un sencillo romántico que comienza con un *Hoy me reclamaron por venir a verte / No quieren que vuelva por aquí jamás / Dicen que si vuelvo encontraré la muerte / Que por ti la vida me van a quitar*, cayó en sus manos un brasier que le arrojó una fan. Entre risas y asombro, lo devolvió, con elegancia.[15]

«Me voy con la voz que me conocieron al principio, porque me siento cansado. No me retiro porque me falte el cariño del público. Me voy porque nunca disfruté a mi mujer ni a mis hijos, y ahora quiero disfrutar a mis nietos, y cuando tomo una decisión, no doy marcha atrás», declaró en varias entrevistas.

Era el cantante vivo más grande de México y la fama que había alcanzado era inquebrantable. No temía perderla con su retirada. «Más difícil es vivir en el anonimato. Todo lo malo que puede traer la fama es soportable y superable, pero ser un don nadie, jamás», afirmaba convencido.

Sus cuerdas vocales estaban intactas, pero era consciente de que los años no pasaban en vano para nadie. Tenía un poco de barriga, canas y el rostro surcado por arrugas, aunque por dentro se sentía vigoroso y se movía en el escenario sin señales de agotamiento. Contaba que se moría de hambre, porque el traje de charro es como el de un torero y hay que lucirlo de manera elegante por respeto al público. «Uno no puede salir con una panza de pulquero», le dijo a Charytín, que lo entrevistó en su rancho. En ese tiempo subía a escena, seducía, reía y lloraba, jugaba con el micrófono o sin él, empinaba la botella de coñac, tomaba unos tragos, cantaba durante horas y cuando llegaba al rancho, producía como una máquina.

Después de la cirugía de próstata, lanzó un CD de homenaje a Agustín Lara, el gran poeta de México, el flaco feo que enamoró a María Félix y el que le cantó al amor perdido mientras se quebraba y lloraba. *Vicente Fernández 35 aniversario. Lo mejor de Lara* fue el nombre del disco que llevaba las mejores 12 composiciones del Flaco de oro. En 2006 lanzó el disco *La tragedia del vaquero* y al poco tiempo, y para celebrar sus 40 años de carrera musical, Sony lanzó una colección especial de tres CD titulada *The Living Legend*.

Chente no tenía paz y trabajaba obsesivamente produciendo discos, además de las giras y los conciertos en los que se presentaba a todo pulmón. Sus discos seguían en los primeros puestos de ventas, convertidos en diamante, oro y platino en México, Estados Unidos, Centro y Sudamérica y en España, con dos Grammy, ocho Grammy Latinos y 14 premios Lo Nuestro, entre muchos otros reconocimientos, como el de haber sido escogido para interpretar el himno nacional de México en la inauguración de los Juegos Panamericanos, realizados en Guadalajara, en 2011. Previamente, en 2008 grabó *Primera fila*, un concierto en vivo en la arena VFG —un estadio para 15 mil personas que se mandó construir en el rancho—, que fue editado, por primera vez por un artista latino, en formato Blu-ray.

El 14 de febrero de 2009, en el Día de San Valentín, se presentó por primera vez en el Zócalo de la Ciudad de México y rompió la marca de conciertos públicos. Se convertía en el primer mexicano en lograr semejante convocatoria, superando a la colombiana Shakira. Con un elegante traje de charro de gamuza color vino y sombrero claro con las alas bordadas, desplegó su seducción y talento musical durante tres horas, frente a 220 mil personas que agitaban los brazos y coreaban sus mejores canciones.

En octubre de 2012 el cáncer lo golpeó por segunda vez.

Preparaba su gira mundial de despedida y se encontraba en Estados Unidos. Apenas se enteró de la mala nueva, se trasladó hasta La Villita, un barrio legendario al suroeste de Chicago, un pequeño México en Estados Unidos, donde le habían preparado un homenaje especial: el nombre de Vicente Fernández estaría grabado en un tramo de la principal arteria vial del lugar. Seguidores enardecidos, que agitaban banderas, afiches y pancartas con su imagen, lo obligaron a cantar a capela. Eligió «El hijo del pueblo», un clásico de José Alfredo Jiménez que, según decía, lo representaba cabalmente. Bajo una tenue llovizna, anunció con tristeza que debía suspender la gira de despedida, porque debía someterse al tratamiento del nuevo cáncer. Entre lágrimas, le pidió a su público que rezara por él. «Siempre estoy dispuesto a lo que Dios quiera y ojalá que esto salga como toda mi vida ha salido y que Dios me ayude y el pueblo me siga queriendo».[16]

El 8 de noviembre de 2012 ingresó al hospital. Decidió operarse el mismo día de la muerte de su madre, quizá como cábala, porque si se moría «me encontraré con ella en el cielo».

Esta vez, Chente sí temió por su vida. Quizá el recuerdo de su padre, que murió de cirrosis en 1971, regresó con fuerza en esos instantes previos a su ingreso a la sala de cirugía.

«Tuve miedo y les di la bendición a mis hijos y me despedí de mi vieja. Y le pedí perdón si acaso le falté el respeto en algún momento», confesó después. Transportado en una camilla rumbo a la sala de operaciones, se fue cantando a voz en cuello: *Yo vendo unos ojos negros / quién me los quiere comprar / los vendo por hechiceros / porque me han pagado mal.*[17] Así, el personal del hospital se enteró de quién era aquel paciente que el doctor Enrico Benedetti, responsable de la operación, había registrado con el nombre de José Valadez (curiosamente, este es el apellido de Juan Gabriel) para que nadie lo molestara. La desopilante escena sucedió en el quinto piso del Hospital de la Universidad de Illinois y Sistema de Ciencias de la Salud (UIH) de la ciudad de Chicago. Le quitaron un tumor maligno y 40% del hígado.[18]

Mientras se reponía, acompañado por su familia, se dedicaba a uno de sus entretenimientos preferidos: dibujar caballos. Lo hacía sobre servilletas de papel y en platos descartables, hasta que su nuera, la periodista Mara Patricia Castañeda, segunda esposa de su hijo Vicente júnior, con buen criterio y afecto le compró un cuaderno y lápices que él aceptó encantado.

Mara Patricia Castañeda y Vicente júnior se habían casado el 15 de diciembre de 2007 y ocho años más tarde se divorciaron. Bella y talentosa, es muy querida por Vicente y Cuquita. Mantiene una buena relación con la familia, más allá de que la separación, que derivó en una escandalera de denuncias por infidelidades, además del grave descubrimiento de Mara Patricia: la vivienda que compartía con Vicente júnior estaba atiborrada de cámaras que vigilaban sus movimientos, incluido el baño.

DOLORES Y ESCÁNDALOS

En Houston se realizó un control y después de practicarle una biopsia, le propusieron realizarse un trasplante. Ni pensarlo; eso no era para él. Su negativa resonó en los medios de prensa del planeta, por las disparatadas razones que esgrimió. Cuando recordaba aquel acontecimiento, decía entre risas: «Yo no me iba a ir a dormir con mi mujer con el órgano de otro güey muerto». Pero entre tantas, en una se le ocurrió agregar que además de muerto, aquel donante podría ser «homosexual o drogadicto».[19]

Vicente Fernández había cruzado una línea. Lo traicionaron los prejuicios del hombre que vivía cautivo de otro tiempo. Vicente júnior desmintió que su padre fuera homofóbico y aseguró que tanto él como toda la familia no hacían distinciones y respetaban las preferencias sexuales.

Antes de operarse del hígado en Chicago se dio un gusto.

En el Prudential Center de Newark, Nueva Jersey, cantó en vivo, por primera vez, junto a otra leyenda viviente: Tony Bennett. Entonaron la canción «Regresa a mí», que había sido originalmente un éxito en la versión de Dean Martin. Bennett había viajado a Guadalajara para grabarla con Vicente e incorporarla a su flamante álbum *Tony Bennett: Viva Duets*.

El hombre propone, pero Dios dispone, quizá pensó Vicente, porque a finales de ese año tuvo que esperar un poco más de lo que hubiese deseado para continuar con la gira.

Sufrió un «infarto cerebral chiquito», que no se hizo público hasta que él lo reveló. Tuvo que pasar un año de cuidados y mucho tiempo en la cama, con algunas consecuencias que le preocuparon mucho; una fue que «no podía caminar», porque se le «entumieron las cañas [piernas]» por tanto reposo. Pero lo peor fue que en ese tiempo se le «endurecieron las cuerdas» vocales, ante lo cual, alarmado, estuvo «ensayando con las pistas en el estudio» de la sala de grabación que tiene en su rancho. Apenas superó el trance, dijo que estaba listo para la segunda parte del tour de despedida.

A partir del cáncer de próstata y para evitar sorpresas de su salud, Chente contrató al médico Roberto Esquivel, quien desde entonces lo acompaña 24 horas y al que lo une una relación de afecto y respeto. En su Instagram, le agradece su dedicación y asegura que le «salvó tres veces la vida». Allí se los ve abrazados y sonrientes en el rancho, con el campo y el ganado de fondo.

En agosto de 2013 otro golpazo lo sorprendió. Fue llevado de urgencia al hospital de Guadalajara por una trombosis pulmonar. Un coágulo afectó sus vías respiratorias y lo dejó sin voz. Salió y se recuperó.

En marzo de 2015 se encontró de nuevo en el hospital. El cuerpo, cansado y maltrecho, no le daba tregua después de tantos años de exigencias y excesos. Lo operaron de tres hernias en el vientre y a los 10 días nuevamente posaba en su Instagram y les daba tranquilidad a sus seguidores.

Vicente Fernández Gómez, la leyenda de la música ranchera, continuaba dando pelea como un león herido. Se enfrentaba a sus fantasmas y dolores, y estaba decidido, ahora más que nunca, a decir adiós a los escenarios como todo un rey.

Luces y sombras de una despedida

La Despedida fue el nombre elegido para el tour del adiós, que iniciaría a mediados de 2012, comenzando por España y luego por distintas ciudades de América; que interrumpiría para operarse del cáncer de hígado, y que retomaría en 2014, para finalmente brindar un mega concierto en México en 2016.

La gira estuvo matizada por luces y sombras.

El 6 de marzo de 2015 el periódico español *El Mundo* reveló que, por solicitud de la DEA, la justicia española investigaba por lavado de dinero, presuntamente proveniente del Cártel de los Valencia, los conciertos de Vicente Fernández y los eventos deportivos amistosos realizados por el jugador argentino Lionel Messi. Según las investigaciones, el cártel estaría en contacto desde hacía tiempo con los empresarios colombianos encargados de montar estos eventos y blanqueaban dinero a través de los conciertos de Fernández con pagos ficticios en una gira mexicana.

Sin embargo, las indagaciones de la DEA habían comenzado antes, en 2013.

Vicente Fernández no fue implicado en aquella indagatoria, pero trascendieron detalles de la amistad del rumboso empresario colombiano Andrés Barco con Gerardo Fernández, y cómo cada vez que este viajaba a México se alojaba en Los Tres Potrillos, además de hacerle «regalos impresionantes» a Chente. Ante el escándalo que ensombreció la gira, Star Productions difundió un comunicado para intentar aclarar las cosas. Dijeron que Total Conciertos, del colombiano Barco, «incumplió en la gira en su tramo final, el pago de la remuneración pactada», a pesar de lo cual «don Vicente Fernández decidió presentarse en las distintas ciudades y fechas, por el respeto y cariño que siempre ha demostrado al público a lo largo de sus 40 años de trayectoria».

Después de la caótica gira por España, Vicente viajó a Chile por vez primera. La noche que actuó en el Movistar Arena, dentro del Parque O'Higgin, fue ovacionado con una intensidad que lo sorprendió. Apenas subió al escenario, compartió una duda y un deseo: «Nunca entendí por qué nadie me invitó a Viña del Mar [donde anualmente se celebra el Festival Internacional de la Canción], pero aun retirado, si me invitan, vuelvo a Chile para cantar». Y encendió las primeras palmas de los asistentes que coreaban «¡Viña, Viña!» con el clásico «Juan Charrasqueado». Se ganó al público chileno que, por primera vez, lo disfrutó en vivo durante tres horas, delirando con sus rancheras.[20]

CHÁVEZ Y EL TITÁN DE LAS RANCHERAS

«Este es un país que yo quiero desde hace muchos años; cuando se dice Venezuela, se piensa en su folklore, que es muy especial, yo he grabado muchas canciones venezolanas», dijo y lo ensordecieron con sus aplausos en Caracas, Valencia, Maracaibo, Mérida, Maturín, Barquisimeto y San Cristóbal, mientras les cantaba y les ofrecía el micrófono para que lo acompañaran con los estribillos. En un gesto especial, Chente entonó la bella canción «Alma llanera», de Pedro Elías Gutiérrez, que dedicó especialmente a la nación bolivariana: *Yo nací en esta ribera del Arauca vibrador / Soy hermano de la espuma / De las garzas, de las rosas / Y del sol...*

El 13 de septiembre de 2012, el entonces presidente Hugo Chávez recibió al rey de las rancheras, como a un jefe de Estado, en el palacio de Miraflores. Conversaron como viejos amigos y Chávez colocó en el pecho de Chente la Orden del Libertador, una condecoración destinada a personalidades célebres y a mandatarios.

«Estuvimos hablando de viejas canciones», relató Chávez «porque cuando yo nací, ya Vicente Fernández cantaba en los restaurantes y clubes de México; estuve leyendo un poco de su historia de Jalisco y me alegra mucho tenerte aquí, porque tú eres un titán; sí señores, es un titán», subrayó emocionado. El carismático mandatario sorprendió a Chente, cuando lo despidió con un solo de *Ay Jalisco, Jalisco / tú tienes tu novia de Guadalajara...*

«Yo soy el rey de los desafinados, pero esta vez creo que estuve bien», dijo el comandante en tono de broma. Sobrevino entonces un breve dueto entre ambos: *Lástima que seas ajena / y no pueda darte lo mejor de mi alma,* comenzó Chávez. *Lástima que llego tarde / y no tengo llaves para abrir tu cuerpo / Lástima que seas ajena / el fruto prohibido que jamás comí / Lástima que no te tenga / porque al mismo cielo yo te haría subir,* completó Chente.

Un azteca en el Azteca

Todo debía estar perfecto, impecable y a tono con el protagonista. La despedida de la escena mundial tendría que ser multitudinaria y magnífica. «Vicente está entero, está hecho un roble, está más galán que nunca», decían los hombres que trabajaban en la preparación del evento. El escenario, de 77 metros de largo, era digno de un rey, digno de la única leyenda viviente de la música popular, del ídolo que era capaz de hacer llorar y reír a sus millones de seguidores en el mundo.

A sus 76 años, imponente y vestido con un traje negro con adornos dorados, el traje de gala del charro, y frente a un estadio vibrante de emoción, Vicente Fernández ingresó para decirle adiós a su gente. Quiso decir algo y se quebró. «Que un ignorante como yo tuviera una vida, les doy gracias», dijo y comenzó a cantar.

Con una voz envidiable, recorrió todos sus éxitos, invitando al público a que lo acompañara. Y fue otra vez «El rey». Invitó a su hijo Alejandro al escenario a acompañarlo y el público, en ese momento 85 mil personas, estalló de emoción.

Luego de su primer cambio de traje, de color durazno, haciendo juego con el sombrero, Chente se sentó en la silla, como si estuviera en una cantina, y le iba contando al público que sus hijos le habían pedido que no bebiera, pero que a él no le parecía justo, «porque era la última vez» y que lo haría sobre un escenario. Luego de un paréntesis, reapareció ataviado con otro traje negro, y cantó temas de Juan Gabriel y de José Alfredo Jiménez: «De qué manera te olvido», «Por tu maldito amor», «La diferencia», «Ella» y «La barca de oro».

Cuando llegó el momento de interpretar la canción que lo catapultó a la fama internacional, «Volver, volver», asomaron lágrimas en el público que había colmado el lugar y no paraba de avivarlo.

«Lo único que a mí me gustaría dejarles de herencia a mis hijos para que el día que Dios me recoja, digan con humildad: nosotros somos hijos de aquel señor que tuvo dos grandes vicios: uno, trabajar mucho para darnos a nosotros todo lo que él no tuvo en su infancia; y el otro, ser capaz de quedarse muerto en un escenario, tan solo por llevarse a la tumba lo que más quiso en esta vida: su presencia, su cariño y sus aplausos», dijo ahogado por el llanto.

En el cierre del *show* y con la fuerza de los mariachis, resonó «Las golondrinas», de Jorge Cafrune, que termina con un ruego: *Cuando se acorten los días / Junto a mi sombra / Y en mi alma caiga sangrando el atardecer / Yo levantaré mis ojos, pidiendo al cielo / Volverte a ver, volverte a ver.*

Los aplausos no cesaban, el público le rogaba que no se fuera, que no dijera adiós. Pero esta vez, Vicente Fernández debía retirarse, probablemente para siempre, aunque las despedidas de los músicos nunca son demasiado creíbles.

«Fue muy triste, pues al terminar en cada lugar no aguantaba las lágrimas y salía llorando; pero, al mismo tiempo, me da orgullo porque a mi pueblo no le fallé nunca». Y él siguió cantando, porque nació para cantar. Porque si su álbum conmemorativo *Un azteca en el Azteca*, grabado en ese concierto de despedida, obtuvo un disco de platino más oro por la venta de 90 mil unidades, es porque gestó un público que le sigue pidiendo más.

Llorando y envuelto en la bandera mexicana, saludó a su público y se perdió en la noche.

«No se olvide de mis hermanos»

«Señora Clinton, estoy aquí para pedirle que cuando llegue a la presidencia no se olvide de todos mis hermanos mexicanos y latinoamericanos. Dios la bendiga», cerraba el *spot* llamado «El corrido de Hillary», donde se veía a la ex primera dama junto a miembros de la colectividad latina en Estados Unidos, solicitándoles su voto para el 8 de noviembre de ese 2016.

Vicente Fernández, con traje y sombrero de charro negro con dorado, desde su rancho Los Tres Potrillos, arengaba enfático: «Queridos hermanos, su voz es su voto. Juntos se puede», y lo reafirmaba dando un golpe a la tranca de madera sobre la cual estaba apoyado, para luego cantar con una amplia sonrisa y un guiño al final: *Yo soy latino hasta el hueso, muy orgulloso por eso / y te recuerdo mi hermano, tenemos que ir de la mano / hasta que Hillary Clinton tenga el triunfo asegurado.*

De acuerdo con las agencias de noticias internacionales, el aporte del Charro de Huentitán a la campaña de Hillary fue importante, teniendo en cuenta que sus videos fueron vistos por más de 40 millones de personas. Vicente Fernández, al que nunca se le vio involucrado en campañas políticas, esta vez se la jugó por lo que pensaba era lo mejor.

Viajó a Estados Unidos y acompañó a la candidata de los demócratas en diversos actos, junto a otras estrellas mexicanas, como Los Tigres del Norte y Angélica María. Quedó a la vista cuánto era correspondido Chente por Hillary, quien le agradeció su presencia y con un gesto especial, le confesó al oído: «I love your songs». Entre otras salidas, compartieron escenario en el anfiteatro Gray Ranch, en el Regional Park, al norte de Las Vegas, desde donde se veía el último debate presidencial.

Además del *show* musical y con un enorme cartel de fondo que rezaba «Stronger together», Vicente habló a los presentes, mayoritariamente latinos, con su estilo fervoroso y contundente. «Nunca ha habido un momento tan importante en la historia para hacer que nuestras voces sean escuchadas; este momento dictará el futuro de nuestra gente en los Estados Unidos. Dicen que hay dos opciones, pero todos sabemos que hay solo una: Hillary Clinton; no hay nadie que haya luchado más para la gente latina que ella».

Sus palabras generaron un ensordecedor aplauso, mientras coreaban «¡Chente, Chente!», como si él también fuera un candidato.

«¿Quieren un presidente bueno? Vayan a votar por Hillary Clinton», repitió Chente, que portaba un pin de la campaña en su solapa y le rogaba a Dios que no se impusiera en las inminentes elecciones su rival, el candidato republicano Donald Trump.

«Ojalá Dios no permita que una persona así maneje el mundo. ¡No! va a provocar muchas guerras y cosas así que yo no estoy de acuerdo», conjeturaba. El artista mexicano describía a Trump como un inexperto en política, porque consideraba que «para llegar a la presidencia se necesita pasar por muchos puestos antes».

Entusiasmado, utilizó su canal de Facebook para dejar clara su postura a favor de Hillary y en contra de Trump. Faltaba un día para las elecciones y Vicente Fernández estaba presentando su nuevo disco *Un azteca en el Azteca*, grabado en vivo en abril, durante su concierto de despedida.

La elección presidencial estaba cerca y era su última oportunidad para llamar a la reflexión a los latinos que habitaban en el país del norte, explicándoles que había estado allí para «defender a mi raza, a mis mexicanos y a mis latinos; para que ese idiota viejo [Trump] vea cómo batalla la gente. Todo mi pueblo de Centro y Sudamérica en el tren, donde muchos pierden la vida o una pierna, llegan allá, nomás a la orilla, y luego los devuelven. Estando allá, a la espera de ser deportados a su país, nadie se conmueve para darles un taco, un refresco o agua; es muy cruel. Creo que los países no deberían tener puertas, rejas ni muros». Acerca de esta realidad que preocupaba a Chente, la candidata presidencial demócrata había prometido «una reforma migratoria amplia» en defensa de las familias, pero «no como quiere hacerlo Trump, deportando a 11 millones de indocumentados».

Finalmente, Donald Trump ganó las elecciones y Vicente Fernández estaba tan contrariado que no pudo con su genio y en medio de su concierto de despedida en México, lanzó una amenaza que le salía de lo más profundo de ser. Afirmó que si un día se encontraba cara a cara con el presidente electo «le voy a escupir la cara y le voy a mentar la madre».

Participar en aquellas elecciones no lo sedujo para involucrarse en la política de su país: «Mientras los políticos no canten, yo no me meto». No obstante, sin alardes ni militancia partidaria, Vicente acredita una continua dedicación por la comunidad latina más relegada, que fue refrendada, por ejemplo, cuando en 2002 la organización internacional Academia Latina de Grabación, que homenajea a los creativos de la música hispana, lo declaró Personalidad del Año, no solo por sus logros musicales, sin por su donación al Fondo Nacional de Becas para Hispanos, traducida en presentaciones gratuitas en ferias de pequeños poblados mexicanos.

«A mí Dios me dio un arma: cantar; pero cuando, aparte de ser pobre, no se ha estudiado, es más difícil. Estudié hasta el quinto año de primaria, pero aprendí de la vida lo que en la escuela no podría, quizá, en veinte años. No toda la gente tiene la oportunidad de ir a la escuela; hay niños que tienen hambre de estudiar y caminan dos o tres kilómetros por la sierra para ir a la escuela. El Gobierno debería dar más presupuesto para hacer escuelas. Yo haría muchas escuelas y, sobre todo, les daría un sueldo más justo a los maestros, que son nuestros segundos padres, pero su profesión es una de las más mal pagadas», criticaba y a la vez, proponía.

EL DINERO ES UN ADORNO

Vicente Fernández siempre fue generoso. Al rancho Los Tres Potrillos siempre pasa mucha gente pobre pidiendo ayuda o algún dinero para comer. Y lo obtienen.

«Cuca, ve y saca», ordena a su esposa, encargada de la caja chica de la casa. Así relatan desde el entorno íntimo de la familia, describiéndolo como un hombre de buenos sentimientos, al que no le importa el dinero. Mantiene a las hermanas y a varios integrantes de su familia y de la familia de Cuquita, dicen, además de agasajar con regalos importantes no solo a parientes, sino también a los «gorrones», que acostumbran pasar la Navidad en el rancho y reciben joyas, celulares y *tablets*. Tal como suele decir: «El dinero es un adorno para cumplirte algunos gustos. Cuando te vas de aquí no te lo llevas». Entre los últimos obsequios que tuvieron mucha difusión estuvieron los caballos que les regaló a cada uno de sus nietos y también a la cantante Ángela Aguilar, una de las exponentes más sobresalientes de una familia que, junto con la de los Fernández, son las más tradicionales de la cultura ranchera mexicana.

Su costado solidario no es el que más difusión ha tenido, salvo algunas de estas acciones que se conocieron a través de las instituciones o empresas involucradas. Pero hubo otras, menos divulgadas, como la ayuda económica que supo acercarle durante varios años al fallecido actor Fernando Soto, alias Mantequilla,[21] quien a pesar de la fama que había alcanzado transcurría en una época en la cual los actores no percibían grandes ingresos, sumado a que cuando se enfermó, perdiendo la vista y la movilidad del brazo izquierdo, tuvo que dejar de actuar. Mantequilla había actuado junto a Fernández en una de las primeras películas que filmó el cantante mexicano: *Tacos al carbón*.

Cuando se goza de semejante fortuna y fama, salta la duda de si será capaz de distinguir entre los verdaderos amigos y quienes se acercan por interés. Vicente está convencido de que ha tenido y tiene «muchos amigos. Como también practico la charrería y mis hijos son charros, tengo muchos amigos charros y conocidos. Por ejemplo, Joan Sebastian, que fue mi amigo y mi compañero, con quien durante 20 años compartimos dos cosas que nos unían: la música y los caballos».

La relación entre los dos tuvo altibajos. En 2007 Joan Sebastian produjo para Chente un disco con canciones inéditas de su autoría, titulado *Para siempre*, que fue muy exitoso.

Sin embargo, luego se distanciaron y no grabaron un segundo disco, que ya habían programado.

«Él me dejaba canciones que decía eran inéditas y me lastimó mucho, porque había como cinco temas ya grabados por otros compañeros, y eso no estaba bien», explicó Vicente.

Pero volvieron a comunicarse. El 13 de julio de 2015 Chente estaba esperándolo para compartir una comida en el rancho. No pudo ser, porque Joan Sebastian moriría horas antes, en su rancho de Juliantla, en el estado de Guerrero.

Poco tiempo antes, Vicente había llamado a Sebastian por teléfono para saber cómo se sentía. «Oí su voz muy débil. Como estábamos un poquito distanciados, le dije que por un disco no valía la pena que perdiéramos la amistad; que, si algo hice que le hubiera molestado, me perdonara. Me interrumpió y me dijo: "Pinche Chente, me has dado una lección de humildad. Te quiero mucho, cabrón, te mando un beso, cuando pueda nos vemos". A los días siguientes me habló para decirme que ya estaba bien y que había subido unos cuatro kilos. Yo lo invité a comer y ahora, de pronto, pienso cómo puede ser que alguien que luchó tanto y sufrió en la vida, padeciera una enfermedad así. Eso me trajo mucha tristeza».[22]

Chente no fue al sepelio de Joan Sebastian: «Volar a Juliantla y luego ir en carro por un camino muy angostito no era posible en mi estado de salud».

Poco después, publicaría en su Instagram: «Joan, tú no te has ido, porque estás en los corazones de nuestro pueblo ¡y de todos los que te seguiremos queriendo y recordando! Te extrañaremos, pero siempre estarás presente a través de tu música. Descansa en paz amigo». Por supuesto, acompañó el mensaje con una foto en la que posan juntos.

Por otro lado, sí que pudo ir al funeral de Antonio Aguilar, otro de sus amigos, fallecido en 2007 a causa de una neumonía. Se trataba de otra leyenda de la música ranchera, con quien mantuvo una larga relación «de amigos y compañeros» y con quien muchas veces compartió escenarios. Cuando se supo que la enfermedad de Aguilar era grave, Vicente se manifestó «muy consternado». Durante la despedida a su amigo, sufrió un disgusto cuando Pepe Aguilar, hijo del fallecido, deslizó un comentario desestimando que su padre y Vicente fueran tan amigos.

«Amigos, que yo sepa, no; desde hace como 10 años que no veo al señor», comentó. Vicente Fernández, dolido, no se quedó callado y le respondió: «No hace falta dormir con alguien para ser amigos».

Pasado el tiempo, ambas familias mantienen relaciones cordiales en lo artístico y afectivo.

LA MUERTE QUE SE ENSAÑA

Durante su trayectoria artística, y a la par de sus discrepancias con Sebastian, Chente alimentaba los chimentos del espectáculo con la relación controvertida que mantenía con otro cantante y compositor famoso de México: Juan Gabriel (nombre artístico de Alberto Aguilera Valadez, fallecido en 2016). Aunque este no estaba en la lista de sus amigos, con los años terminaron reconciliándose, porque, al decir de Vicente, «aunque no nos queremos nos respetamos como artistas». Cuatro años después, como adelanto de una nueva producción musical suya, el Charro de Huentitán lanzó una nueva versión del tema «Ya no insistas corazón», que había sido un clásico de Juan Gabriel. La muerte de Joan Sebastian y de Juan Gabriel significaron para Fernández «la responsabilidad muy grande» de convertirse en la única leyenda viva de la canción ranchera mexicana.

Desde joven, Vicente Fernández tuvo que afrontar una sucesión de muertes trágicas, duras de sobrellevar. Las primeras fueron las de sus padres, de las que nunca se recuperó, después la de su primer mánager y amigo Rafael Valdez, muerto en un accidente de carretera, y luego las de dos grandes amigos que habían sido esenciales en su historia y que ocurrieron en el mismo mes de 1988. Federico Méndez y Felipe Arriaga se fueron en el lapso de una semana. El primero, autor de «De qué manera te olvido» se suicidó a los 55 años en las oficinas de la CBS y el segundo, en realidad José Luis Aguilar Oseguera, el Cotija, autor de «Caminos de Michoacán», fue asesinado misteriosamente.

La tristeza de Vicente Fernández fue inmensa. «No sé qué haré sin ellos. Gracias a ellos soy lo que soy», se lamentaba el artista, que se encontraba en el auge de su carrera cuando sus dos amigos murieron trágicamente.

Quien se distingue entre los amigos que aún permanecen a su lado es Martín Urieta, el primero que sale a refrendar en cualquier ocasión que se presenta que Vicente Fernández «es y seguirá siendo el número uno». Urieta es uno de los más destacados y prolíficos cantautores de la música mexicana, un profesional que, a pesar de su bajo perfil, no pasó inadvertido y recientemente fue homenajeado con una estrella en Las Vegas. Actualmente preside la Sociedad de Autores y Compositores de México, y hasta que apareció la pandemia, visitaba a su amigo en el rancho. Entre sus canciones, que han sido interpretadas por los cantantes más célebres de México, unas 25 se hicieron famosas en la voz de Vicente Fernández, como «Mujeres divinas», «Acá entre nos», «Bohemio de afición», «La vida es una copa de licor», y «Qué de raro tiene».

SE NOS FUE LA VIDA

Desde que dejó los escenarios, Vicente Fernández descansa en su rancho y de ahí no sale. «Mis vacaciones son estas: atiendo a mis caballos, a mis yeguas y el ganado de mis hijos. Así que de mi sistema nervioso estoy mejor que yendo a cualquier psicólogo, porque aquí me divierto y desahogo todo». Y es el lugar donde acostumbra celebrar sus cumpleaños. En 2020 festejó sus 80 con un campeonato charro realizado en su honor, pudo soplar las velas del pastel que le regalaron y escuchar las tradicionales «Mañanitas».

«Es muy difícil recordar tantos años, pero los que viví en mi carrera me los llevo muy adentro de mi corazón y para siempre. El público se va conmigo, los llevaré como mi familia, los querré siempre como tal». Una fiesta que luego compartió en sus redes sociales con una instantánea junto a su mujer, su hijo Alejandro y su nieto

Alex, agradeciendo a Dios «por la familia y el público con el que me bendijo».

«Mi abuelo ha sido mi motor y quien está dirigiendo todo lo de mi carrera», cuenta el hijo del Potrillo, afirmando que se siente «honrado» de representar a la nueva generación de su familia con la música mariachi. Después de haber pasado «miles de horas» escuchando a su abuelo, se convenció de que «esa es la música por la que siento pasión. Disfruto todo tipo de géneros, incluyendo el reguetón, pero lo mío es la música mexicana». Está empeñado en «hacer que los jóvenes no la vean como algo pasado, sino que la sientan como algo de ellos».

A mediados de 2021, ya exitoso, a punto de ganar un Grammy e instalándose en el mundo del espectáculo como el joven continuador de la dinastía, se casó con Alexia Hernández, con quien llevaba 10 años de noviazgo, y lo celebraron en una discreta e íntima reunión en Guadalajara. También su hermana Camila se casó recientemente con Francisco Barba y mostró por primera vez el rostro de Cayetana, la bebé de la pareja. Camila estudió distintas disciplinas relacionadas con la música, aprendió además variados instrumentos y se fue inclinando especialmente por el R&B, el pop latino y el rock. No parece estar interesada en suceder a su padre ni a su abuelo.

El ídolo y el hombre

Cuando Vicente Fernández observa el rancho, el campo, sus caballos y el ganado, la arboleda y el cielo siempre azul, casi sin nubes, y recuerda a sus padres ausentes, dice: «Bueno, Dios no les da alas a los alacranes. Él ha de saber por qué hace las cosas».

Quién sabe por qué se fueron tan pronto doña Paula y don Ramón, y por qué a él, a sus 81 años, sigue dejándolo Dios ahí, dispuesto a que lo «recoja cuando sea; nada más, que me dé chance de arrepentirme».

Quizá porque sabe por dónde va su arrepentimiento, quizá porque las deudas afectivas o morales con su familia no se deben mencionar a nadie. Un mar de sentimientos da vueltas en su mente todo el tiempo. El día de su despedida en el Azteca, un periodista le preguntó a Cuquita cómo era Vicente Fernández, el ser humano. Fue la única vez que Refugio habló de su marido, y, con una sonrisa, supo describirlo muy bien: «Es un hombre de sentimientos encontrados».

Solo eso, directo y sintético, pero tan profundo como un abismo.

No pocas veces el ídolo aseguró que no le teme a la muerte. Quién sabe. Cuando le preguntaron al respecto, explicó: «Cuando me toque partir, quiero que me recuerden como un ser humano para quien su único éxito fue que el público me quisiera tanto».

En el balance íntimo, es probable que rescate su perseverancia, buen corazón y su generosidad. «Nunca actué de manera torcida», le dijo a un amigo hace varios años. Aunque la fama, que fue como una droga, haya dejado en su entorno familiar agujeros imposibles de reparar a estas alturas.

Vicente vive consternado por un presente en el que aún ostenta el deber y el haber, adentro y afuera de su estudio de grabación, donde se desvanece en la música que sana las heridas. Le quedan los hijos desencontrados y su Cuquita abatida: una escena cruel e injusta. Una imagen que nunca imaginó para su vida.

Cuando dice que su vida «fue una tragedia» desde que perdió a sus padres, desnuda las heridas de una serie de pérdidas entrañables y de desencuentros desgarradores que se fueron sucediendo, como el secuestro de su hijo mayor, lo peor que le pasó en su vida. Y entonces canta y también llora.

«¿Los hombres no lloran? Yo chillo hasta cuando pasa una mosca o viendo películas, para llorar se necesita ser muy hombre».

CUANDO ME HAYA IDO...

Vicente Fernández, el ídolo que mantuvo viva la música ranchera por más de 50 años, sigue empeñado en dejar su legado a las nuevas generaciones. Se encierra en su estudio de grabación, junto a su fiel colaborador Francisco Javier Ramírez López, promediando una producción de «entre 10 y 12 canciones diarias» y dice que quizá «haya pronto muchas más, hasta para regalar».

Su plan fue continuar produciendo y cantando después de retirarse de los escenarios. Dos años después de su adiós en 2018, volvió a cautivar con *Más romántico que nunca*, que contiene nueve boleros y tres rancheras, entre las que sobresale «En la cárcel de tu adiós». Aquí se le ve cantando, con su voz inalterable y vestido de charro, tal cual como está a su edad, porque así fue su promesa: «Que me vean cómo voy envejeciendo, como cualquier otro».

Transcurrieron apenas dos años más para que Chente diera a conocer el álbum *A mis 80's*, en el que celebra su exitosa carrera. Despega con «El caballo de mi padre», un clásico; interpreta «Ya no insistas corazón» (de Juan Gabriel) y desgrana con la potencia que lo caracteriza otros 11 temas, algunos dedicados a célebres autores como Roberto Cantoral, Álvaro Carrillo y Agustín Lara, entre los cuales se destacan «La barca», «México lindo y querido», «Juro que nunca volveré», «Luz de luna», y «Se me olvidó otra vez», cuya portada es una creación de su hija Alejandra.

A mis 80's contiene una perlita: el poema «A mi nieto».

Chente lo recita y desde los primeros versos se entiende como un sincero y amoroso mensaje a sus nietos: *Cuando puedas leer este mensaje / es posible que yo ya me haya ido / Pero me habré llevado en ese viaje el brillo de tus ojos / y el sonido de tu inocente voz como equipaje / Yo soy aquel que te intuyó / el primero / el que al verte nacer cambió de estado / El que con chaparreras y sombrero / va montando el caballo colorado / de la pintura grande del sillero / No es gesto de altanera bizarría / si clavo mi mirada en lontananza / Es tan solo una llama de alegría / porque antes de morir llegará el día/ de revivir con sangre mi esperanza / Esa sangre es la mía / la heredada del padre de mi padre y de su abuelo / Sencilla estirpe que jamás manchada / supo mirar la vida sin recelo / Y hoy comienza en ti nueva jornada / No busques ni oro o plata en mi escarcela / Lo que heredé / en tu manita cabe / Te dejo algo mejor / La dulce y suave hombría de bien que me formó en su escuela / y mantendrá mi vida / hasta que acabe.*

Viaje al final de la noche

Esa noche de agosto caminó inquieto por su dormitorio. Desde la dolorosa infección urinaria que lo tuvo varios días internado en el hospital, hacía menos de un mes, percibía sensaciones atípicas en su cuerpo y su mente.

El calendario indicaba que era viernes 6 de agosto del año pandémico 2021, y entre la pesadez de su cuerpo y una melancolía que aleteaba a su alrededor, lo invadía cierta inquietud. Era como si una calamidad desconocida, terrible, estuviera a punto de suceder.

La vida había sido benévola con él y no se cansaba de agradecer por ello. La peste que se había llevado a millones de hombres y mujeres en el mundo no tocó su puerta. Con extremos cuidados, las dosis de vacunas correspondientes y mucha suerte, pudo esquivarla. A veces se preguntaba hasta cuándo. Era consciente de que se encontraba en la recta final, pero la decisión la colocaba en manos de Dios. A fin de cuentas, repetía, «el mundo era un lugar de paso».

Vivió y disfrutó más que sus célebres antecesores; persiguió un sueño con desesperación y lo alcanzó; así, con la pura potencia de su trabajo, voló muy alto y pudo dar a los suyos una existencia maravillosa. El dinero y la fama nunca mutaron su personalidad: seguía siendo un humilde ranchero de Jalisco y eso lo hinchaba de orgullo. Le decían que era un «mito viviente», pero lo único que le importaba era el amor de su gente, y rogaba al cielo no caer jamás en el olvido. Vaya si tuvo suerte. Cerraba los ojos por momentos y podía ver a aquel muchachito moreno y frágil que, aferrado de la mano de su padre, miraba hipnotizado a Pedro Infante cantar en el San Juan de Dios de Guadalajara.

¿Acaso era el mismo? Hasta que le dieron la oportunidad de volar, hizo lo que pudo y se tragó el polvo de muchos fracasos. Cantaba por monedas, por un plato de comida en lugares de mala muerte; era menos que nada. Hasta que un día el universo lo iluminó y floreció convertido en un rey.

«Lo recuerdo como un muchacho humilde y trabajador. Nunca trajo conflictos, nunca una pelea. Se notaba que quería triunfar y lo logró. Desde que lo vi, sentí que llegaría lejos. Llegaba dos horas antes de la función y estaba atento a los detalles. Le gustaba platicar con la gente del teatro, con los músicos y con el público. Era muy profesional, el más profesional de todos los que llevé a las caravanas por Estados Unidos», cuenta Javier Rivera, el hombre que en 1969, junto a Arnulfo *el Gordo* Delgado, llevó a Chente por primera vez al país del norte, en compañía de Lucha Villa, Lola Beltrán, Luis Aguilar, Piporro, Antonio Aguilar y otras celebridades.

«A veces, íbamos 47 personas en un camión y recorríamos varias ciudades durante horas y horas. Era muy agotador, pero Vicente nunca se quejó. Cantaba y cantaba, como ahora. Impresionaba con su figura, era guapo y se manejaba bien en el escenario, y el público comenzó a pedirlo más. Su nombre comenzó a crecer y se convirtió en un gigante. Mire adónde llegó de la nada».

Don Javier Rivera, tapatío de nacimiento, vive en Los Ángeles, tiene 87 años y una memoria inalterable. La nostalgia de aquellos tiempos de oro de la música popular le hace trampas y la voz se le quiebra. A pesar de que hace tiempo no ve a Vicente Fernández, dice que es un «amigo querido».

El verano estaba llegando a su fin. Le gustaba sentir la humedad de la lluvia en la piel y el aroma a tierra mojada del campo; lo arrastraban inevitablemente a la niñez.

Le aterraba el olvido, pero eso no ocurriría: representaba como pocos el ser mexicano, a los de abajo, con sus alegrías y sinsabores. Lo amaban sin condiciones como uno más.

Era el grito del mariachi, el maguey, el nopal y el tequila, el rey de las rancheras. El último.

En su larga existencia, amó y lloró cuando el desamor le clavó su daga; se equivocó y se levantó más fuerte que antes; se entregó a su público con pasión y fue correspondido con fuego; hizo reír y llorar con sus canciones; escandalizó con sus amores y se deleitó con nietos y bisnietos, faros de su existencia. Y en este declive lento hacia el abismo, casi sin fuerzas para mantener el equilibrio de sus piernas, su único temor era que del otro lado no existiera nada. Que no estuvieran esperándolo don Ramón y doña Paula. Solo el vacío y la soledad eterna.

Aseguraba que su miedo no era morir, sino que, llegado el momento, sus amados padres no lo aguardaran allá arriba, «si me toca llegar ahí». Ese terror a morir joven como Javier Solís o Pedro Infante lo llenó de ansiedad durante un tiempo, pero lo superó con un libro de autoayuda que dictaba: «Dedícate a vivir la vida como si fueras a morir hoy». Él se la devoró a puro disfrute y excesos, y la ansiedad desapareció.

A sus ocho décadas, el espejo impiadoso lo enfrentaba con el paso del tiempo que horadaba su rostro y su cuerpo; todo salvo su voz, que continuaba intacta. Le decía a Cuquita que estaba gordo, que se sentía hinchado como un globo y que la ropa no le entraba. Y no se refería a sus ajustados y elegantes trajes de charro que resplandecieron en miles de escenarios del mundo, bajo las luces y los bramidos de sus fanáticos. Esos, como espectros, yacían colgados en el guardarropa. Los miraba cada tanto y añoraba la juventud perdida, la vida que se le había ido, y presumía de ellos frente a sus nietos o sus visitas. El campo, el ganado y los caballos de colección eran su único refugio.

«Estoy muy gordo, hija», murmuraba. Su esposa sonreía restándole importancia y permanecían en silencio, abrazados y hundidos en la memoria de los tiempos felices.

La muerte había caminado cerca varias veces, pero la espantó a manotazos con esa terquedad de seguir vivo. Explicaba detalles del cáncer de hígado que padeció con la sapiencia de un entendido en la materia. «¿Miedo al cáncer? ¿Yo? ¡Pos no! Lo que asusta es la palabra, pero te puedes morir de una neumonía o de un tropezón», explicó a lo largo de los años en varias entrevistas, casi como una premonición.

Irse de golpe, sin sufrir, sin dolor y sin darse cuenta; aquel era su deseo y lo confesó en vivo y en directo, fiel a su estilo: «Sin sufrimientos y sin enterarme».

Cruel paradoja del destino.

Esa madrugada del 6 de agosto, un relámpago lo atravesó y lo derrumbó en el interior de su dormitorio. El sobrepeso lo tenía mal, así que se levantó de la cama con la intención de hacer sentadillas, pero no lo consiguió; cuando se puso de pie sintió un mareo y dijo: «Cuquita, hija, me caigo». El resbalón duró menos de un segundo. Se escuchó el golpe seco de la nuca contra la mesa de noche; luego vinieron la oscuridad y la nada. Los gemidos casi inaudibles y el cuerpo tendido en el piso, inmóvil como una roca, espantaron a Cuquita, que clamó auxilio a gritos. Los primeros en llegar fueron los guardias y el enfermero, quienes trataron de levantarlo. Vicente júnior y Gerardo —en ese orden— aparecieron después; enfrentados a un cuadro delicado, decidieron llamar al hospital por una ambulancia. Alejandro acababa de finalizar una gira por España y se encontraba en Francia, descansando y casi incomunicado.

Vicente Fernández Gómez, el Charro de Huentitán, fue inmovilizado e introducido con extremo cuidado a una ambulancia que partió de Los Tres Potrillos rumbo al hospital Country 2000 de Guadalajara. El tiempo corría como un caballo desbocado. Médicos y enfermeras desesperaban por controlar sus movimientos y signos vitales. A los 81 años, un golpe en las cervicales podía ser mortal o generar parálisis de por vida. Lo sabían.

Cuquita no se despegó de su esposo y en voz baja rogaba a Dios por su vida. Pálida y con los ojos aguados observaba a ese hombre inmenso acostado en la camilla, su compañero durante 58 intensos años. El hombre que amaba, pero que la hizo sufrir y la lastimó hasta la profundidad de su alma. Con la yema de los dedos acariciaba sus manos inmóviles, mientras sentía el murmullo angustiado de enfermeras y médicos, y quizá por primera vez caía en cuenta de que la sombra de la muerte había llegado para quedarse.

¿Cómo haría para vivir sin su Chente? ¿Cómo? A estas alturas estaban unidos por un hilo rojo indestructible, y las preguntas sobre un futuro sin él la empujaban al vacío más negro. Se refugiaba en la fe, se encomendaba a la Virgen de Zapopan, pero se sentía al borde del colapso.

Tuvieron que sedarlo, le colocaron una máscara de oxígeno, y al llegar lo trasladaron inmediatamente a la sala de cirugía, donde un equipo de prestigiosos especialistas le realizó una delicada intervención quirúrgica en las vértebras. El golpe había provocado un traumatismo raquimedular y su estado era grave.

A partir de aquí comenzaría un viaje desesperante.

En la sala de terapia intensiva, cuidado con esmero y acompañado por su familia —que se turnaba para verlo por rigurosos 15 minutos, según el protocolo de COVID-19—, el gigante de las rancheras yacía entre cánulas y un respirador, batallando por su vida, parado en el ojo azul de un huracán.

Alejandro llegó de Europa; su rostro reflejaba consternación y dolor, igual que el de sus hermanos, nietos y Cuquita, que se veía devastada. El feroz y añejo enfrentamiento entre Gerardo y Vicente júnior se había apaciguado momentáneamente; no se dirigían la palabra, ni siquiera se miraban, pero el conflicto continuaba ahí, como el sonido de un río subterráneo.

Alejandro y su primogénito, Alex, el consentido de su abuelo, preparaban una intensa gira por Estados Unidos hasta que los sorprendió la desgracia. Dudaron frente a la gravedad del patriarca, porque quién sabe si volverían a verlo con vida; sin embargo, no la suspendieron, pues como decía Chente: «El *show* debe seguir, pase lo que pase», y porque «al público hay que darle alegrías y evitarle las tristezas».

El Potrillo y su hijo se despidieron de Chente en el hospital y partieron con el dolor a cuestas y la convicción de que se repetía en ellos la historia paterna, pero cumplirían con su legado. Antes de irse,

Alejandro le dijo a su padre que lo amaba y le agradecía por tanto amor.

«Puedes irte tranquilo, pa, te amo», le susurró con la voz quebrada y se marchó, con el rostro empapado de lágrimas.

El público no los defraudó y los abrazó con amor. En el escenario de cada ciudad donde presentaron *Hecho en México*, se proyectaban imágenes gigantes de Vicente Fernández en distintos momentos de su vida, mientras el zumbido de miles de voces crecía desde la multitud hacia el infinito, esquivando luces y sombras: Chente... Chente.

Una de esas noches, Alex, quien se estrenaba en una gira internacional, le cantó a su padre «El tiempo no perdona», una preciosa canción que Alejandro interpretó para Chente en su momento y que describía el amor de un hijo por su padre: «Cuando amas a alguien se lo tienes que decir en el momento, y es así. Cuando ames a alguien, díselo, porque el tiempo no perdona».

El Potrillo se sentó frente a su hijo en el escenario, se tomó el rostro con las manos y comenzó a llorar, mientras ráfagas de imágenes surcaban su cabeza: su padre, la niñez y sus largas ausencias; los conflictos del pasado; el amor incondicional que sentía por quien consideraba su maestro; y una profunda sensación de pérdida que lo destrozaba por dentro.

Día a día aumentaba la desazón privada y pública.

Los fríos informes médicos dictaban que las posibilidades de recuperación eran remotas. Un estudio reveló que Chente padecía el síndrome de Guillain-Barré en estado avanzado; se trata de una enfermedad degenerativa que ataca los nervios periféricos y limita los movimientos de las cuatro extremidades. La intubación fue reemplazada por una traqueotomía, pero continuaba dependiendo de ventilación asistida y, frente a la imposibilidad de deglutir alimentos, se le colocó una sonda gástrica.

Los médicos decían que permanecía con mínima sedación y su familia afirmaba que se comunicaba con ellos a través de la mirada.

¿Entendía lo que le pasaba? ¿Sentía dolor? ¿Sabía que nunca más volvería a cantar? ¿Era consciente de que, si salía de esta, no podría caminar ni valerse por sí mismo? ¿Qué sentimientos, qué pavor o desconsuelo trasmitían sus ojos?

Las preguntas flotaban en el aire espeso, sin respuesta.

Sus amigos desaparecían de un golpe los malos augurios y elegían recordarlo invicto y bravío bajo los focos, inflamado de juventud y pasión; enfundado de charro, sombrero de ala ancha bordado en oro, pistola en el cinturón y esa voz de jilguero que rasgaba la noche y enceguecía multitudes. Lo veían invencible e inmortal, aprisionado entre las masas de las orillas a las que siempre perteneció y a los que nunca abandonó. No se pertenecía a él, ni a su familia, les pertenecía a ellos.

La memoria de una leyenda está sellada con fuego; no se corrompe con el paso del tiempo, ni la muerte puede con ella.

Y Vicente Fernández es una leyenda.

La vida es una copa de licor / y nadie la disfruta eternamente / se acaba si la bebes de un jalón / igual que si la bebes lentamente... Don Javier Rivera me recita el poema de Martín Urieta del otro lado del teléfono, el mismo que Chente hizo canción y que interpretó tantas veces, quizá como un humilde tributo al último rey de las rancheras, a su amigo y al muchacho que en el lejano 1969, cuando aún era un desconocido, llevó de caravanas por Estados Unidos. «Mire, parece que lo veo cuando cantaba en el Million Dollar de Los Ángeles, hace tantos años. Era humilde y generoso, y muy profesional, el mejor. Y ¿le digo una cosa más? Vicente no morirá nunca...».

Pasaban los días y las noches, y los informes médicos continuaban inalterables en relación con el estado del célebre paciente. La desolación y la desesperanza crecían en el interior de la familia. Como si fuera poco el infortunio que vivían, una nueva racha de mala suerte los sorprendió. Los ciclos del destino.

El estrés, los desvelos y la angustia impactaron en la endeble salud de Cuquita, que fue ingresada de urgencia en el hospital Real San José de Zapopan, en Guadalajara. Frágil como una mariposa y fuerte como una roca, aguantó los intensos dolores hasta que se quebró y llamó al médico. Operada de dos hernias en el vientre el 12 de septiembre, la matriarca de los Fernández se recuperaba como podía. Su salud se había deteriorado con los años, porque la misma estaba ligada a su estado emocional.

La imagen de su esposo en la cama de terapia intensiva crecía como una hiedra en su interior, lo mismo que sus miedos y pesadillas. Se sentía caminando a la intemperie con una tristeza que a veces la ahogaba y desesperaba por regresar a su lado.

Afuera del hospital, un hervor de voces y cánticos subía y bajaba, quebrando el aire con chispas de colores. Tenían rosarios, flores, estampitas y guitarras. Eran los fanáticos, los incondicionales que oraban con devoción por el hombre que durante décadas apaciguó sus dolores y los cobijó con sus canciones desgarradas por el amor, la desdicha y el fracaso.

Desnudo, vulnerable y casi desahuciado, atrapado entre sondas y aparatos en aquella sala de cuidados intensivos del hospital de Guadalajara, el Charro de Huentitán quizá ya no sentía nada y levitaba entre penumbras azules buscando con los ojos a sus padres en la eternidad de la noche.

A lo lejos, alguien cantaba bajo las luces centelleantes de un palenque, mientras se oían los gritos de un gentío alborotado que pedía más y más, y el cielo se iluminaba con: *Y volver, volver, volver / a tus brazos otra vez / Llegaré hasta donde estés / Yo sé perder, yo sé perder / Quiero volver, volver, volver.*

Agradecimientos

A mi familia, por acompañarme en cada travesía y soportar mi insoportable ansiedad y mis inseguridades.

A los cómplices esenciales, sin los cuales este libro no hubiese existido. Los que me impulsaron a hacerlo, lo que leyeron capítulos y me brindaron su opinión y sus valiosos consejos, a los que llamé en noches de desvelo cuando me sentía perdida y con ganas de abandonar este barco. A ellas y ellos, que saben bien, gracias totales.

A los que gentilmente me brindaron su testimonio y confiaron en mí. Los que decidieron dar sus nombres y los que no.

A los amigos e integrantes de la familia Fernández Abarca, que me revelaron páginas desconocidas de la historia de una dinastía que forma parte de la leyenda de Vicente Fernández, con sus luces y sombras.

A mi querido Gabriel Sandoval, director editorial de Planeta, por confiar nuevamente en mi trabajo.

A mis queridos y talentosos editores, que estuvieron a mi lado desde lejos con valiosos consejos y atinadas sugerencias: Karina Macias y Mario Harrigan.

A todos: gracias, gracias, gracias.

Notas

1. 121 DÍAS DE TERROR

[1] Relato de Vicente Fernández durante entrevista con Adela Micha.

[2] Entrevista a Vicente Fernández por Giselle Blondet para Telemundo.

[3] Relato de Vicente Fernández a la conductora de televisión dominicana Charytín, Univision, 2015.

[4] Vicente Fernández júnior en entrevista con Juan José Origel, Televisa.

[5] Entrevista con dos fuentes allegadas a la familia Fernández Abarca.

[6] A. Oppenheimer, *México: en la frontera del caos*.

[7] J. Preston y S. Dillon, *El despertar de México*.

[8] Archivo del *Reforma*, 1998.

[9] *Idem*.

[10] *Reforma* y *El Universal*, 1998.

[11] Entrevista *off the record* con un amigo de Vicente Fernández júnior, realizada en Guadalajara en enero de 2020.

[12] Entrevista a Vicente Fernández júnior por Juan José Origel, Televisa, 1999.

[13] Relato de Vicente Fernández a Giselle Blondet, Telemundo, 2008.

[14] Entrevista en *off* con exasesor del exmandatario Ernesto Zedillo.

[15] Archivo del *Reforma*.

[16] D. Washington Valdez, *Cosecha de mujeres*; S. González Rodríguez, *Huesos en el desierto*, y archivo del *Reforma*.

[17] Confesión de Vicente Fernández a Carlos Loret de Mola, Televisa, 2014.

[18] Confesión de Vicente Fernández a Adela Micha, Televisa, 2014.

[19] Archivo digital de *El Tiempo*, Colombia, 1998.

[20] Archivo digital del *Reforma* y entrevista a Vicente Fernández por Charytín, Univision.

[21] Entrevista con un miembro de la familia y archivo digital del *Reforma*.

[22] Relato de Vicente Fernández a Adela Micha, Televisa.

[23] Relato de Vicente Fernández júnior a Juan José Origel para Televisa, 1999, y entrevista con dos integrantes de la familia Fernández Abarca en Guadalajara.

24 Testimonio de una íntima amiga de Vicente Fernández júnior que prefiere dejar su nombre en el anonimato. Entrevista realizada en junio de 2021 en Guadalajara.

25 *Idem.*

26 *Idem.*

27 *Idem.*

28 *Idem.*

29 Entrevista a Vicente Fernández júnior por Juan José Origel, Televisa, 1999.

30 Testimonio de amiga de Vicente Fernández júnior, 2021.

31 Relato de amiga de Vicente Fernández júnior, 2021.

32 Entrevista a Vicente Fernández júnior por Juan José Origel, Televisa, 1999.

33 Testimonio de un extrabajador del rancho Los Tres Potrillos.

34 Relato de Vicente Fernández júnior a Juan José Origel, Televisa, 1999.

35 *Idem.*

36 *Idem.*

37 Relato en *off* de íntima allegada a Vicente Fernández júnior.

38 Entrevista a Vicente Fernández júnior por Juan José Origel, Televisa, 1999.

39 Relato de un integrante de la familia Fernández Abarca.

40 Vicente Fernández durante una entrevista con Giselle Blondet, Telemundo, 2008.

41 Archivo digital del *Reforma* y fuente de la Procuraduría del Estado de Jalisco.

42 Archivo digital del *Reforma*, 1998.

43 Archivo digital del *Reforma*, 1998, y fuente de la Procuraduría del Estado de Jalisco.

44 *Idem.*

45 *Idem.*

46 Entrevista a Vicente Fernández por Adela Micha, Televisa, 2014.

47 Entrevista a Vicente Fernández por Carlos Loret de Mola, 2014.

48 *Idem.*

49 Entrevista a Vicente Fernández júnior por Juan José Origel, Televisa, 1999.

50 *Idem.*

51 Relato detallado de su liberación que hace Vicente Fernández júnior durante entrevista con Juan José Origel, Televisa, 1999.

52 Detalles del reencuentro con su hijo durante entrevistas que Vicente Fernández les concedió a Adela Micha, Charytín, Carlos Loret de Mola y Giselle Blondet.

53 Archivos digitales del *Reforma*, *El Universal* y *Proceso* de 2010.

54 Archivos digitales del *Reforma* y *El Universal*.

55 Declaración ministerial de Lugo Serrano y archivo digital del *Reforma*.

[56] Declaración ministerial de Nelson Guadalupe Félix y archivo del *Reforma* y *El Universal*.

[57] Entrevista con Max Morales para este libro y archivos del *Reforma* y *El Universal*.

[58] Washington Valdez, *op. cit.*, y González Rodríguez, *op. cit.*

[59] Washington Valdez, *op. cit.*

[60] Fuentes judiciales y policiales del estado de Jalisco y entrevista con un miembro de la familia.

[61] Entrevista a Vicente Fernández por Carlos Loret de Mola, Televisa, 2014.

[62] Relato de un allegado a la familia.

2. Un largo camino hacia la gloria

[1] J. A. Jiménez, *Pero sigue siendo el Rey*; entrevistas de Vicente Fernández con Gustavo Infante, Mara Patricia Castañeda, Adela Micha, Giselle Blondet, Don Francisco, Gustavo Alvite y Yovanka Sánchez y archivos digitales de *TvyNovelas*, *Caras* y *Quién*.

[2] *Idem.*

[3] *Idem.*

[4] Entrevista a María Mercedes Rivera por *Suelta la Sopa*, Telemundo.

[5] Entrevista a Vicente Fernández por el Pacorro, *Las súper 20*, 2013.

[6] *Idem.*

[7] Jiménez, *op. cit.*

[8] Entrevista con Jacobo Zabludovsky, Televisa.

[9] Entrevista a Vicente Fernández por *Quién*, 2016.

[10] Jiménez, *op. cit.*

[11] *Idem.*

[12] Jiménez, *op. cit.*, y entrevistas con Don Francisco, Univision.

[13] Entrevista con el Pacorro, *Las súper 20*, 2013.

[14] Entrevista con el Pacorro, *Las súper 20*, 2013, y entrevista con Jacobo Zabludovsky, *El show de las estrellas*, Televisa, y con Yovanka Sánchez, Telemundo.

[15] Jiménez, *op. cit.*

[16] Entrevistas con Giselle Blondet, Telemundo, y con Adela Micha, Televisa.

[17] Jiménez, *op. cit.*

[18] *Idem.*

[19] Jiménez, *op. cit.*, y entrevista con Giselle Blondet, *Historias para contar*, 2008.

[20] Entrevista con Adela Micha, Televisa, y con Giselle Blondet, Telemundo.

[21] Documento oficial de matrimonio civil entre Vicente Fernández Gómez y María del Refugio Fernández Abarca, en mi poder.

[22] Entrevista con Adela Micha, Televisa.

[23] Jiménez, *op. cit.*

[24] *En casa de Mara*, programa conducido por Mara Patricia Castañeda, Televisa, y entrevista con Charytín, Univision.

[25] *Sal y Pimienta*, Univision.

[26] Jiménez, *op. cit.*

[27] Entrevista con Jacobo Zabludovsky, Televisa.

[28] Entrevista con Yovanka Sánchez, Telemundo, 2003.

[29] Jiménez, *op. cit.*

[30] Entrevista con Giselle Blondet, Telemundo, 2008.

3. EL REY

[1] *Historias para contar*, programa conducido por Giselle Blondet, 2008.

[2] Piero, «Mi viejo», 1969.

[3] *Mi querido viejo*, dirigida por Rafael Villaseñor Kuri, 1991.

[4] C. Monsiváis, *Días de guardar*.

[5] J. García, «El Blanquita, refugio para los que huían en el 68», *El Sol de México*, 2 de octubre de 2018.

[6] *En Compañía de… Vicente Fernández*, conducido por Gustavo Adolfo Infante, Grupo Imagen, 2012.

[7] *Y Vero América ¡va!*, conducido por Verónica Castro, Televisa, 1992.

[8] *Billboard*, 5 de noviembre de 1977.

[9] Rafael Carrión, «Amigo organillero», 1966.

[10] Anécdota contada en el programa de radio *La más perrona*, conducido por Gustavo Alvite, 2010.

[11] *Idem.*

[12] *En casa de Mara*, programa de YouTube conducido por Mara Patricia Castañeda, 2019.

[13] «Volver, volver» (de Fernando Z. Maldonado) es parte del LP *¡Arriba Huentitán!* (1972) al que también pertenecen «El jalisciense» (de Daniel Calderón Silva), «Con golpes de pecho» (de Felipe Jiménez) y «Amor de la calle» (de F. Z. Maldonado).

[14] *Entre monjas anda el diablo*, dirigida por René Cardona, 1973, con Angélica María, Sara García, Alma Rosa Aguirre, Felipe Arriaga y Rogelio Guerra.

[15] *Por tu maldito amor*, dirigida por Rafael Villaseñor Kuri, guion de Ramón Obón, con Sonia Infante, Claudia Fernández (ganadora del Ariel por coactuación femenina en 1991), Leonardo Daniel, Josefina Echánove (nominada al Ariel por mejor actriz de cuadro), entre otros.

[16] Gustavo Alvite en su cuenta de Facebook. Aunque sigue reconociendo los logros artísticos de Vicente Fernández, Alvite se ha declarado como uno de sus detractores.

[17] María Teresa Vera, «El adiós al soldado» (aka «El soldado»).

[18] *Homenaje*, transmitido en los años setenta, fue un programa de entrevistas y variedades musicales con Lola Beltrán, Isabel Soto Lamarina, la Chicotita, y Vicente Fernández.

[19] «Vicente Fernández en El Salvador», *El Diario de Hoy*, página de «Espectáculos», 1999.

[20] A. G. Juárez *et al.*, *Cuando viví contigo*.

[21] A. Cruz Bárcenas, «Los machos merecen un dejo de desprecio», *La Jornada*, 7 de junio de 2004.

[22] Juárez *et al.*, *op. cit.*

[23] *Así fue mi padre*, espectáculo musical sobre la vida y obra de José Alfredo Jiménez, producido por José Alfredo Jiménez Medel, 2015.

[24] *El hijo del pueblo*, dirigida por René Cardona, 1974. El LP del mismo nombre se lanzó al mercado en 1975.

[25] *Juan Armenta, el Repatriado*, dirigida por Fernando Durán Rojas, 1976, con Lucía Méndez, Eduardo de la Peña y Fernando Soto.

[26] C. Monsiváis, «Instituciones: Juan Gabriel», en *Escenas de pudor y liviandad*, pp. 280-281.

[27] E. Poniatowska, «En la misma ciudad y con la misma gente: Juan Gabriel», en *Palabras cruzadas*.

[28] Cuenta personal de Gustavo Alvite en Facebook, post del 2 de febrero de 2017.

[29] *Hasta que te conocí*, serie televisiva sobre la vida de Juan Gabriel, producida por Somos Productions y BTF Media, 2016.

[30] «Te voy a olvidar», composición de Juan Gabriel incluida en el álbum *La muerte de un gallero*, 1977.

[31] Concierto en Houston, Texas, 13 de noviembre de 2005.

[32] C. Monsiváis, «José Alfredo Jiménez...», en *Amor perdido*. Ediciones Era: 1977.

[33] *Historias para contar*, programa de televisión conducido por Giselle Blondet, 2008.

[34] *El tahúr*, dirigida por Rogelio A. González, 1979, con Jorge Rivero, Amparo Muñoz, entre otros.

[35] Entrevista con Rafael Villaseñor Kuri para *Prensa Acuario*, núm. 21, 16 de noviembre de 2020.

[36] *Idem.*

[37] *La ley del monte*, dirigida por Alberto Mariscal, 1976, basada en la novela *El niño de la bola*, de Pedro Antonio de Alarcón.

[38] J. Ayala Blanco, *La eficacia del cine mexicano*.

4. AMORES MALDITOS

1. Entrevista con el Pacorro, 2013, y con Gustavo Infante, Grupo Imagen.
2. Entrevista con América Guinart en *La tele de ayer*, 2014.
3. Entrevista con Yovanka Sánchez, Telemundo, 2003.
4. Vicente Fernández, «Las llaves de mi alma», 1984.
5. Relato de un miembro de la familia.
6. *Tacos al carbón*, dirigida por Alejandro Galindo, 1972, uno de los directores de la Época de Oro del cine mexicano.
7. *Juan Armenta, el Repatriado*, dirigida por Fernando Durán Rojas, 1976, fue el segundo filme que Lucía Méndez rodó junto a Vicente Fernández.
8. «Lloraba con él», entrevista a Lucía Méndez publicada en el *Reforma*, suplemento «Softnews», 17 de febrero de 2010.
9. Yuri participó en la producción *Mis duetos*, 2005, en la cual interpreta junto a Vicente Fernández «Cuatro vidas», del compositor Justo Carreras.
10. «Cuatro vidas», una composición de Justo Carreras, dueto incluido en la producción *Mis Duetos*, 2005.
11. *Ventaneando*, 27 de febrero de 2021.
12. M. Fernández, *La vida rota. La biografía definitiva de Amparo Muñoz*.
13. *El coyote y la bronca* (1980), *Como México no hay dos* (1981), *Juan Charrasqueado y Gabino Barrera* (1982), *Una pura y dos con sal* (1983), *El sinvergüenza* (1984), *Sinvergüenza… pero honrado* (1985), todas dirigidas por Rafael Villaseñor Kuri, protagonizadas y producidas por Vicente Fernández.
14. *Ventaneando*, TvAzteca, 2021.
15. «Vicente y Alex ¡a dúo!», *Reforma*, 6 de mayo de 1998.
16. *Idem*.
17. «Que Dios te bendiga», primero cantada en solitario en la producción *Vicente Fernández y sus canciones* (1996), está incluida en el álbum *Mis duetos* (2005).
18. Entrevista a Vicente Fernández por Yovanka Sánchez, Telemundo.
19. Archivo digital de *TvyNovelas*.
20. *Idem*.
21. *Idem*.
22. Entrevista con Adela Micha, Televisa.
23. Crónica del *Reforma*.
24. Entrevista con Lupita Castro para este libro.
25. *Idem*.
26. «Vamos a cuidarla más» integra *Mis duetos* (2005).

5. El potrillo, una vida al galope

[1] Entrevisa a Alejandro Fernández para la revistas *Caras*.

[2] Vicente Fernández a Verónica Castro en el programa *Mala Noche... ¡No!*, Televisa, 1998.

[3] «Vicente Fernández, la entrevista», parte 3, Chentrevistas [archivo de video], 16 de mayo de 2003. Disponible en https://www.youtube.com/watch?v=Mpzle45sU4c.

[4] *Ibid.*, parte 2. Disponible en https://www.youtube.com/watch?v=QkpGv V_g-qI.

[5] «Alejandro Fernández presume una "noche bohemia increíble" con Bono, de U2», *¡Hola! México*, 15 de abril de 2014. Disponible en https://mx.hola.com/musica/201404156751/alejandro-fernandez-foto-bono/.

[6] Entrevista a Vicente Fernández por Adela Micha en *La entrevista por Adela*, Televisa, marzo de 2013.

[7] «Alejandro Fernández se confiesa», *La Nación*, 27 de mayo de 2000.

[8] Entrevisa a Alejandro Fernández para la revistas *Caras*.

[9] Entrevista a Vicente Fernández por Adela Micha en *La entrevista por Adela*.

[10] «Alejandro Fernández acusado por su propio padre», *Infobae*, 1º de noviembre de 2005. Disponible en https://www.infobae.com/2005/11/01/219458-alejandro-fernandez-acusado-su-propio-padre/.

[11] *Idem.*

[12] Entrevista a Alejandro Fernández por Adela Micha en *La entrevista por Adela*, 10 de julio de 2015.

[13] América Guinart en entrevista de Alex con Adela Micha, portal La Saga, marzo de 2019.

[14] R. Vida, «América Guinart revela la petición que le hizo la familia Fernández durante su matrimonio con "El Potrillo"», *¡Hola! México*, 26 de octubre de 2020. Disponible en https://mx.hola.com/famosos/2020102635108/america-guinart-alejandro-fernandez-peticion-familia/.

[15] América Guinart en entrevista para el programa *De primera mano* [archivo de video], 31 de marzo de 2021. Disponible en https://www.facebook.com/watch/?v=443298283436072.

[16] «¡América Guinart habla de lo doloroso que fue su divorcio de Alejandro Fernández!», *Ventaneando* [archivo de video], 18 de enero de 2021. Disponible en https://www.youtube.com/watch?v=xIcQqGxp7yE.

[17] Castañeda, M. P. *Pero sigo siendo el rey.*

[18] P. Ruiz y A. Jasso, «Vive "El Potrillo" regio romance», *Gente*, 4 de agosto de 2004. Disponible en https://norte-monterrey.vlex.com.mx/vid/vive-potrillo-regio-romance-78590656.

[19] «Habla Ximena Díaz de Alejandro Fernández», *Las Noticias México*. Disponible en https://www.lasnoticiasmexico.com/73564.html.

[20] Entrevista con TV Azteca.

[21] L. M. San Juan, «Alejandro Fernández pagó por sexo con 6 mujeres ¡10 mil pesos por día a cada una!», *TVNotas*, 10 de febrero de 2016. Disponible en https://www.tvnotas.com.mx/noticias-espectaculos-mexico/alejandro-fernandez-pago-por-sexo-con-6-mujeres-10-mil-pesos-por-dia.

[22] Entrevista en *El show de Cristina*, Univision.

[23] «Vicente Fernández: ¿Cuánto cuestan los HERMOSOS trajes de charro del ídolo de Huentitán?», *El Heraldo de México*, 22 de marzo de 2021. Disponible en https://heraldodemexico.com.mx/espectaculos/2021/3/22/vicente-fernandez-cuanto-cuestan-los-hermosos-trajes-de-charro-del-idolo-de-huentitan-273396.html.

[24] *La entrevista por Adela*.

[25] «¡Vicente Fernández habla abiertamente sobre los excesos de Alejandro Fernández!», Notas Exclusivas [archivo de video], 25 de marzo de 2019. Disponible en https://www.youtube.com/watch?v=pucZN7JaNMk.

[26] Mara Patricia Castañeda, «Vicente Fernández», #EnCasadeMara [archivo de video], 6 de diciembre de 2019. Disponible en https://www.youtube.com/watch?v=6rvizUgJS10.

[27] «Aseguran que Alejandro Fernández ingresará a clínica de rehabilitación», *Noreste*, 16 de agosto de 2018. Disponible en https://www.noroeste.com.mx/entretenimiento/espectaculos/aseguran-que-alejandro-fernandez-ingresara-a-clinica-de-rehabilitacion-LYNO1138627.

[28] Entrevista a Alejandro Fernández por Adela Micha.

[29] «Juan Collado, el exabogado de la élite política, fue vinculado a proceso por fraude», *Infobae*, 2 de septiembre de 2020. Disponible en https://www.infobae.com/america/mexico/2020/09/02/juan-collado-el-ex-abogado-de-la-elite-politica-fue-vinculado-a-proceso-por-fraude/; «Ernesto Zedillo, la historia que no se ha contado en el caso Collado», *La Silla Rota*, 22 de julio de 2019. Disponible en https://lasillarota.com/nacion/ernesto-zedillo-la-historia-que-no-se-ha-contado-en-el-caso-collado/301409; M. Maldonado, «El nexo Zedillo con Caja Libertad», *El Universal*, 22 de julio de 2019. Disponible en https://www.eluniversal.com.mx/columna/mario-maldonado/cartera/el-nexo-de-zedillo-con-caja-libertad; «Alejandro Fernández y Jaime Camil involucrados con Juan Collado», *Vanguardia MX,* 24 de julio de 2019. Disponible en https://vanguardia.com.mx/articulo/alejandro-fernandez-y-jaime-camil-involucrados-con-juan-collado; «Vicente Fernández Jr. responde a los rumores de que "El Potrillo" es gay», Chisme en vivo [archivo de video], 29 de

julio de 2019. Disponible en https://www.youtube.com/watch?v=NR
0mgZjYV-Q.

[30] «Alejandro Fernández y sus escándalos», *El Universal Querétaro*, 26 de septiembre de 2015. Disponible en http://www.eluniversalqueretaro.mx/vi
da-q/26-09-2015/alejandro-fernandez-y-sus-escandalos.

[31] J. Lafuente, «Estados Unidos sanciona al futbolista mexicano Rafael Márquez por vínculos con el narcotráfico», *El País*, 9 de agosto de 2017.
Disponible en https://elpais.com/internacional/2017/08/09/mexico/15
02298983_022900.html.

[32] «Así vivía Nacho Coronel», *Proceso*, 9 de agosto de 2010. Disponible en
https://www.proceso.com.mx/nacional/2010/8/9/asi-vivia-nacho-coro
nel--4653.html; R. Ravelo, «El oscuro mundo de Aristóteles Sandoval»,
Sin Embargo, 25 de diciembre de 2020. Disponible en https://www.sinem
bargo.mx/25-12-2020/3914743.

[33] «Entrevista a Polo Martínez, exmánager y amigo de Luis Miguel», Canal
26 [archivo de video], 1° de mayo de 2020. Disponible en https://www.
youtube.com/watch?v=i4oXySCyLWk.

[34] «Luis Miguel le debe a Alejandro Fernández», *Vanguardia*, 15 de marzo de
2017. Disponible en https://www.vanguardia.com/entretenimiento/faran
dula/luis-miguel-le-debe-a-alejandro-fernandez-PQVL391952.

[35] J. Garibay, «No más problemas, Alejandro Fernández retira la demanda
contra Luis Miguel», *¡Hola! México*, 1° de diciembre de 2017. Disponible en
https://mx.hola.com/musica/2017120120417/luis-miguel-alejandro-fer
nandez-retiro-demanda/.

[36] E. Reina, «Alejandro Fernández: "Si hubiera querido hacerle daño a Luis
Miguel, se habría notado"», *El País*, 27 de febrero de 2017. Disponible en
https://elpais.com/cultura/2017/02/27/actualidad/1488217953_309524.
html.

[37] Entrevisa a Alejandro Fernández para la revistas *Caras*.

[38] *Idem*.

6. El ocaso de un patriarca

[1] Crónica del suplemento *Mural* del *Reforma*, diciembre de 2013.

[2] Relato de uno de los presentes en la reunión.

[3] Entrevista con Don Francisco, Univision.

[4] Archivo de *TvyNovelas* y *Caras*.

[5] Entrevista con Adela Micha, Televisa.

[6] Archivos digitales de *TvyNovelas*, *Caras* y *¡Hola! México*.

[7] Información revelada por tres amigos íntimos de la familia, de Ana Gabriel

y de Juan Gabriel, que fueron testigos de lo que aquí se relata.

8   Testimonio de un allegado a la dinastía.

9   United States Drug Enforcement Administration, www.dea.gob, y Department of the Treasury, Treasury.gov.

10 Archivos digitales de *Proceso*, *El Universal*, *El País*, *Reforma*, *Nexos* y fuentes de la DEA.

11 Entrevistas con amigos de Vicente júnior, Guadalajara, 2021.

12 Relato de un familiar que fue testigo del episodio.

13 Crónica del suplemento *Mural*, del *Reforma*.

14 Vicente Fernández con Adela Micha.

15 *La Opinión* y *Los Angeles Times*.

16 *Chicago Tribune*, octubre de 2012.

17 «Yo vendo unos ojos negros», del compositor chileno Pablo Ara Lucena, 1947.

18 Archivos digitales del *Chicago Tribune*, *La Opinión* y *Los Angeles Times*.

19 Entrevista con Gustavo Infante, Grupo Imagen.

20 *El Mercurio* y *La Tercera* de Chile.

21 Fernando Soto *Mantequilla* fue un comediante de la época de oro del cine mexicano que murió enfermo y en la pobreza el 11 de mayo de 1980.

22 Entrevista con Ahtziri Cárdenas Camarena para *Despierta América*, Univision, 2015.

Bibliografía

Ayala Blanco, J. (1994). *La eficacia del cine mexicano*, México. Grijalbo.

Castañeda, M. P. (2013). *Pero sigo siendo el rey*. México: Televisa.

De Icaza, C. (2018). *Luis Miguel, el gran solitario... 24 años después*. México: Editorial Indicios.

Escamilla, M. (2014). *Memorias del teatro Million Dollar y... ¡secretos de los más famosos!* Indiana: Palibrio.

Fauntel, N. (2011). *Lucha Reyes*. Estados Unidos: Veritas Invictus Publishing.

Fernández, M. (2021). *La vida rota. Biografía definitiva de Amparo Muñoz*. México: Roca Editorial.

González Rodríguez, S. (2002). *Huesos en el desierto*. Barcelona: Anagrama.

González, J. M. (2011). *El prodigioso Javier Solís. La voz sin mancha*. México: Crisol Ediciones Digitales.

Infante Quintanilla, J. E. (2013). *Pedro Infante, el ídolo inmortal*. México: Océano.

Jiménez, J. A. Jr. (2015). *Pero sigue siendo el Rey*. México: Planeta, edición Kindle.

Juárez, A., G. Torres y G. Tovar (2017). *Cuando viví contigo. La viuda de José Alfredo Jiménez por fin habla*. México: Grijalbo.

Krauze, E. (1994). *María Felix. Todas mis guerras*. México: Clío.

León Herrera, J., y J. Navarro (2018). *Luis Miguel. La historia*. México: Penguin Random House.

Loaeza, G., y P. Granados (2009). *Mi novia, la tristeza. El recuento biográfico sobre Agustín Lara*. México: Océano.

Magallanes, E. (1995). *Querido Alberto, biografía autorizada de Juan Gabriel.* México: Atria.

Meyer, E. (2013). *Gregorio Walerstein, Hombre de cine.* México: Fondo de Cultura Económica.

Monsiváis, C. (1970). *Días de guardar.* México: Era.

—— (1977). «José Alfredo Jiménez. No vengo a pedir lectores (se repite el disco por mi purita gana)», en *Amor perdido.* México: Era, edición Kindle.

—— (1999). *Rostros del cine mexicano.* México: Américo Arte.

—— (2006). *Imágenes de la tradicion viva.* México: Fondo de Cultura Económica.

—— (2007). *Escenas de pudor y liviandad.* México: Grijalbo.

—— (2008). *Pedro Infante. Las leyes del querer.* México: Aguilar.

Oppenheimer, A. (1996). *México: en la frontera del caos.* México: Javier Vergara Editor.

Ortega Carrillo, J. A. (2008). *El secuestro en México.* México: Planeta.

Padgett, H. (2011). *Jauría. La verdadera historia del secuestro en México.* México: Grijalbo.

Paxman, A., y C. Fernández (2002). *El Tigre. Emilio Azcárraga y su imperio Televisa.* México: Grijalbo.

Peralta, B. (2016). *Juan Gabriel. Lo que se ve no se pregunta.* México: Ediciones B.

Poniatowska, E. (2013). «En la misma ciudad y con la misma gente: Juan Gabriel», en *Palabras cruzadas.* México: Era, edición Kindle.

Preston, J., y S. Dillon (2004). *El despertar de México.* México: Océano.

Washington Valdez, D. (2005). *Cosecha de mujeres.* México: Océano.

HEMEROGRAFÍA NACIONAL

Diarios

El Heraldo de México
El Norte
El Sol de México

El Universal
Excélsior
La Jornada
Milenio
Reforma

Revistas

¡Hola!
Caras
Letras Libres
Nexos
Proceso
Quién
Sin Embargo
TvNotas
TvyNovelas

HEMEROGRAFÍA INTERNACIONAL

Diarios

Chicago Tribune
El Diario de Hoy (El Salvador)
El Mercurio (Chile)
El Mundo (España)
El País (España)
El Tiempo (Colombia)
La Opinión (Los Ángeles)
La Tercera (Chile)
Los Angeles Times
The Dallas Morning News
The New York Times

Revistas
>*¡Hola!* (España)
>*Billboard* (Estados Unidos)
>*People* (Estados Unidos)
>*Semana* (Colombia)
>*TvyNovelas* (Colombia)

Cibergrafía
>Department of the Treasury
>Facebook
>*Infobae*
>*La Saga*
>*La Silla Rota*
>Las Noticias México
>Noreste
>United States Drug Enforcement Administration
>*Vanguardia MX*
>YouTube

Estaciones de radio
>La más perrona
>Las súper 20

Desglose detallado de todos los programas de espectáculos de las cadenas Telemundo y Univision, Televisa, Tv Azteca y Grupo Imagen, que entrevistaron a Vicente Fernández y a los integrantes de su familia, en todas las etapas de su vida.

Revisión minuciosa de todas las películas protagonizadas por Vicente Fernández y Alejandro Fernández, y toda la producción discográfica, desde que se comenzó y grabó su primer disco hasta ahora.

Investigación periodística

Janina Pérez Arias, Mónica Urbina Pardo, Nieves Guerrero y Paola Florio

Archivo y documentación

Katherine Cortés Guerrieri, Nicolás Giacobone y Carlos Dalallo

Discografía de Vicente Fernández

2020

A mis 80's
Sony Music

2018

Más romántico que nunca
Sony Music

2016

Un azteca en el Azteca
Sony Music

2015

Muriendo de amor
Sony Music

2014

Mano a mano-Tangos a la manera de Vicente Fernández
Sony Music

2013

Hoy
Sony Music

2012

Los 2 Vicentes
Sony Music

2011

Otra vez
Sony Music Latin

2010

Un mexicano en la México (en vivo)
Sony Music Latin

El hombre que más te amó
Sony Music Latin

2009

Necesito de ti
Sony Music

2008

Primera fila
Sony Music

2007

Para siempre
Sony BMG Music Entertainment (México)

2006

La tragedia del vaquero
Norte

La leyenda viviente (compilación)
Sony BMG Music Entertainment

2005

Vicente Fernández y sus corridos consentidos
Sony BMG Music Entertainment

Vicente Fernández Mis Duetos
Sony BMG Music Entertainment

2004

Tesoros de colección
Sony Music

Se me hizo tarde la vida
Sony Discos

2002

35 Aniversario Lo mejor de Lara
Columbia, Sony

Historia de un ídolo Vol. II
Columbia

2001

Más con el número uno
Sony, Columbia

2000

Lobo herido
Harmony

1999

Valses del recuerdo
CBS

Los más grandes éxitos de Los Dandy's
Columbia

1997

Estatua de marfil
Columbia, Sony Music Entertainment México

1996

Vicente Fernández y sus canciones
Sony Discos

1994

Recordando a Los Panchos
Sony U. S. Latin
El tapatío
CBS

1993

Lástima que seas ajena
Sony Discos

1992

Qué de raro tiene
Columbia

Mexicanísimo de 24 éxitos (compilación)
Sony Discos

1991

El charro mexicano
Sony, Discos International

Aunque me duela el alma
Sony Discos

1990

Mientras ustedes no dejen de aplaudir
CBS Discos International

Las clásicas de José Alfredo Jiménez
Discos CBS International

1989

Por tu maldito amor
CBS

1988

Lo mejor de la baraja con el rey
CBS

El cuatrero (Mujeres divinas)
CBS Discos International

1987

Dos corazones
Discos CBS International

Motivos del alma
Discos CBS International

1986

Hoy platiqué con mi gallo
CBS

1985

De un rancho a otro
CBS

1984

Un mexicano en La México
CBS
Nuevos éxitos con el ídolo de México
Discos CBS International

1982

Es la diferencia
CBS

1981

El número uno
CBS

1980

Sentimental y ranchero
CBS

1978

El tahúr
CBS

A pesar de todo
CBS

Mi amigo el Tordillo
CBS

1977

La muerte de un gallero
Caytronics

¡Gusta usted! Joyas rancheras al estilo de Vicente Fernández
CBS

Entre el amor y yo
Sony Discos

1975

El hijo del pueblo
Caytronics

1974

El ídolo de México
CBS

1973

15 grandes con el número uno
CBS

1972

¡Arriba Huentitán!
CBS

1971

Camino inseguro
Discos Columbia

Me está esperando María
Caytronics

1970

Toda una época
Caytronics

Palabra de rey
CBS

Ni en defensa propia
CBS

1968

La voz que usted esperaba
Caytronics

FILMOGRAFÍA DE VICENTE FERNÁNDEZ

1991

Mi querido viejo
Director: Rafael Villaseñor Kuri
Cumbre Films, Galáctica Films

1990

Por tu maldito amor
Director: Rafael Villaseñor Kuri
Cumbre Films

1989

El cuatrero
Director: Rafael Villaseñor Kuri
Cumbre Films

Entre compadres te veas
Director: Rafael Villaseñor Kuri
Cumbre Films

1987

El macho
Director: Rafael Villaseñor Kuri
Cumbre Films

El diablo, el santo y el tonto
Director: Rafael Villaseñor Kuri
Cumbre Films

1986

Picardía mexicana 3
Director: Rafael Villaseñor Kuri
Laguna Films

Sinvergüenza pero honrado
Director: Rafael Villaseñor Kuri
Laguna Films

1985

El embustero
Director: Rafael Villaseñor Kuri
Cumbre Films

1984

Acorralado
Director: Rafael Villaseñor Kuri
Multimusic

Matar o morir
Director: Rafael Villaseñor Kuri
Multimusic

El sinvergüenza
Director: Rafael Villaseñor Kuri
Cumbre Films

1983

Todo un hombre
Director: Rafael Villaseñor Kuri
Cima Films

Dos de abajo
Director: Gilberto Gazcón
Grupo Nueva Imagen

Una pura y dos con sal
Director: Rafael Villaseñor Kuri
Cima Films

Un hombre llamado el diablo
Director: Rafael Villaseñor Kuri
Producciones Matouk

1982

Juan Charrasqueado y Gabino Barrera, su verdadera historia
Director: Rafael Villaseñor Kuri
Cima Films

1981

    Como México no hay dos
    Director: Rafael Villaseñor Kuri
    Cima Films

1980

    Picardía mexicana: número dos
    Director: Rafael Villaseñor Kuri
    Cima Films

    El coyote y la bronca
    Director: Rafael Villaseñor Kuri
    Cima Films

1979

    El tahúr
    Director: Rogelio A. González
    Cima Films, Izaro Films

1978

    Picardía mexicana
    Director: Abel Salazar
    Cima Films

    El arracadas
    Director: Alberto Mariscal
    Cima Films

1977

    Dios los cría
    Director: Federico Curiel
    Cima Films, Estudios América

1976

    La ley del monte
    Director: Alberto Mariscal
    Cima Films, Estudios América

    Juan Armenta, el Repatriado
    Director: Fernando Durán Rojas
    Cima Films, Estudios América

1975

    La loca de los milagros
    Director: José María Fernández Unsáin
    Cima Films, Estudios América

    El albañil
    Director: Jorge Estrada
    Estudios América, Cima Films

1974

    Jalisco nunca pierde
    Director: René Cardona
    Cima Films, Estudios América

    Crónica de un amor
    Director: Toni Sbert
    Cima Films, Cinematografía Marte, Estudios América

    El hijo del pueblo
    Director: René Cardona
    Cima Films, Estudios América

1973

    Uno y medio contra el mundo
    Director: José Estrada
    Cinematográfica Marte, Estudios América

Tu camino y el mío
Director: Chano Urueta
Cima Films, Estudios América

Entre monjas anda el diablo (Volver, volver)
Director: René Cardona
Cima Films, Estudios América

1972

Tacos al carbón
Director: Alejandro Galindo
Cinematográfica Marte

1969

Oh, Delilah
Director: Consuelo P. Osorio
JBC Productions